安延 著

# 通往精英之路

## 法国大学校与中国留学生

商务印书馆
2015年·北京

图书在版编目(CIP)数据

通往精英之路：法国大学校与中国留学生/安延著. —北京：商务印书馆，2015
ISBN 978-7-100-11141-6

Ⅰ. ①通… Ⅱ. ①安… Ⅲ. ①高等学校—研究—法国 Ⅳ. ①G649.565

中国版本图书馆 CIP 数据核字(2015)第 053802 号

所有权利保留。
未经许可,不得以任何方式使用。

## 通往精英之路
### ——法国大学校与中国留学生
安延 著

商 务 印 书 馆 出 版
(北京王府井大街36号　邮政编码 100710)
商 务 印 书 馆 发 行
北 京 冠 中 印 刷 厂 印 刷
ISBN 978-7-100-11141-6

| | |
|---|---|
| 2015 年 5 月第 1 版 | 开本 787×960　1/16 |
| 2015 年 5 月北京第 1 次印刷 | 印张 16¾ |

定价：38.00 元

# 序　言

王英杰

自蔡元培在北大进行改革，使得中国现代大学与学术制度得以建立之后，西方教育就不仅以知识的方式，更以制度的存在而对现代中国的发展过程产生了极为深刻的影响。随着建设世界一流大学潮流的兴起，对外国教育的知识和制度需求日益迫切。但我们对西方教育的深入研究，则还有待来者。从这个意义上来说，出现一批严谨踏实、注重学术积累的研究著作，不仅重要，而且必须。对国别教育的研究，真正能进入到对象国内部，相当娴熟地运用语言利器，并得窥其中奥妙的研究者，仍不多见。英语、俄语、日语或许稍好些，其他语种可谓是捉襟见肘。从这个意义上来说，安延这部以讨论法国大学校为论题的著作，首先在资料积累的层面就已有非常坚实的基础。她是法语专业出身，长期从事中国与法国之间的教育交流管理工作，不但有着便利的语言条件，也积累了丰富的实践经验。此前翻译的《法国国民教育的组织与管理》，就提供了非常好的基础性资料。这部著作更是运用了大量的原始法语材料，尤其是法国学界对精英教育、对外文化政策、社会学、教育学等领域的学术前沿介绍，加深了我国比较教育学界对法国教育的了解。

如果仅仅是就事论事地介绍法国教育，也就不外乎凸显了译介和整理的功能，并不能算是一部严谨的学术著作。这部书稿的可贵，则在于不但抓住了"大学校"这个现象，还努力透过现象求其本质，追问大学校的"神似"所在。由此，安延凸显了"精英教育"这个命题。应该说，这其实把握到了教育问题牵一发而动全身的关键所在。诚如布迪厄所言，教育机构，尤其是那些具有核心意义的精英型的教育机构，"就成了人们为了垄断霸权位置而进行的争夺的关键"。而其中牵涉到的复杂的场域结构、资本形式、驱动原力、生性状态、发展变形等复杂因素，如果能深入追问下去，其实是非常高深的学术命题了，是足可做出理论原创的好题目。安延援引帕累托理论，借鉴布迪厄思想，对该命题做了深刻的探讨，我们从中可以看到安延在理论攀登上艰苦的努力。

在具体研究中，她并不以一般的比较教育、历史学方法为限，而是努力地借鉴社会学、人类学等其他学科的方法，譬如将质的研究、推拉理论和教育叙事等方法交叉运用，充分体现出方法论意识的自觉性。虽然很难说在理论上有多大的创发，但这种努力方向无疑是正确的，也是非常可贵的。尤其是后半部作品主要以对中国留法学生的访谈作为基础材料组成，虽然访谈数量还很有限，但这其中所需要付出的艰辛汗水和谋局布篇能力，也是需要给予肯定的。我想这也是教育学研究今后应当非常重视的一个方向。

安延的主业是一位教育行政官员，所以这部书的贡献和局限都与此有关，更多地关心现实是中国仕人的一个良好传统，但也只有以知识为底气，不断求知，才能更好地与社会现实相联系，提供一种精神底气。所以我也希望，这一部著作也只是安延求知生涯的一个开端，而非结束。如何更好地将两者结合起来，使学术和工作相得益彰，在做好主业的同时，也不忘学术的攀援。同时，学术求知的深入，也必定会提升行政管理的专业思维水准和具体问题思考高度。登高望远是需要建立在艰苦求知之路的基础上的，我希望她在今后求知路上不断进取！

2013 年 4 月 28 日

# 目 录

绪 论 ················································································ 1
  一、精英教育与留学教育 ··················································· 2
  二、理论依据与分析方法 ················································· 17
  三、问题缘起与整体框架 ················································· 26

第一章 法国高等教育的双元制及大学校的传统与历史 ············· 32
  第一节 法国的教育体制及高等教育制度 ··························· 32
  第二节 大学与大学校的分野 ········································· 35
  第三节 大学校的历史——从大革命时代到欧盟高教改革 ······ 39

第二章 法国大学校的横向类型划分与精英培养制度的纵向特征 ······· 47
  第一节 大学校的多样性与类型划分 ································ 47
  第二节 四所有代表性的大学校 ······································ 53
  第三节 法国精英培养制度的纵向特征——从预科班
          到大学校、精英团 ············································· 67

第三章 法国大学校的特点 ·················································· 73
  第一节 小而精的内部结构 ············································ 73
  第二节 严格的遴选制度与严密的等级秩序 ······················· 75
  第三节 通才教育与实用教育相结合的教学特点 ················· 81
  第四节 广而严的社会网络——大学校在法国社会的重要影响与地位 ···· 91

第五节　社会再生产功能 …………………………………… 96

**第四章　法国大学校的发展趋势** …………………………………… 105
　　第一节　向中下层社会开放政策 …………………………… 105
　　第二节　大学校的国际开放政策 …………………………… 110
　　第三节　大学校与大学的合作 ……………………………… 113

**第五章　中国精英留法的历史背景与政策背景** …………………… 120
　　第一节　1978年前中国人留学法国的历史 ………………… 120
　　第二节　1978年后中国留学政策的演变与留法情况 ……… 124
　　第三节　法国接受外国留学生政策的演变 ………………… 131

**第六章　个体背景与场域变迁** …………………………………… 144
　　第一节　中国留法学生家庭背景、地理背景、流动经历分析 … 145
　　第二节　中国学生的留法动机 ……………………………… 152
　　第三节　中国学生的场域变迁 ……………………………… 161

**第七章　教育体验与生活经历** …………………………………… 168
　　第一节　教育体验 …………………………………………… 168
　　第二节　教学关系与校园社会关系 ………………………… 178
　　第三节　学习策略与学业表现 ……………………………… 190
　　第四节　生活体验 …………………………………………… 198
　　第五节　社会融入 …………………………………………… 203

**第八章　生性变化与未来规划** …………………………………… 221
　　第一节　生性变化 …………………………………………… 221
　　第二节　未来的场域流动意向 ……………………………… 231

**结　语** ……………………………………………………………… 244

**参考文献** …………………………………………………………… 252

**后　记** ……………………………………………………………… 261

# 绪 论

1999年以来,中国高等教育实施大众化的发展战略,高校大幅扩招,高等教育的入学门槛大大降低,让更多学龄青年实现了接受高等教育的愿望。但在精英教育方面,特别是培养各领域高瞻远瞩的领军人才和拔尖创新人才的创新能力却非常薄弱。近年来,"为什么我们的学校总是培养不出杰出人才?"的钱学森之问,引发了全社会的关注和思考。一个现代化强国在智力上的需求是多层次、多方面的。大众教育并不排斥精英教育,高等教育大众化发展的同时不能忽视那些有特殊才华人才的发现和培养。大众教育和精英教育应当呈现出相辅相成,互助并进的格局。

相比之下,在高等教育大众化的浪潮中,法国不同类型的高等教育机构有着明确的分工,其中大学承担了高等教育大众化的使命,大学校则保持了精英教育的传统。以培养精英为己任的大学校在世界各国的高等教育制度中独一无二,可谓又一个"法兰西文化例外"。法国的大学校遴选严格,自成一体,却和法国的统治阶层及工业企业界有着密切的联系;它规模虽小,却实力雄厚,为法国的政治、科学、文化和商业界培养了中坚力量。

法国这种独特的高等教育制度,不仅不断适应社会经济的变迁,同时还很好地保持了自己的传统与特色。

## 一、精英教育与留学教育

如何打造具有中国特色的精英培养模式，培养拔尖创新人才，在从国情出发的同时，也必须关注全球化、国际化的教育标准和教育经验，而法国大学校经过上百年的摸索实践，具有较成熟的精英教育模式和传统，值得我们借鉴。特别是近十年间，随着中国社会经济发展水平不断提高，中法教育文化关系不断升温，法国大学校出现了越来越多中国学子的身影。他们在大学校中耳濡目染，为我们近距离了解具有法国特色的精英教育制度提供了可能。

本书通过对法国大学校以及在大学校就读的中国留学生的访谈介绍，目的在于通过中国留学生的独特视野加深对法国大学校精英培养制度的理解和认识，从而挖掘其对中国培养拔尖创新人才的借鉴意义。本书在研究上主要涉及两个领域，一是精英教育，二是留学教育。下面就两个领域做一简要学术史总结。

### （一）精英教育

1. 精英与精英教育的概念

精英的拉丁文为"eligere"，本意是"被选择的"，形容一个群体中最优秀的分子。帕累托（Vilfredo Pareto）认为，"按照词源的意思，精英是指最强有力、最生气勃勃和最精明能干的人，而无论好人还是坏人"[1]。他判别精英所采用的标准是才能，他把精英分成狭义和广义两种：狭义的精英是指处于统治地位掌握支配权力的少数人；广义的精英是指在社会生活的各个领域中有所成就、才能突出的人，如一些专家、学者、管理者等。

顾名思义，精英教育是指培养优秀精英人才的教育方式，它的主要功用是"教育和培训经过严格选拔的学生，以使他们适应需要高标准和高度创造性的脑力工作"，这是从人才培养质量的维度上理解和使用"精英教育"一

---

[1] 帕累托. 精英的兴衰 [M]. 刘北成译. 上海：上海人民出版社，2003.

词,它既适用于基础教育领域,也适用于高等教育领域。[1]

随着教育的发展,特别是高等教育发展的民主化,"精英教育"出现了一些新的内涵,特别是20世纪70年代马丁·特罗(Martin Trow)的高等教育大众化理论提出后,人们对"精英教育"有了新的理解。马丁·特罗按照高等教育毛入学率将高等教育发展进程划分为精英教育、大众化教育和普及教育三个发展阶段。他把高等教育毛入学率小于15%的阶段定名为精英教育阶段,并总结归纳出这一阶段高等教育的功能、对象、结构和特征。[2] 他的有关论文报告在经济合作组织(OECD)举办的国际会议上发表后,"精英教育"阶段这个概念被世界各国教育界广泛认同,并用以衡量本国的高等教育发展水平。自此,精英教育被赋予了新的内涵,成为按照量的规定来划分高等教育发展阶段的称谓,是高等教育发展过程中第一阶段的标识。

由于"精英教育"的双重含义,有人对高等教育的大众化教育阶段与精英教育关系的认识存在着误区,认为要实施精英教育,就会影响高等教育大众化的发展。但实际上精英教育在大众化教育阶段不仅必然存在,而且具有重要地位。马丁·特罗本人也认为:"大众化高等教育的发展,不是不要精英教育,而是要更加保护精英教育,政府必须支持、保护、发展精英教育,这是政府和全社会的责任。"[3] 为了避免歧义,这里,我们将前一种含义界定为以培养社会精英为目的的人才培养模式,即"精英教育模式";后一种含义界定为高等教育发展过程中的"精英教育阶段"。本书中提到的"精英教育"是采用了前一种含义,指的是"精英教育模式"。

国内有人主张按照学业层次,如本科、硕士、博士、博士后来确定精英教育,因此将本科后教育界定为精英教育。在法国,鉴于法国高等教育双轨制的传统,提及精英教育在法国人心目中即大学校系列的教育,是按照学校类型划分,而不是按照学业层次和专业划分。

---

[1] 徐肇俊,李正元.对精英教育应赋予新的内涵[M].大学教育科学.2006,(2).
[2] 谢作栩.马丁·特罗高等教育大众化理论述评[J].现代大学教育.2001,(5):13.
[3] 邬大光.高等教育大众化理论的内涵与价值[J].高等教育研究,2003,(6):7.

国外有关精英教育的文献比较丰富,从精英主义的著作如帕累托等人研究精英主义的代表著作,具体到法国大学校精英培养制度,论述比较深入,但有着浓厚的国家特色。在法国的精英教育,特别是精英教育的社会功能方面,本研究所参考的法国文献占大多数。

国内近年来对精英教育模式的问题开始关注,主要是伴随着国内高等教育大众化的飞跃发展,对精英教育在其中的作用与地位产生了争议,开始有一些文章对精英教育的意义进行探讨,法国大学校作为一种非常有特色的精英教育模式开始进入国内学者的视野。

2. 精英的培养

在政治民主与社会民主深入人心的今天,精英主义带有一定的贬义成分。教育民主化对精英教育的质疑使得精英的社会角色,选拔和培养的原则成为很有争议的问题。然而精英的培养对于社会经济政治繁荣具有重要的意义,是一个不可忽视的问题,每个国家都有着或明显或隐含的精英培养制度。美国学者拉尔夫·特纳(Ralph H. Turner)曾于20世纪60年代提出了分析学校和社会精英培养模式的理论框架,他从当时美国和英国的教育制度出发,概括了两种学校精英培养的理想模式:在以美国为代表的"竞争流动"(mobilité de compétition)模式中,学校与社会精英来自于开放的个人之间的竞争,在学校制度中精英选拔被有意地尽可能推迟;而在以英国为代表的"庇护流动"(mobilité de parrainage)模式中,学校精英则从少年时期(11岁)就被选拔到文法学校中去了。除了遴选时间的早晚,特纳认为这两种模式的差异还表现在对学校精英培养的数量和规模上。"竞争流动"模式给每个人以机会,培养出尽量多的可能取得精英地位的人;"庇护流动"则通过苛刻的筛选严格限制精英学生的数量,以避免过多的人具备精英才能却不能享受精英地位而愤世嫉俗。[1]

---

1 MONS, Nathalie(2005). *Doit-on sélectionner ou former les élites scolaires ? Une comparaison internationale des politiques éducatives* [J], La formation des élites, *Revue internationale d'éducation de Sèvres*, No. 39, septembre, p.105.

## 绪 论

布里吉特·达尔西－科西林（Brigitte Darchy-Koechlin）、阿涅斯·冯曾丹（Agnès van Zanten）在其主编的《精英的培养》一书中从国际比较视野综述了美国、法国、日本几个发达国家，以及以北非为代表的原殖民地国家、以巴西为代表的南美新型国家、以匈牙利为代表的东欧转型国家精英培养与精英教育的情况。她们认为虽然精英培养的国家色彩浓厚、不同精英培养模式深受国情、历史、传统的影响，但也呈现出两个共同的趋势：

首先，从19世纪末，"才能"（la méritocratie）成为世界大多数国家精英选拔和社会地位合法化的原则与标准，以此保证社会统治阶层的扩大与更新，但这种"才能"越来越受到社会因素，如家庭社会地位、文化资本，特别是经济资本的局限，精英的培养既要有优秀的学业成绩，又要有雄厚的经济基础，精英的选拔呈现出双重遴选的特点。

其次，20世纪90年代以来精英培养的国际化趋势加强了不同国家精英教育制度的比较、融合。教育制度深受外来因素影响，特别是曾经被殖民的国家国际化开放程度更高，精英人才流动到国外接受高等教育；相比之下，在本身已有稳固的精英培养模式的国家如美国、法国，精英人才向国外输出的程度则很有限，这些国家不但注意保持精英选拔和培养的特殊标准，还尽力将这些具有国家特色的标准向其他国家传播，甚至力图使其成为具有指导意义的国际标准（norme dominante）[1]。

3. 法国的精英教育体制

（1）法国高等教育的双轨制

法国高等教育的一个重要特点就是综合性大学与大学校并存的双轨制。[2]"大学校"（Grandes Écoles）是法国官方认可的高等专业学校的通俗称法，法国教育部的定义为"通过竞考录取学生并实施高水平培训的（公立）

---

1 DARCHY-KOECHLIN Brigitte, VAN ZANTEN Agnes. *La formation des élites*[J], *Revue internationale d'éducation de Sèvres*, No. 39, septembre 2005, p.22.

2 VASCONCELLOS Maria（2006）. *L'enseignement supérieur en France*[M], Paris: La Découverte.

高等教育机构"[1]。由于历史的原因，大学与大学校的功能不同，定位不同，待遇不同，内部运转方式不同，培养的人才不同。从20世纪60年代开始，法国的大学深受高等教育大众化浪潮的影响，而大学校还继续保持严格遴选的传统，以培养精英为己任。让·理查德·西特曼（Jean Richard Cytermann）主编的《大学与大学校》[2]一书剖析了这种双轨制形成的历史背景，评述其运行现状，并认为大学与大学校必须要联合起来才能应对知识经济时代的挑战。

（2）法国精英培养体系

法国的精英教育制度非常稳固，经受了时间与政治经济环境的考验。参考特纳的理论，王晓辉认为，从遴选时间和培养规模来看，法国的精英教育特点体现在美国模式和英国模式之间，"只有那些高中毕业会考的佼佼者，经过大学预备班的洗礼之后，才能登上大学校这一通往精英的坦途"[3]。实际上，法国的精英教育体系分三个层次：准备层次（预科班）、主体层次（大学校）和精英团体层次（团：corps[4]）。本研究则集中在大学校这个层次。

（3）法国的大学校

布鲁诺·马格里奥罗（Bruno Magliolo）在《大学校》[5]一书中概括而清晰地介绍了法国的大学校制度，通过回顾大学校发展的历史，解释大学校这种特殊制度在法国存在的合理性，这种制度从18世纪初创，经过拿破仑的发扬光大，历经几百年直到今天仍然有着旺盛的生命力。作者描述了大学校的多样性，包括培养内容、法律地位、办学水平、经费筹集方式等各方面的多样性。他总结了大学校的特点为严格遴选、迷你规模、与职业界紧密联系以及

---

1 Arrêté du 27 août 1992 relatif à la terminologie de l'éducation.
2 CYTERMANN, Jean-Richard（2007）. *Université et grandes écoles*[J], *problèmes politiques et sociaux*, N° 936 mai 2007, La documentation française.
3 王晓辉. 大众化背景下的精英教育 [J]. 清华大学教育研究，2006,（8）：37-41.
4 法国重要政府部门的行政人员和企业界的高级管理人员，经常划分为"团"（Corps），如财政审计团、行政法院团、审计法院团、矿业与路桥团，实际上是指在某一特定领域任职的全体行政和管理人员。这些团的后备人选基本来自于大学校，特别是国家行政学校、综合技术学校等名牌大学校，而显赫位置尤其青睐那些学习成绩位于前列的学生。见王晓辉. 大众化背景下的精英教育 [J]. 清华大学教育研究，2006,（8）：37-41.
5 MAGLIOLO Bruno（1982）. *les grandes écoles*, que sais-je ?[M]. Paris: PUF.

## 绪　论

承担重要社会功能这四点。

关于大学校的研究，数量既多，涉猎范围亦广。除了上述系统性介绍制度的著述之外，可分为以下三种类型。

**第一种是个案型研究**。此类著作主要介绍不同类型的大学校，工程师学校、商校、政治学院，特别是几所最著名的大学校，如巴黎高等师范学校（Ecole normale superieure Paris）、综合理工学校（Ecole polytechnique）、巴黎高等商业学校（HEC）、巴黎政治学院（Sciences Po）以及国家行政学院（ENA），受到很多关注。此类著作的作者多为亲历该校教育的校友及谙熟该校情况的管理者，他们或是描绘学校发展的历史轨迹[1]，或是追踪培养群体的学术影响和社会影响[2]，或是回忆教育模式和特殊的人文景观[3]，或是批判弊端[4]，或是探讨新的办学与改革方向[5]。这些研究体现了大学校制度下的多样性，一所几百人的袖珍学校如何能够办出特色，享有国际声望，且经受几百年的时间洗礼，培养出一代又一代社会精英。

**第二种是比较型研究**。将法国大学校作为一种特殊的民族国家教育特点进行论述，进而引入比较视角，将其与德[6]、美、英[7]等发达国家的精英培养制度进行比较。

例如安德烈·格雷龙（André Grelon）在《19世纪末法国工程师学校的

---

1　SIRINELLI Jean-François（1994）. *Ecole normale supérieure, le livre du bicentenaire*[M]. Paris: PUF ; BELHOSTE Bruno（1995）. *La France des X : deux siècles d'histoire*[M]. Paris: Economica ; BELHOSTE Bruno, DAHAN-DALMEDICA Amy, PICON Antoine（1994）, *la formation polytechnicienne*, 1794–1994[M]. Paris: Dunod.
2　NOUSCHI Marc（1988）. *Histoire et pouvoir d'une Grande Ecole HEC*[M]. Paris: Editions Robert Laffont.
3　PEYREFFITTE Alain（1998）. *Rue d'Ulm : chroniques de la vie normalienne*[M]. Paris: Fayard.
4　DOUSSIROU Jean（1996）. *Faut-il supprimer l'ENA, pour une école au service de l'état et des citoyens*[M]. Paris: les Editions d'Organisation.
5　DESCOINGS Richard（2007）. *Sciences Po De la Courneuve à Shanghai*[M]. Paris: Presses de la fondation nationale des sciences politiques.
6　JOLY Hervé（2005）. *Formation des élites en France et en Allemagne*[M]. CIRAC Université de Cergy-Pontoise.
7　GOLDRING Maurice. *Voie royale voie républicaine, Formation des élites en France et en Grande-Bretagne*[M]. Paris: Editions Syllepse, 2000.

发展》¹一文中回顾了 19 世纪 70 年代普法战争法国战败后对工程师教育的影响。尽管法国工程教育的大发展与德国技术进步和生产力发展的刺激密切相关，德国工程教育的教学质量与教学内容对法国不无启发，法国甚至曾翻译和引进德国的教材，但无论是从学校的地位、组织方式、多样性来讲，法国都保持了原有的传统，与德国模式完全不同：法国的工程师学校与大学系列完全相分离，而德国进行工程师和技术教育的学校不仅在地位上与大学更加接近，且学科体系（建筑、土木工程、机械、化学、数学、物理）也是和大学各学院相对应的；从教学组织上来看，法国工程师学校课程设置和学业安排非常严格，学生必须严格遵守校方的安排，而德国的高等技术学校虽然也对培养模式提出建议，但学生可以像在大学里一样，自己建构学业课程安排，学制也更加灵活。

让－米歇尔·爱美日（Jean-Michel Eymeri）则在《精英机器》²一文中将法国与欧洲其他国家培养政治精英的方式进行了比较。作者指出，法国的政治精英与高级公务员清一色是从国家行政学院（ENA）、巴黎政治学院（Sciences Po）这样的大学校毕业的，德国和英国的高级公务员的教育背景则更为多样，主要是在实地工作中培养出来的。作者针对法国培养高级公务员的大学校——国家政治学院的学生开展了调查，调查结果体现了法国政治精英培养的几大特点：1. 法国的政治精英学校注重家庭出身，其选拔方式对上流社会的子女有利；2. 家庭出身和教育背景的趋同以及教学模式的整齐划一，保证培养出因循思想大于批判创造精神的高官，有利于今后对现有政权的维护；3. 名校文凭的超高价值使毕业生很年轻就成为享有特权与高位的高级技术官僚。

---

1 GRELON André（2005）. *Le développement des écoles d'ingénieurs en France face au modèle allemand à la fin du XIXe siècle*, Sous la direction de Hervé Joly, *Formation des élites en France et en Allemagne*[M]. CIRAC Université de Cergy-Pontoise.

2 EYMERI Jean-Michel（2005）. *La machine élitaire, Un regard européen sur le « modèle » français de fabrication des hauts fonctionnaires*, Sous la direction de Hervé Joly, *Formation des élites en France et en Allemagne*[M]. CIRAC Université de Cergy-Pontoise.

## 绪 论

吉尔·拉苏克（Gilles Lazuech）在《法兰西例外——全球化考验下的大学校模式》[1]一书中阐述了世界经济一体化，国际事务全球化对法国大学校（主要是商校和工程师学校）的影响。作者以全球化为视野，阐述了法国大学校的教学内容和方式是如何适应国际化的要求，同时又是如何保持自己的传统与特色的。作者指出，由于经济活动与企业的国际化影响，对学校培养人才素质能力的要求与过去相比发生了很大的变化。国际化也意味着更多遵循市场的原则，因此教育领域的国家色彩浓厚的规则受到冲击。在此背景下，大学校要在创新和传统之间寻求平衡。不同类型大学校采取的策略不同：普通的大学校主要培养中层管理与技术工程师，它们面对劳动力市场的新要求，更多地选择了对教学内容与方式进行创新，即减少理论和基础科学的教学，提高课程的技术专业性，增加对学生技术实践能力的培养，更加注重企业对教学的要求，并增加学生企业实习时间。在经济国际化的背景下，普通的大学校无论在毕业生的接受程度还是教学大纲的制定方面都更加依赖市场。相反，著名大学校的教学自主性要强得多。由于最一流的大学校以培养高层管理干部为己任，相对于工程技术人员来讲，高管人才的能力是不太好用专业知识或专业技术来界定的，不能只看短期市场需求，而更注重对广泛知识能力的积累和长远潜力的培养。因此，著名大学校采取的另一种策略是保持课程的开放度与广泛性（une ouverture généraliste），除了专业领域的课程外，人文社会科学也占相当的比重，从而保证学生具有宽阔的视野与知识修养以及较强的适应性，使这些未来的政府和企业领导人能够更好地应对国际化挑战。

**第三种是专题型研究**。将大学校及精英教育作为研究对象，借鉴社会学、人类学乃至统计学的方法，提升研究的学术层次。

如艾兹拉·苏雷曼（Ezra N. Suleiman）在《法国精英》[2]一书中重点关注

---

[1] LAZUECH Gilles (1999). *L'Exception Française, le modèle des grandes écoles à l'épreuve de la mondialisation*[M]. Collection « Le Sens Social », Rennes: Presses Universitaires de Rennes.
[2] N. SULEIMAN Ezra (1979). *Les élites en France Grands corps et grandes écoles*[M]. Editions du Seuil, pour la traduction française.

法国精英培养制度的稳固性。作者认为，所有的社会都是由少数精英统治着，每个社会都有其制造精英的方式，但不是所有的社会都能像法国那样成功地建构了一个如此稳固的精英培养机制。这种特殊的精英培养制度在三百年中经历了各种政治历史阶段，不断适应着社会经济变迁，至今仍然焕发着巨大的活力。这种稳固性的根本原因在于大学校浓厚的国家色彩。法国的传统是国家垄断精英的培养，确保社会最优秀分子接受正统的教育，在最具有凝聚力的大学校和团体中接受行为与价值规范，然后进入国家权力部门，为公共利益服务。无论哪个政权都需要精英治国，都需要这种培养机制，因此在法国社会中民主与精英主义能够相安无事。

还有一些著作探讨大学校的发展前景。如皮埃尔·韦尔兹（Pierre Veltz）在《应该拯救大学校吗？》[1]一书中批评大学校制度的弊端，指出大学校这种培养制度已经不适应以知识创新为基础的后工业时代社会发展的要求，应该从培养因循守旧秩序的管理维护者转而培养具有创新精神的新型人才。作者认为大学校的民主化与国际化是不可避免的，特别要和大学联合起来才能应对知识经济的挑战。

在学生的家庭社会背景与大学校的社会选择性方面，2002年法国大学校联合会对大学校学生的家庭职业背景进行了调查[2]，结果表明大多数大学校学生出身于上流社会，高达62%的学生家长是高级别官员、自由职业者或企业主，大学校学生中出身于工人、农民家庭的比例仅为5.2%和3.5%。

最顶尖的大学校对学生的社会选择更为苛刻。克洛德·泰罗（Claude Thélot）与米歇尔·厄里亚（Michel Euriat）对四所顶级大学校的学生数量和家庭背景从1950年到1990年的变化情况进行了调查。[3] 20世纪50年代

---

1 VELTZ Pierre（2007）. *Faut-il sauver les grandes écoles, de la culture de la sélection à la culture de l'innovation*[M]. Paris: Presses de sciences po.
2 Conférence des Grandes Ecoles（2002）. *Enquête sur l'origine sociale des élèves des Grandes Ecoles* [R]. Document de la Conférence des Grandes Ecoles.http://www.cge.asso.fr/cadre_publications.html.
3 THELOT Claude, VALLET Louis-André（2000）. *La réduction des inégalités sociales devant l'école depuis le début du siècle* [J]. Economie et Statistiques, No334, pp. 3-32.

四校 29% 的学生出身于大众阶层（工人、农民、职员、手工业者、小商人），40 年以后，仅有 9% 的学生出身于大众阶层，81% 的学生家长为高级别官员或教师，出身于上流阶层的年轻人进入这四所大学校的概率要比出身大众阶层的同龄人高 20 到 30 倍。[1]

法国的大学校精英教育制度非常稳固，其社会再生产的功能也是非常强大的。在法国所有有关大学校的专题研究中，对于大学校社会功能的研究是最为丰富的。很多研究以量性统计结果为依据，从某一点或某一校的统计数字入手，解释大学校的社会筛选。

这类研究多半以批判立场立论，几乎都受到著名社会学家布迪厄（Pierre Bourdieu）文化再生产理论的影响。布迪厄的一系列著作，包括《继承人》、《再生产》、《区隔》等书都涉及大学校社会功能的问题。其中，《国家精英》一书可以说是研究法国大学校之社会功能最权威著作之一。在《国家精英》[2] 一书中，布迪厄运用独特的社会学方法，对法国最著名的大学校机构及学生群体进行了广泛的调查，取得他们的学业状况、社会特征、职业生涯等方面的大量统计数据。在分析这些数据的过程中，布迪厄引入了"场域"（champs）、"生性"（habitus）、"资本"（capital）等重要概念，进行了严格的论证，揭示了作为法国领导阶级原动力的文化资本，在大学校这个场域中进行文化再生产的过程。在他之后很多有关法国精英培养的研究都受到其理论思路的影响。他的理论在整体学术场域产生巨大影响，已超越了法国大学校的范围，在权力场域有普遍的意义。

**（二）留学教育**

1. 中国派遣留学生研究

（1）中国留学史的研究

就学术史角度看，留学史研究大致可分为通史、断代史、专题史、国别史

---

[1] EURIAT Michel, THELOT Claude（1995）. Le recrutement social de l'élite scolaire en France. Evolution des inégalités de 1950 à 1990 [J]. Revue française de sociologie. pp.403-421.
[2] 布迪厄. 国家精英——名牌大学与群体精神 [M]. 杨亚平译. 北京：商务印书馆，2004.

等领域。[1] 王奇生的《中国留学生的历史轨迹1872-1949》[2]梳理利用了丰富的档案资料,历史研究功底扎实。李喜所《近代留学生与中外文化》[3],从中外文化交流角度来切入探讨留学生的作用。张宁的《留学与中国现代化进程关系研究》,从社会学视角出发,以实证的方法研究留学史,对留学生与中国现代化进程的关系尝试进行探讨。田正平的《留学生与中国教育近代化》[4]将视角局限在教育领域,探讨留学生在中国教育现代化过程中的作用。

（2）当代留学研究

对于中国留学史的研究,学界已做了比较多的努力。但对于当代留学生的研究,仍处于起步阶段,仅有少量在国外完成的以对象国的中国留学生为研究对象的博士论文。

关于中国当代留学生与留学教育的研究,大致可以分为三类：一是从宏观角度探讨留学政策,这其中既包括政府部门主导的政策性研究报告,如陈学飞的《留学教育的成本与收益——我国改革开放以来公派留学效益研究》[5],也涵盖了从人力资源角度研究留学生的派出和回归问题,如陈昌贵的《人才回归与使用》[6];二是从国别角度,引入不同的学科视角,如跨文化、人类学、教育学等;三是从个体角度、微观角度进行社会学的统计和访谈,如陈向明的《旅居者和"外国人"——留美中国学生跨文化人际交往研究》[7]。

2.法国接受留学生教育研究状况

（1）法国接受外国留学生的宏观政策

作为西方高等教育发祥地之一,法国具有悠久的接待外国留学生的传

---

[1] 中国留学史研究领域的文献梳理参见叶隽.另一种西学——中国现代留德学人及其对德国文化的接受 [M].北京：北京大学出版社,2005：13.
[2] 王奇生.中国留学生的历史轨迹1872-1949[M].武汉：湖北教育出版社,1992.
[3] 李喜所.近代留学生与中外文化 [M].天津：天津人民出版社,1992.
[4] 田正平.留学生与中国教育近代化 [M].广州：广东教育出版社,1996.
[5] 陈学飞等.留学教育的成本与收益——我国改革开放以来公派留学效益研究 [M].北京：教育科学出版社,2003.
[6] 陈昌贵,刘昌明.人才回归与使用 [M].广州：广东人民出版社,2003.
[7] 陈向明.旅居者和"外国人"——留美中国学生跨文化人际交往研究 [M].长沙：湖南教育出版社,1998.

## 绪 论

统,一直是接受外国留学生最多的国家之一。但自20世纪八九十年代以来,法国在国际教育市场上的地位明显滞后于美、英、澳等盎格鲁-撒克逊国家。从1994年开始,在法留学生数量呈现负增长趋势。针对这一情况,阿兰·克雷(Alain Claeys)[1]、贝尔纳·杜福尔(Bernard Dufourg)[2]等人于90年代末在国民议会、巴黎工商会发表了一系列的报告,从政治、经济等不同角度对国际留学市场的形势进行了分析,呼吁政府对外国留学生的问题加以重视,并提出了具体的应对措施与建议,提倡发扬法国接待外国留学生的悠久历史传统,提高其在国际高等教育市场上的竞争力。

来自法国教育界、政界、工商界人士的意见得到法国政府的高度重视,1995年后应法国教育部、外交部、国民议会等官方的要求出台的这些报告促使公共权力部门对接受外国留学生的政策进行调整。政府陆续出台一些措施,诸如制定明确的吸引外国留学生国家统一政策,进行机构建设,提高对外国留学生的接待质量,积极推广法语,积极宣传大学体制和学位制度[3]等,取得了良好的效果,使得在法外国留学生数量迅速提高。但在在法外国留学生数量增加的同时也带来了一些问题,如留学生质量良莠不齐,学业失败率较高,有些人以学生身份赴法,却在合法居留期到期后滞留不归,成为非法移民。由于这些社会问题的出现,法国政府开始注重留学生的质量和选择,与其趋严的移民政策和有选择移民的内政措施结合起来,在留学生大众化和精英化的两个方向中选择了后者。

法国接受外国留学生政策的不断调整使留学生这个群体渐渐进入公众的视野,引起广泛的兴趣。留学生不再是一个高等教育领域的边缘问题,近十年来有关在法留学生政策的报告和研究日渐丰富,政府从对外文化政策、提

---

1 DUFOURG Bernard (1999), *la compétitivité éducative internationale de la France*[R], Rapport présenté au nom de la commission de l'enseignement et de la formation, chambre de commerce et d'industrie de Paris.
2 Assemblée Nationale (1999), *L'accueil des étudiants étrangers en France : enjeu commercial ou priorité éducative ?* [R]. rapport No. 1806 de la Commission des financess, de l'économie générale et du plan, 22 septembre.
3 安延. 新世纪留学市场中的法国 [J], 比较教育研究, 2003, (5):86-90.

高法国竞争力、选择性移民的角度重新审视留学生的问题[1],教育行政管理部门以及接待留学生的大学[2]和大学校[3]也越来越重视和完善对留学生的跟踪和统计,教育学界对这个特殊群体进行的社会学、人类学研究也日趋丰富。

(2)在法外国留学生学习、生活状况的社会学调查

阿兰·古龙(Alain Coulon)与萨伊德·帕尔万迪(Saeed Palvandi)在《法国的外国留学生现状》[4]中对法国研究外国留学生的情况进行了总结和梳理。20世纪90年代前,法国最有名的从事高等教育和大学生研究的社会学者对外国学生这个群体并不是非常感兴趣,此领域的研究成果无论在数量上还是在质量上都远远不能与美国相比,从事这个领域研究的多是外国学生或学者完成的博士、硕士论文。90年代以来,外国留学生这个特殊群体逐渐引起研究者的兴趣,经验性的考察性研究,所涉及的学科领域包括语言学、社会学、心理学、教育科学与历史学,社会学和人类学调查成为热门和时髦的趋势。对外国留学生研究的主题多涉及留学生的学校生活、社会生活、社会融入与适应、学业融入与适应、文化冲突、语言学习等。

阿兰·古龙与萨伊德·帕尔万迪还通过对一千多名外国留学生的问卷调查[5],总结了1997年到2002年在法留学生特点的变化趋势,包括年龄、性别构成、来自地区和国家分布、家庭背景、就学高校类型、学科分布、学业水平、学习表现、物质生活条件、社会文化活动参与程度等,将留法学生的整体情况以量化的形式展现出来。

---

1　Cohen E. (2001). *Un plan d'action pour améliorer l'accueil des étudiants étrangers en France, Diagnostic et perspectives*[R]. Rapport au Ministre de l'éducation nationale et au Ministre des affaires étrangères ; HARFI Mohamed (2005). *Etudiants et chercheurs à l'horizon 2020 mobilité internationale*[R]. Rapport au Commissariat général du plan. http://lesrapports.ladocumentationfrancaise.fr/.../0000.pdf.

2　GOES Jan, MANGIANTE Jean-Marc (2007). *L'accueil des étudiants étrangers dans les universités francophones : sélection, formation et évaluation* [C]. actes de la journée d'études du 1er juin 2006, Artois Presses Université.

3　Conférence des Grandes Ecoles (2005). *Les grandes ecoles et l'international* [R]. juin.

4　COULON Alain, PALVANDI Saeed (2003). *Les Etudiants étrangers en France, l'Etat des savoirs*[R]. Rapport pour l'observatoire national de la vie étudiante (OVE), mars.

5　COULON Alain, PALVANDI Saeed (2003). *Etude préalable à l'enquête nationale de l'OVE sur les conditions de vie et d'études des étudiants étrangers*[R]. février.

## 绪 论

卡特琳娜·阿古龙（Catherine Agulhon）[1]则在巴黎市政府资助的一个研究项目中大大缩小了研究目标，她组织研究小组，以实地调查的方法对在巴黎高等院校就读的一百余名各个国籍的外国留学生进行了访谈，重点考察了他们的学业融入和社会融入问题，对不同国籍和不同文化背景留学生的融入方式进行了比较。笔者也参与了这项工作，在质的研究方法方面得到很大启发。

### 3. 中国的留法学生

#### （1）勤工俭学运动[2]

留法"勤工俭学"运动早已引起学界的重视和研究。清华大学中共党史教研组所编的《赴法勤工俭学运动资料》[3]是此领域最权威的资料集。霍益萍《20年代勤工俭学学生在法受教育实况》[4]是作者查阅了法国国家档案馆、法国外交部档案馆、里昂市立图书馆、蒙塔尼尔市立图书馆、当代中国研究和资料中心及法国国家教育研究所的文献档案和资料之后撰写的，详细地提供了1920年代留法勤工俭学学生们在法期间的学习情况。

在此领域的国外文献中，还有《法国镜像中的共产主义》[5]、《巴黎/上海：思想论争与社会实践——中国进步知识分子1920-1925》[6]。热娜芙耶夫·巴尔曼（Geneviève Barman）与尼科尔·度里乌斯特（Nicole Dulioust）著有《邓小平的法国岁月》[7]一文，通过邓小平在法的档案资料比较详细地提供了邓小平留法的情况。特别值得一提的是一本目录学著作《中国勤工俭学生在法

---

1 AGULHON Catherine, XAVIER DE BRITO Angela（2009）. dir. *Les étudiants étrangers à Paris, entre affiliation et repli* [M]. Paris: L'Harmattan.
2 勤工俭学运动领域的研究文献梳理参见安延，叶隽. 中国人留学法国史研究概述 [J]. 法国研究，2003,（1）：102-108.
3 清华大学中共党史教研组. 赴法勤工俭学运动资料1-3集 [M]. 北京：北京出版社，1979-1981.
4 霍益萍.20年代勤工俭学学生在法受教育实况 [J]. 近代史研究，1996,（22）.
5 KRIEGAL Annie（1974）. *Communismes an miroir français*[M]. Paris: Gallimard.
6 WANG Nora（1986）. *Paris/Shanghai, débats d'idées et pratique sociale, les intellectuels progressistes chinois 1920-1925* [D]. 3 vols. Thèse d'état. Paris: Université de Paris.
7 BARMAN Geneviève, DULIOOUST Nicole（1988）. *Les années françaises de Deng Xiaoping*[J]. Vingtième Siècle – revue d'histoire oct.-déc.

国，1920-1940》[1]，此书汇集了巴黎国家档案馆所藏有关该主题的档案。

（2）对当代留法中国学生的研究

当代留法教育的概述性内容可以查找得到，但严格意义上的学术研究似不多见。颜永平主编的《求索新路，赤子情怀——中国留法学人20年回顾》[2]搜集了1978年后留法的近百人的文章或素材，客观记录了20世纪80年代及90年代留法学子们的特殊经历和足迹。对当代留法学生情况做出描述的文章还有：舒扬的《凯旋门畔的凯旋曲——留法学人二十年综述》[3]、颜永平的《一片蓝天任翱翔——留法学者回国和为国服务实录》[4]等。

1999年以后，随着留法中国学生数量的大幅度增加，教育学和社会学的研究者开始对这一群体产生兴趣，出现了一些以中国留学生为研究对象的博士和硕士论文。笔者在巴黎第五大学教育系完成的硕士论文《中国人留学法国的历史、现状与趋势》[5]提供了一个当代留法教育的概括性的线索和基本史实，对国家公派留法的宏观政策进行了一些分析，但该研究缺乏比较深入的个案研究作为坚实的基础，在研究方法上比较单调。胡逾在巴黎八大的博士论文《学作外国留学生——对在法非法语专业中国留学生的案例研究》[6]对非法语专业的中国留学生在法国的留学经历进行了人类学的研究，全景式地呈现了他们在法国学习和生活的状况。克里斯蒂·德胡勒（Christile DRULHE）在她的硕士论文《中国学生的法国之旅》[7]中着重研究中国学生制定、调整留法计划的背景与过程，反映了家庭背景以及社会环境变迁对个

---

1 BARMAN Geneviève, DULIOOUST Nicole (1981). *Etudiants ouvriers chinois en France, 1920-1940*[M]Paris: Editions des Hautes Etudes en Sciences Sociales.
2 颜永平主编. 求索新路, 赤子情怀——中国留法学人20年回顾 [M]. 北京：开明出版社, 2004.
3 舒扬. 凯旋门畔的凯旋曲——留法学人二十年综述 [J]. 留学生, 2002, (5).
4 颜永平. 一片蓝天任翱翔——留法学者回国和为国服务实录 [J]. 神州学人, 2002, (3).
5 AN Yan (2001). *Les étudiants chinois en France: historique, situation actuelle et perspectives*[D]. Mémoire DESS, Université Paris V.
6 HU Yu (2004), *Le métier d'étudiant étranger : le cas des étudiants chinois non spécialistes de français en France*[D]. thèse soutenue à Université Paris VIII.
7 DRULHE Christile (2003), *Le voyage en Hexagone des étudiants chinois : contexte et processus d'élaboration d'un projet d'études à l'étranger*[D]. Mémoire présenté pour le DEA de sociologie, Sciences po.

绪 论

体流动心理和经历的影响。这两个研究均采用质的研究方法，让我们从微观的角度对留法中国学生有了更为生动具体的了解。以上研究多以在综合性大学就读的中国留学生为主要研究对象，对中国留学生群体的多样性似未更多关注，对在大学校就读的中国学生基本上没有涉及，缺乏对学生与教育制度和培养制度之间的互动研究。

## 二、理论依据与分析方法

帕累托（Vilfredo Pareto）的精英循环理论为精英存在的合法性、合理性以及精英在社会中的重要地位提供了理论基础，精英教育被视为高级阶层培养新生力量以维护其统治的重要方式。布迪厄通过文化再生产理论深入揭示了法国现代学校教育制度的权力再生产机制，特别是大学校中各种特权转移、分配、垄断及再生产的过程。李（E.S.Lee）的推拉理论则有助于解释留学生在国际间流动的现象。本书主要借助这三个理论对法国的精英教育进行研究，对中国学生留学法国大学校的现象加以观察和分析。

### （一）帕累托的精英循环理论

从西方思想史的角度来看，由帕累托、莫斯卡（Gaetano Mosca）和拉斯韦尔（Harold Lasswell）所奠定的精英理论，是西方政治思想的重要传统之一。曼海姆（Karl Mannheim）、韦伯（Max Weber）、熊彼得（Joseph Schumpeter）等人对社会政治精英和统治阶层的发展和更替也多有著述。其中帕累托可以说是精英主义理论的创始者，他在《普通社会学纲要》一书中详尽阐述了精英循环理论[1]。借助他的一些理论可以让我们更好地理解和分析法国社会精英的地位和培养问题。

帕累托以社会的异质性为根源提出了著名的精英流转（循环）学说。他认为，社会的异质性源于组成社会的个人的异质性。这是一个永恒的无可怀

---

1 帕累托.普通社会学纲要[M].田时纲译.北京：生活·读书·新知三联书店，2001.

疑的事实。从体格、道德、智能来看，个人是异质性的。这是出现社会层次、社会阶级和社会不平等现象的始因。[1]由于这种异质性，有的人能够得到统治霸权，而其他人则必须服从和忍受前者的统治。他将社会成员划分为两个阶层，一是由普通群众组成的低级阶层，一是由精英组成的高级阶层。富有的上层阶级，即由精英分子或贵族代表的那个阶级，总是社会、国家的主宰者。"在历史上，除了偶尔的间断外，各民族始终是被精英统治着"[2]。在所有的社会中，大多数人是被统治者，统治者总是少数精英。因此，帕累托不相信有关平等、民主、自由一类的学说。

帕累托认为，社会按组成分子的财富构成阶层、阶级，这是机体的外部形式。这种形式在一个时期内变化不大。不过，组成社会的分子并非处于静止中。上层阶级，首先是精英分子掌握了统治权。统治者不会敌视他所属的那个统治阶级的利益。反之，他总是统治阶级利益的代表者。政府也总像所有生命机体那样着重关心延续它的力量，并无情地排斥其他机体。统治者既需要用欺骗来取得被统治者的同意，也需要用暴力使被统治者俯首听命。历来统治的重要方法是消灭、禁锢、收买和把可能的和危险的闹事头目提到上层阶级中来。这是必然的、行之有效的方法。这种方法自然不会，或者难以完全取得被统治者的同意，但确实有可能保持统治权力，延长权力的存在。

精英总是轮替着、更迭着进行统治的，而不可能持久不变。如果统治精英不能保证自身才能适合统治的需要，就将失去统治地位，因而高级阶层会不断地从低级阶层中吸取新的精英充实本阶层以维护其统治地位。原来的精英分子的没落由一种病态的腐化展现出来，于是新的、充满活力和气势的精英分子在下层阶级中形成了。这就是精英分子的流转。精英流转是社会历史发展的正常现象。精英的更迭"根据一条重要的生理学定律，精英不可能持久不变。因此，人类的历史乃是某些精英不断更替的历史：某些人上升了，另

---

1 王养冲.西方近代社会学思想的演进[M].上海：华东师范大学出版社，1996：173.
2 帕累托.精英的兴衰[M].刘北成译.上海：上海人民出版社，2003.

一些人则衰落了"[1]。帕累托认为,社会就像一个生物机体,其构成因素总是流转的,不断新陈代谢。它"只有排除某些要素,代之以另一些被吸收的要素才存在下来"[2]。

帕累托认为,精英的循环是保持社会系统稳定的一个必要条件,而不是社会变革的一个结果。社会的稳定可以通过精英的循环得以维持,不胜任的精英群体周期性地被来自社会下层有才能的人所替代,以保证恢复和维持国家治理能力,从而减轻权力精英和社会精英之间的张力,避免这种张力在日积月累后导致暴力革命。[3]

帕累托的精英流转论为精英存在的合法性、合理性以及精英在社会中的重要地位提供了理论基础,社会的进步与发展离不开精英教育提供的人才支持,精英教育也可以被视为高级阶层培养新生力量充实本阶层以维护其统治的重要方式。大学校作为统治阶级的培养工具强调适应性,不断适应新的环境和时代,才使这个制度得以存在几百年。不管是社会开放政策,还是国际化政策,包括调整留学生国别,大量吸收中国留学生,都是在吐旧纳新,培养新生的精英力量。

### (二)布迪厄(Pierre Bourdieu)的文化再生产理论[4]

"文化再生产"(la reproduction culturelle)源于英国古典政治经济学和马克思政治经济学的"再生产"概念,重点在于强调"再生产"与原来生产基础结构的关系,并显示再生产过程中多元因素交错共时互动的复杂性。

布迪厄认为,对于人来说,在他的生存过程中最重要的,不是生存的状况,而是其生存的能力和意向。因为人具有肉体生命和精神生命,而在这种相互渗透的生命活动中,精神生命又是决定性和具有方向意义的,所以对于人的生存来说,虽然不能不像其他生物那样以现实的生存条件为基础,但是

---

1 帕累托.精英的兴衰[M].刘北成译.上海:上海人民出版社,2003.
2 王养冲.西方近代社会学思想的演进[M].上海:华东师范大学出版社,1996:173.
3 赵宝煦.知识分子与社会发展[M].北京:华夏出版社,2003:135.
4 对文化再生产理论的论述主要依据来自:高宣扬.布迪厄的社会理论[M].上海:同济大学出版社,2004.

人的精神生命的固有的超越性质，使人在生存中始终立足于其本身的生存能力而导向超越现实的可能的方向，正是这种特质使人的生存同文化的建构紧密联系在一起。文化的这种性质决定了人类文化不可能停留在某一个水平上。文化的超越性质决定了文化再生产的不可避免性。相对于自然生命，文化生命的最根本的特点就是它的自我创造性，也就是说，文化生命有其自我超越、自我生产、自我参照、自我批判和自我创造的特征。文化就其本性而言，就是人类精神寻求永不满足的自由的一种表现。这种根本性质决定了文化不可能只满足于自我维持和重复原有的形态，不可能以"复制"的模式来发展，文化势必也只能采取文化再生产的模式来维持和更新。文化再生产的重要意义，还不只是在于强调文化本身的自我创造精神及其生命力，而且还在于强调文化的存在和发展的不停顿性、流动性、循环性，显示出文化的动态性存在性质及其自我更新能力。[1]

布迪厄在研究当代社会的过程中强调文化再生产已经在整个社会实践总体中提升到一个决定性的地位。他认为，当代社会不同于传统社会、不同于早期资本主义社会的地方，就是文化因素已经深深地渗透到整个社会生活的各个领域和各个部门，可以说，当代社会的最重要的特点，就是文化在整个社会中的优先性以及文化的决定性意义[2]。布迪厄在其一系列权威著作中都在集中探讨社会中的"文化再生产"运作逻辑。"文化再生产"是布迪厄社会理论中的核心观念，也是他的理论和方法的基础和出发点。

布迪厄没有将当代文化再生产研究停留在一般化的层面上。他认为，当代社会文化再生产问题的关键，就是占据社会权力的集团及其社会成员，试图以当代文化再生产制度和组织，通过文化再生产的运作机制，玩弄一系列象征性策略手段，保障他们一代又一代地连续垄断文化特权。他所进行文化再生产研究的实质，就是揭示当代社会中文化特权的延续和再生产程序及其策略。

---

1 高宣扬. 布迪厄的社会理论 [M]. 上海：同济大学出版社，2004：30.
2 高宣扬. 布迪厄的社会理论 [M]. 上海：同济大学出版社，2004：14.

## 绪 论

为此，布迪厄的文化再生产理论分别深入探讨了五大方面的问题。其中之一就是深入揭示现代社会中各个学校教育系统的特殊结构及其权力运作机制，集中分析现代学校教育制度的权力再生产机制，揭露当代学校教育机构中各种特权转移、分配、垄断及再生产的过程，描述其中各种维持文化特权的策略变化及其社会基础。[1]

布迪厄以法国的大学和大学校系统的区别，揭露了学校教育制度的权力不平等结构。大学校通过严格谨慎的筛选选拔到最优秀的学生，而这些学生通常又是占有文化资本的上流社会和统治阶层的子女，确保大学校系统培养出来的人会在社会权力分配中取得最理想的地位和职务，成为法国社会结构中最有特权的统治阶层，掌握政治、经济、文化等领域的最高领导权和控制权。社会统治就是通过学校教育系统的分流掌握着整个社会结构变动的方向，也控制着社会各个领域权力分配和再分配。他们有意识地垄断教育中的特权，并通过一系列筛选程序，将本身所保护的成员源源不断地送到最有影响力的教育部门中。借助大学校教育表面公平的制度，社会统治阶层巧妙地伪饰了自己，并使自己的权力得以合法化地世代传承。

由于各种权力形式相互共存与竞争构成了法国社会的特征，而这些权力日益依赖于转换成文凭来确立自己的神圣性，使自身永存不朽。"大学校不仅保证了那些业已垄断特权的家族的儿孙们优先并迅速地进入到统治阶层，而且，它们的高度自治和清晰的内部区分（大学校类型的区分，与组成主要权力场域的经济和文化资本之间的区分相适应），也使它能够通过承认和奖励不同类型的知识分子（即社会优秀分子）的方式来消除权力形式间的内部冲突。像巴黎高等师范学校这样的'知识分子精英学院'，是培育法兰西高级知识分子的温床。一方面，它们吸收的是那些首先对学院怀有强烈兴趣的学生——因为这些学生的气质正是学校所需要和评估的那种文化资本的活的体现——并使他们得到了荣誉，这样，来自于已经文化化了的那部分资产阶

---

1 高宣扬. 布迪厄的社会理论 [M]. 上海：同济大学出版社，2004：70.

级家庭的孩子们迅速又加入到了文化资本家的行列中。而另一方面，巴黎高等商学院综合学校等高校旨在培养国家与工业界的领导者，吸引的学生则主要来自于也注定是经济富裕的法国中产阶级上层家庭。国家行政学院，则把自己定位在上述两种精英学府的中间，重点培养内阁成员与高级社会服务人员，既注重文化能力，又强调经济能力，招收的学生主要来自于那些罕见的既有世袭财产又有文凭的家庭。这样，通过提供不同的特权传承途径，通过承认秩序内部的竞争，甚至敌对、自我炫耀，精英学校场域使不同权力形式的继承者们彼此隔离开来，得到安抚。这种安排相对于其他机制来说，更能确保权力继承者们以和平的方式分享领导霸权所必然带来的成果"[1]。

　　布迪厄在学校教育理论方面，已经远远超出传统教育社会学的范围，而同权力社会学、国家社会学、知识社会学以及文化社会学等学科联系起来，同时又提出了一系列新的概念和范畴，如"场"、"生性"、"文化资本"等，使他的学校教育理论也构成了他文化再生产理论的一个重要组成部分。

　　布迪厄"反观社会学"的理论概念和想法的最重要的一方面是把社会实践用"场"和"生性"（或位置和气质）之间的互动来描写和理解。他发明了三个关键性的概念："场"、"生性"和"资本"。理论很明显是一个规模很大的，包括许多专题和跨越许多学科的"大写"理论。

　　**场（champs）**："场"这一概念是布迪厄对社会学的重要贡献，已经被学者广泛接受。任何一个实践（比如留学）的语境背景都是一个场（比如教育场、文化场、国家场）。"场"的定义如下：以各种位置之间的客观关系而组成的空间。就是说："场"本身是一个抽象的、理论性概念。它以各种各样的位置而组成，而那些位置之间的关系就是能观察到的客观事实。占据某一个位置的个人和团体之间的关系共同地建立和发展一个场，也建立和发展场中的实践的规则。[2]

---

[1] 罗克·华康德. 解读皮埃尔·布迪厄的"资本"——《国家精英》英译本引言 [EB/OL]. 郭持华，赵志义译. http://www.lunwentianxia.com/product.free.4482368.1/

[2] 贺麦晓. 布狄厄的文学社会学思想. 读书, 1996,（11）: 76-82.

所谓的"社会空间"内的场很多。所有的场都是"半独立"的。没有任何一个场能够完全独立,主要是因为贯穿着所有的场有一个大的"权力场",是通过拥有资本和权力的位置之间的种种关系而组成的。除此之外,不同场中也会存在相似或相同的位置,使场和场之间互相接触,相互"覆盖"。场的特殊资本和特殊规则越多,独立性就越强。

**生性(habitus)**:"生性"概念是布迪厄对社会学的第二大贡献。一个人会不会加入某一个场,如果加入了会占据哪个位置等问题与场所提供的位置和场的规则有关,但同时也和该人的"生性"有关。生性意味着一个人因出生于某个家庭、属于某个阶级、某个性别时而特有的习惯、想法、能力、感觉等等。[1]生性和"自由意志"不同,与"阶级意识"也不同。生性是一种气质,是进入场的时候的"投资资本"。

**资本(capital)**:每个场中有一种(或几种)该场所特有的资本。每个场中不断地进行着以积累资本为目的的斗争。资本的总量和构成决定了行动者在一定社会空间的占位。积累资本的结果是"权力"。拥有权力的人有两个优势。他们不仅可以影响和改变场的规则和场中所用的话语,而且还可以把一种资本兑换成另一种,并凭此兑换加入其他的场。比如说:原来在文学场中并不成功的政治家在获得了政权之后,就把一部分的政治资本兑换成象征资本,接着就作为诗人出名,或者相反,著名作家将手中的象征资本兑换成金融资本,宣布"今后只想赚钱"[2]。比如原来在中国并不成功的年轻人到国外留学,取得国外的高等教育文凭,回国后把外国高校的文凭、技能特别是海外留学的经历兑换成象征资本,在中国找到社会地位高、报酬优厚的工作。

### (三)推拉理论

推拉理论的起源可以追溯到19世纪。英国地理学家雷文斯坦

---

1 贺麦晓. 布狄厄的文学社会学思想. 读书, 1996, (11): 76-82.
2 贺麦晓. 布狄厄的文学社会学思想. 读书, 1996, (11): 76-82.

（E.G.Ravenstein）最早对人口迁移进行了研究。在雷文斯坦研究的基础上，首先提出"推拉理论"概念（the push and pull theory）的是巴格内（D.J.Bagne）。他认为，人口流动的目的是改善生活条件，流入地的那些有利于改善生活条件的因素就成为拉力，而流出地的不利的生活条件就是推力。人口流动就由这两股力量前拉后推所决定。

李（E.S.Lee）1966年在《移民人口学之理论》[1]一文中，在巴格内理论基础上，对推拉理论作了更详细的阐述，他认为流出地和流入地实际上都既有拉力又有推力。他的迁移理论分为四个部分：

1. 迁移的因素。迁移的因素有四种：原住地因素、迁入地因素、中间障碍、个人因素。李认为，人口流动主要是四种因素综合作用的结果：流出地因素、流入地因素、中间障碍因素、移民本人的因素。人口流动是这四个因素综合作用的结果。其中前三类因素可通过下图展现出来：

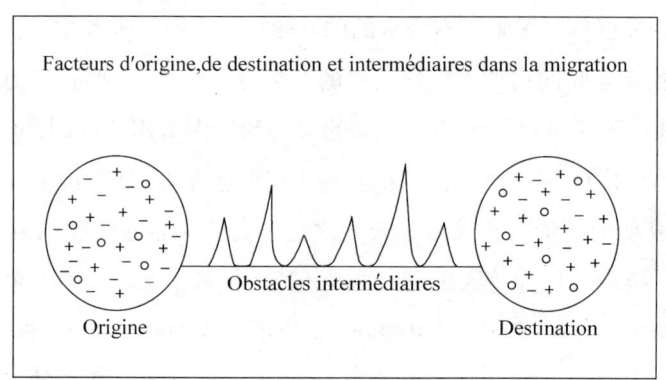

**图1：李的推拉理论图形演示**

图表来源：AGENET Caroline（2007）. *La féminisation des mouvements migratoires en France, Enquête sur l'intégration des femmes africaines en mobilité pour études dans les universités parisiennes*[D]，mémoire M2R，Paris V，Sciences de l' éducation : recherche en éducation et formation，2006/2007.

---

1 LEE E.（1966）. *A theory of migration*[J]. *Demography*.vol3,（1），p.50. 转引自：AGENET Caroline（2007）. *La féminisation des mouvements migratoires en France, Enquête sur l'intégration des femmes africaines en mobilité pour études dans les universités parisiennes*[D]，mémoire M2R，Paris V，Sciences de l' éducation : recherche en éducation et formation，2006/2007.

## 绪　论

图形左边圆圈里为原住地因素，"＋"号代表了原住地的拉力即阻止人们迁移出此地的因素，"-"号代表了原住地的推力即促使人们迁移出此地的因素；图形右边圆圈里为目的地因素，"＋"号代表了目的地的拉力即吸引人们迁移到此地的因素，"-"号代表了目的地的推力即阻止人们迁移到此地的因素。李认为迁移之前，人们对原住地因素了解比较多，而对目的地因素了解并不全面，只有迁移以后在目的地居住了一段时间以后才能更清楚和全面地对目的地因素进行评价与衡量。

中间障碍因素主要包括距离远近、流动成本、物质障碍、语言文化的差异，以及移民本人对于以上这些因素的价值判断等。这些因素有时显得无关紧要，甚至不值一提，然而对特定的人在特定的情况下会成为影响迁移的决定性因素。

与移民本人相关的因素指的是迁移人的生性，可以包括年龄、性别、性格、智力、教育程度、家庭背景、社会关系等。有些因素是贯穿这个人一生的，有些因素则只影响他人生发展的某个或某些阶段，它们可能会抵消或者加强前三种因素的综合作用。李认为，某些时候某些人做出移民的选择并非理智之举，个人的情绪、冲动、偶然性等非理性的因素都可能对迁移的决策做出重要的影响。

2. 迁移的数量：两地差异程度高则迁移量大，反之则小。人群的种族、宗教、收入等同质性高则迁移量小，反之则大。

3. 迁移者方向：常集中到几个特定的目的地。

4. 迁移者特征：有些迁移选择年轻、高教育者；有时候相反。

对于人才在国家间流动或人才外流的现象，学者们曾尝试从国际的、社会的、民族的、个人的，亦或从政治的、经济的、文化的、心理的角度等加以解释，推拉理论把人才流出国的各种不利因素统称为"推"的力量，而把人才接收国的各种有利因素统称为"拉"的力量。国际著名比较教育学家菲利普·阿尔特巴赫曾指出："从中世纪开始，一直存在着人才流动现象。由于种种原因，学者们到国外工作。国内机会少，条件差，加之种族的、宗教的歧视，所有这些都是促使学者们到国外工作的'推动'因素；而较高的薪水、设备良好的实验室和图书馆、更令人满意的教学职责、学术自由，以及处于'中心'位置的感觉，所有这些则是促使学者们到国外工作的'拉动'因素。现在所谓的人才外流，是一个非常复杂的现象，因为在国外工作的学者们时常回国工作，或同国内的学术界保持着联系。"[1]

促使人才外流的"推力"和"拉力"是在特定条件下形成的，随着条件的改变，推力和拉力也会相互转化。因此，要减少人才外流，吸引在外留学人员（主要是自费留学人员）回国和为国服务，最根本的是改善本国的条件和环境，使推力转变成拉力。

## 三、问题缘起与整体框架

### （一）问题缘起

对法国大学校精英教育的研究兴趣，曾经历了一个发展过程。作为一名法语专业的学生，20世纪90年代，在大学整个学习过程中并未接触过"大学校"这个概念，说明当时中国对这种独特的教育模式和学校是非常陌生的。直至进入中法教育交流合作领域工作，才接触到"大学校"这个名词，感性的认识让笔者对这个独特的教育制度产生了浓厚兴趣。

由于工作的关系，笔者接触了很多在大学校就读的中国留学生。在法国人推崇备至的大学校中，中国学子的学业表现令人刮目相看，经历也是丰富多彩。由此，也吸引笔者希望更多地了解中国留学生这一特殊群体究竟是如何在法国大学校的熔炉中接受精英教育，锻造成才的。

特别是以下问题：

——法国的大学校制度模式究竟是怎样的？它具有怎样的特点？优势在哪里，弊端又在何处？这样一个封闭的教育制度在短短不到十年时间内接受

---

1 陈学飞. 改革开放以来大陆公派留学教育政策的演变及成效 [J]. 复旦教育论坛，2004,（3）:13-17.

了大量的中国留学生，其中的原因是什么？在宏观层面上有着什么样的政策背景？在微观的层面上又有着何种个体动因？

——大学校中国留学生这个特殊的群体具有什么样的生性特点，是如何流动到这个比较封闭的场域中的？又是如何融入与适应的？他们在大学校这个特殊精英教育机制中接受培养的经历如何？在社会文化层面上的体验如何？何以成为"精英"？大学校的教育经历给他们带来了什么样的文化资本与社会资本？

——这个群体以后又将如何流动，这批精英人才能起到什么样的作用？在全球化的整体背景下，这究竟是一种人才流失还是一种更大范围的人才流动的必然趋势？它是否可能为我们带来一种新的具有普遍性意义的范式可能？

本书的研究意义在于，首先，希望通过此研究促进国内对法国大学校教育和法国精英培养体制的认识。由于历史渊源，社会经济发展的不同情况，各个国家有不一样的模式。不能将成因复杂的教育模式离开其特殊的文化生长土壤，脱离社会经济发展和国家背景来理解。在各类世界大学排行榜上，鲜有法国大学校的名字，但在大学校中培养出来的人才却构成了法国上层社会的中坚力量，其地位和作用不容轻视。我国发展正处于加速转型期，转变经济发展方式，推动产业结构优化升级，建设创新型国家，必须全面提升各类人才的总量和质量，特别是创新型的领军人才，在精英人才培养模式上迫切需要借鉴各个国家的经验。对一种教育制度的全面理解和深入认识，需要从各个层面入手，希望能够通过宏观的探求和微观的研究，通过案例研究，从中国留学生这个独特的视野完善、加深对法国大学校制度的了解与认识，从而挖掘其对中国这样一个具有自身民族文化和教育传统的国家的借鉴意义。

其次，希望能够对留学人员的管理者与留学、回国政策的制定者提供参考。对留学法国大学校这一小部分人的研究，比较容易地估测出这种特定留学模式的效果，对有效培养和使用精英人才的政策与方式进行思考。也只有在更好地了解这个特殊机制的前提下,才能取其精华,去其糟粕,制定最佳的合作模式,更好地为"我"所用。

最后,在研究方法上,试图通过探求和摸索,更好地将宏观政策分析与实地微观研究相结合。在过去的对中国留学生研究中,多是从留学史的角度、宏观政策的角度,对在中国留学生这一特殊的群体与某个国家特殊教育机制(法国大学校体制)之间的互动过程的关注不够。本书试图将宏观政策分析与个体质的研究结合起来,通过对中国留学生在法国大学校的培养经历进行研究,引起更多研究者对这一问题的关注。

**(二)研究方法**

在本书的研究中,坚持文献搜索与实地访谈相结合,质的研究与量的分析相结合,宏观把握与微观视野相结合的原则,主要采取了以下三种研究方法。

1. 政策分析角度的文献研究

在第二章介绍大学校精英培养的制度背景与第三章中国留法学人的历史背景梳理和政策背景分析中主要使用文献研究的方法。主要通过查阅有关书籍专著、报刊杂志、文件报告、学术论文、档案材料,浏览有关大学校和机构的官方网站,发掘出有用的文字材料和统计数据,进行分析和归纳整理。文献研究的方法有利于从整体上把握法国精英培养模式和大学校体制,能够站在比较高的角度上对中国学生留学法国大学校这一现象进行宏观政策分析。

2. 人类学方法与质的研究

以往对中国留学生进行的研究主要使用的是历史文献法、定量统计法和文学描述法,而对留学生个体微观的视角有所忽略。"历史文献法将过去事件的轮廓呈现在我们面前,但是缺少对留学生日常生活的具体描述;定量统计法提供了某一特定时空凝固点上有关中国学生的量化材料,但是缺乏他们在自然情景下发展变化着的生活细节;文学描述法生动逼真地表现了中国留学生们的主观经验,但是缺乏足够的证据和检测手段以保证报道的真实可

## 绪 论

靠性"[1]。

笔者本人则曾经扮演过留法学生、留学生管理者、中法教育交流合作项目管理者等不同的身份角色,对接近研究对象有着"近水楼台先得月"的便利条件,因而采取了一种交叉研究的方式,试图将宏观政策分析与留学生个体的主观经验结合起来。由于研究的对象聚焦在法国大学校就读的中国留学生身上,笔者希望从微观的层面上了解中国留学生这一特定的人群是如何体验和感受法国大学校教育的,用文献研究或其他传统量的研究方法似乎很难实现以上目标,所以更偏重于采用质的研究方法,进行实地的个案访谈。借在法国工作的机会,从 2005 年 3 月到 2008 年 2 月,笔者先后对 22 名在法国大学校就读的中国留学生进行了半开放式的访谈,他们的性别、来法时间、就读学校和专业的分布详见附录 1。为了避免收集的信息过于分散和杂乱无章,选择了半开放型的访谈形式。

笔者通过个案访谈来认识被调查者的家庭与教育背景,他们的留法动机,他们的日常生活和学习经历,他们对所接受教育的评价,以及他们对未来的打算。在对以上第一手材料进行整理的过程中,着重把留学生个人的体验与评价放到突出重要的位置,力图从中国留学生自己的视角系统地对他们的留学体验进行分析,再对研究结果进行解释性理解。研究把质的研究方法引入到对留学生学习、生活经验的研究中,通过倾听鲜活的现场声音来还原当代中国留法精英的流动过程,再现他们丰富生动的学习和生活经历,通过实地调查深入了解大学校教育模式的细节和实质,取得了更为全面、立体、深入和感性的认识,进而探讨留学生对自己留学经历的意义解释,将留学生的主观体会与客观现实交互验证。同时将他们的学习实践与主观生活体验放在宏观政策社会背景和制度背景中加以理解、诠释与分析。在具体、真实的情景中,揭示出这样一种留学模式在国际人才流动背景下的示范意义,并在

---

1 陈向明. 旅居者和"外国人"——留美中国学生跨文化人际交往研究 [M]. 长沙:湖南教育出版社,1998:26.

其中领悟到对全球化时代留学政策的启示。

3. 跨文化视野里的比较研究

在本书研究中，比较的方法贯穿于整个研究过程。例如，在回顾中国留法教育历史时，将不同时代中国留学政策进行比较，对不同时期中国留法学生的特点进行比较；在对留法政策背景进行分析时，将法国政府吸引外国留学生与中国政府派遣留学生政策的时代和效果相比较，以便找出政策交汇点；在描述概括法国精英教育模式时，将受访人的大学校教育体验与中国大学教育经历进行比较。

（三）整体框架

本书分为两部分，第一部分力图展现法国大学校教育制度的全貌，为不熟悉法国教育体制的读者提供一个较为系统的制度背景介绍。

其中第一章介绍法国教育体制、高等教育制度，大学与大学校的分野，并追溯大学校的历史传统。

第二章对大学校的各种类型进行横向划分，重点介绍四所最有代表性的大学校，并总结法国完整精英培养制度的纵向特征。

第三章从内部结构、遴选制度、教学内容、地位与影响、社会功能等方面剖析大学校的特点。

第四章梳理近年来随着时代变化和社会经济发展要求，大学校不断进行自我调整的发展趋势和政策。

第二部分研究中国留学生在法国大学校接受精英教育的全过程。

其中第五章梳理中国留法历史，总结中国留学政策的演变情况和法国接受外国留学生政策的演变情况，为解释大量中国学生留学法国大学校这一现象提供宏观的历史背景和政策背景。

第六章介绍大学校中国学生的个体背景与生性制约，考察中国留学生的留法动机和场域变迁过程。

第七章重点从学习经历和生活经历两个层面，观察中国留学生的表现和他们对大学校这种特殊的精英教育模式以及社会认同的实际体验。

## 绪 论

第八章旨在探讨大学校留学经历给留学生带来的生性变化和他们的未来生活规划。

笔者力图在社会学理论的实证研究基础上，借鉴人类学质的研究方法，再现当代中国留法精英丰富生动的学习和生活经历，深入了解大学校教育模式的细节和实质，全面地探寻其与大学校教育制度的关联，探讨留学生对自己学习生活经历的意义解释。通过研究个体与制度之间的互动影响，留学生派遣国与接纳国之间的互动关系，讨论进而揭示这样一种传统留学模式在全球化背景下具有的新的意义。

众所周知，一种教育模式不仅仅是教育和教学的问题，更与当地的政治经济社会文化背景有着丝丝缕缕的密切关联，故本书在研究中，既不忽视留学生个体在教学方面的体会，也高度重视留学生在对象国的全面的社会文化经验与感受，确保研究的真实性与全面性。

# 第一章 法国高等教育的双元制及大学校的传统与历史

## 第一节 法国的教育体制及高等教育制度

法国是欧洲的文化中心，丰厚的历史文化积淀为法国教育奠定了良好的人文基础和社会环境。与西欧其他国家一样，法国中世纪的教育为基督教教会所把持，经过18世纪资产阶级大革命的洗礼，"自由、平等、博爱"成为法兰西社会的价值观。近现代教育思想催生了法国特色鲜明的教育制度，使教育成为实现共和国理念的重要基础。拿破仑统治时期法国建立了中央集权教育体制，19世纪末的第三共和国实现了公共教育与宗教分离，确立了教育"免费、义务、世俗化（非宗教性）"三原则。1959年基本确立起完备的现代基础教育体系，实施10年义务教育。1968年高等教育进行了重大改革，确立了大学"自治、参与和多学科"的办学原则。而后又经历了1975年和1984年两次教育改革，最终确定了法国现行完备、适应社会发展、有特色和多样化的教育体制。

法国在教育行政管理上实行中央集权制，形成了教育行政管理体系从中央到地方垂直领导的教育行政管理体系，确保教育政策从上到下得以充分贯彻实施。这种管理体系把法国教育行政管理体制划分为中央主管部门、学区和省教育局三个层级。国民教育部和高教科研部是国家主管教育事务的最高行政领导机构，负责从幼儿园到大学以及公立研究机构的创办、专业和课程

# 第一章 法国高等教育的双元制及大学校的传统与历史

设置、财政、人事、行政管理以及执行相关法令等所有问题。法国本土划分为22个大区，每个大区有2至8个省，但在教育行政管理方面，学区是教育部设在地方一级重要的教育行政管理单位，全国划分为26个学区。学区长是国民教育部长在本学区的代表，由部长会议任命，独立于地方行政部门的管辖。省教育局则直接归学区领导。学校是法国教育管理体制中的最基本单位，小学从属于乡镇，初中从属于省，高中从属于大区，但国家仍负责决定教育组织和教学内容，发放教职工工资等。在中小学，均成立家长委员会，参与学校的管理。

法国教育体制主要分为初等教育、中等教育和高等教育三个阶段。初等教育包括学前教育和小学教育。学前教育在托儿所和幼儿园实施，接受2-6岁儿童。2010至2011学年期间，全法共有16 189所幼儿园，虽然学前教育不属于义务教育范畴，但公立幼儿园实施的是免费教育。小学教育学制为5年，招收6-11岁学生，2010至2011学年期间，法国有公立、私立小学37 609所。中等教育分初中和高中两个阶段，初中学制为4年，招收11-15岁的学生，分为适应阶段、观察阶段和专业定向三个阶段。高中招收15-18岁的学生，由普通教育、技术教育和职业教育三部分构成，普通和技术高中为3年，职业高中为2-4年。2010至2011学年期间，法国的中等学校共有11 375所，其中初中7 018所，普通高中和技术高中2 720所，职业高中1 637所。

法国的高等教育机构主要分为综合大学（Université）、大学校（Grande école）和短期高等教育机构三大类。现有综合大学87所，是从事高等教育教学和科学研究的主要场所，主要培养教师、科研人员、公职人员、律师和医生等专门人才。大学校主要进行高等专业教学，学制为3年，实行"精英教育"，是培养高级工程技术人员和其他各类专业人才的高等教育机构。法国学生通过高中会考毕业后就可以直接申请进入综合性大学，但进入大学校则需要再进行两年的预科班（classe préparatoire）学习，并通过淘汰率很高的考试。短期高等教育机构有两类：大学技术学院和高级技术班，基本学制是2年。据不完全统计，2009学年入学时，法国各类公立、私立高等院校在校注册学生人数约230万，其中外国学生接近28万人。2009至2010年期间，法国高等教育与科研部所属的公立教育机构的任职人员达15万人。

在实施欧盟高等教育统一学制之前，法国综合大学的培养课程通常按三个阶段进行组织。第一阶段为期两年，实施大学综合基础知识教育，可获颁发"大学普通学习文凭"（DEUG）；第二阶段也为两年，课程渐趋专业化，完成该阶段第一年学业即可获Licence学位，完成第二年学业者，便能获得Maitrise学位。第三阶段为期4至5年，第一年用于攻读"深入学习文凭（DEA）"或"高等专业学习文凭（DESS）"，然后再用3至4年时间获得博士学位（Doctorat）。大学校学制一般为三年，根据大学校的种类，颁发"工程师文凭"（diplome d'ingénieur）、建筑师文凭、政治学院、高师、商校或艺术学校文凭等。

1998年，法国、英国、德国、意大利四国教育部长在巴黎发表了一项旨在协调欧洲高等教育体制结构的"索邦大学共同声明"，揭开了欧洲高等教育体制改革的序幕。1999年，欧洲29个国家的教育部长在意大利博洛尼亚签署欧洲高等教育改革的"博洛尼亚宣言"，进行欧洲高等教育一体化改革，建设"欧洲高等教育空间"。其目标是设立以"LMD（3-5-8）"体制为基础的高等教育课程体系和可在欧洲各国之间转换流通的"欧洲学分（ECTS）"体制，使各国大学文凭更加清晰透明并可以互相比较，促进学生、教师、研究人员及行政人员在全欧范围内流动。作为发起国之一，法国政府从2002年起积极按照博洛尼亚宣言逐步改革高等教育学制，确立了以3年制本科（学士）、5年制硕士和8年制博士学位为主要架构的大学学制。大学第一阶段改为三年一贯制，取消了过去两年学习之后颁发的"大学普通学习文凭"（DEUG）；第二阶段学习后统一颁发研究硕士（Master Recherche）或职业硕士（Master professionnel）文凭，取消了旧制"Maitrise"文凭和"深入学习文凭（DEA）"以及"高等专业学习文凭（DESS）"。新学制改革在综合性大学很快得到了推广。在博洛尼亚进程中，工程师学院和商学院作为大学校的主体，其最重要的改革是增设跟大学一样的硕士学位，从而使该类学校与综合性大学之间有了互相转换的交集点。改革后的法国高等教育学制使各级学位的学习年限更接近于国际常规体制，增加了法国学位文凭的国际透明度，促进了法国高等教育机构的国际交流与合作。

## 第二节 大学与大学校的分野

2003年上海交通大学高等教育研究所发表了世界大学排行榜，在法国引起轩然大波，很多人指责排行榜的评估标准不科学，排名方法有失公正客观。排行榜的结果之所以引起法国教育界人士的强烈反应，很重要的一个原因就是它所依据的量化指标并没有考虑到法国高等教育的双元化特点，使得法国人最引以为自豪的著名大学校名落孙山。其实，大学与大学校的并存是法国高等教育制度的一个重要特征。[1]

法国是世界上独一无二拥有综合性大学与大学校并存的双元制的国家。这种独特的二元化高等教育体制是在法国高等教育发展的历史过程中形成的。如果不了解历史原因，也就不能很好地理解法国高等教育双元制格局的根源。因此，本节将先从历史的角度分析这种双元制形成的原因，然后剖析大学与大学校的区别以及各自不同的定位与分工。

### 一、历史原因：保守的大学传统催化了大学校的诞生

法国前教育部长阿莱格尔（Claude Allègre）认为，"从历史上讲，因为对新知识的拒绝，法国大学应该为目前高等教育力量分散的现状负有很大责任"[2]。中世纪是基督教一统欧洲的时代，中世纪诞生的法国大学不可避免地沾染着时代的色彩。教会极力从经济、思想和组织上控制大学，力图使大学为宗教服务。中世纪的大学如巴黎大学虽然有神学、文学、医学、法学四科，但其他三科与神学相比还是处于次要的地位。由于宗教势力独立于世俗权力，从诞生那天起，法国的大学就是一个保守的，相对独立于政治经济制度的学

---

1 VASCONCELLOS Maria, *L'enseignement supérieur en France*, La Découverte, Paris, 2006.
2 ALLÈGRE Claude, *Vous avez dit matière grise?* Paris, Plon, 转引自 2006 Universités et grandes écoles, Problèmes politiques et sociaux, No. 936, mai 2007.

术集团，它们相对自由地组织各自的教学，颁发学位学衔，教师行会、学生行会、学科行会和僧侣集团极大地实现了大学自治。

在经历了中世纪的辉煌时代之后，法国大学在教会的严格控制之下，15世纪以后逐渐走向保守和衰败。以经院哲学和神权为支柱的法国大学，学术上因循守旧、脱离实际，组织上封闭保守，政治上与国家背道而驰，不适应思想的进步和科学技术的发展，跟不上社会的发展步伐，逐渐走向低潮，在文艺复兴运动中也表现得极为消极。

一直以来，法国的世俗政权对被控制在僧侣和行会手中的大学持不信任的态度，一直想建立一个与大学并行的，以为国家培养高级官吏为目的的教育体系。法国封建社会中央集权和王权的强大力量使得这个想法成为可能。为弥补大学的不足，从16到17世纪，法国国王和有关团体建立了一批小型的教育和研究机构，以备当时的需要。深受意大利文艺复兴思想影响的法王弗朗索瓦一世于1530年建立了法兰西学院（College de France）。以后又成立了耶稣会学院（1563）、法兰西文学院（1653）、自然历史博物馆（1636）、碑铭学院（1663）、法兰西科学院（1666）等，其中的一些机构至今犹存并享有盛誉。这些机构旨在满足传播某领域的专门知识，但并不一定是实用性的，不少是人文科学和基础科学甚至神学研究机构。

进入18世纪以后，社会经济和科学技术进一步发展，旧大学愈发跟不上时代的步伐。出于对大学蒙昧主义的怀疑，同时为了满足社会对科技领域、高等教育的需求，波旁王朝的君主在18世纪中期建立了一批高等专科学校，这就是以后"大学校"的前身。

大革命的到来进一步强化了大学和大学校之间的分界。大革命推翻了波旁王朝的统治，大学失去了保护人，被1793年9月15日的政令完全取消。大革命时期法国高等教育体制大致包括两大组成部分：以综合理工学院为代表培养专门技术人才的各类专门学院与侧重于学术研究的以自然历史博物馆为代表的研究机构。不管是国民公会、督政府，还是第一帝国时期，当权者都没有打算重新恢复大学。拿破仑摄政后，颁布1806年法令建立"帝国大学"

制，但这并不是真正意义上的大学，而是行政机构。帝国所需要的各类军事、土木和工业技术人才都是由各种专科学院培养出来的。直到王朝复辟后，出于对革命的反击，复辟王朝才重新恢复了大学。

与大部分欧洲国家不同，法国大学的传统在整个 19 世纪是完全断裂的，直到 1871 年法国在普法战中失败后，法国的当权者才开始对大学进行重新组织，并从洪堡的德国大学模式中得到启发，将科研置于大学的中心地位。但鉴于法国大学根深蒂固的保守性，没有一次大学改革目标得到完全的实现，针对大学的改革措施常常是无疾而终。随着最新科学技术的出现，为了满足公众新的需求，独立于大学而存在的大学校承担了最专业的教学形式，如综合理工学校培养的是土木和军事工程师，高等师范学校培养的是专业教师。因此，工业革命引起的对教育和培训的需求几乎全部由工业界或政府部门创立的高等专门学校满足，无论是政治、经济，还是国家行政部门的精英，都是大学校培养出来的，与大学没有什么关系。也就是从那时起选拔性的精英化专门化高等教育和开放性的普通化高等教育开始有了分界，这种二元制一直延续到今天，成为法国高等教育的基本特点之一。

## 二、大学与大学校的区别以及各自的定位与分工

在法国高等教育的双元制下，大学体系与大学校体系并存，承担不同的任务，这是法国高等教育在特定历史条件下形成的一种特殊现象。大学与大学校的社会定位不同，功能不同，待遇不同，内部结构和运转方式不同，培养的人才不同。

从定位上来看，从 20 世纪 60 年代开始，法国的大学深受高等教育大众化浪潮的影响[1]，更多地承担了高等教育大众化的任务，保证了学生接受高等教育的平等机会，学校的规模往往比较大，保证多学科和跨学科性，教学与

---

[1] 20 世纪 60 年代，法国大学生数量开始迅速增长。从 80 年代末到 90 年代初，法国高等教育经历了第二次大众化浪潮。以学科比较齐全的综合性大学为例，70 年代到 90 年代大学生数量平均增长了 130%，其中医学专业增加 10%，法律专业增加 35%，文科增加 112.5%，理工科增加 159%，经济管理类增加 219%，大学技术学院就学人数增长最快，达到 287%。Didier Fischer, *L'histoire des étudiants en France, de 1945 à nos jours*, *Flammarion*, 2000.

科研并重。而大学校还继续保持严格遴选的传统，自成一体，非常封闭，坚持以培养精英为己任，学校规模小，教学注重专业化和实用化，不强调基础科学研究。

从招生模式看，大学与大学校实行两种筛选方式。大学第一阶段录取学生的起码条件是通过高中毕业会考。高中生获得高中毕业文凭后便可申请进入综合性大学的相关学科或专业就读，而不必参加任何入学考试。因此从理论上讲，法国大学在第一阶段录取学生是没有权利遴选的，只要名额允许，就不能拒绝学生的申请。大学学生组织也十分注意保护这一权利，多年来，任何旨在加强大学入学遴选制度的改革法案都会因引起学生的示威游行，这些法案最后都毫无例外地以撤销告终。这不仅使大学被称为"开放型"的，也使其成为法国高等教育民主化的象征。

希望进入大学校的学生则必须在获得高中毕业文凭之后通过严格的审查才能进入预科班，也只有成绩优异的毕业生才能进入预科班学习。预科班通常设在重点高中内，学习两年后，预科班的学生还需参加不同类型的，通常由几所大学校联合举办的考试，合格后方可进入相关大学校。由于这个严格的备考和选拔过程，大学校被称为"封闭型"的培养精英的场所。考试和预科班的经历也成为大学和大学校之间的分水岭。

从培养过程看，大学校与大学的内部教学方式是非常不同的，大学的学院中通常是几百名学生同上大课，师生比低，关系疏远。大学校因其本身学生规模有限，授课方式通常为小班教学和讨论，师生比高，学生能够得到教师个人化的帮助和指导，教学课程的内容和组织严密，学习竞争气氛较浓，学习节奏和强度与高中毕业班相似。大学校学生与大学学生的生活方式也非常不同，大学校的学生有条件在校内住宿，不仅有利于小群体的集体学习，也有利于同校学生之间相同的身份认同。大学学生则都是在校外住宿，约束较少，纪律宽松，非常自由。

两个体系存在着两种淘汰机制。由于大学入学无特殊考试，大学新生难免鱼龙混杂，第一阶段的学业失败率很高，平均为25%以上，医学和法律专业淘汰率更高。总体上有近四分之三的大学生在四年的学习过程中被淘汰。而大学校的学生几乎都能终其学业，获得文凭。

最后从就业状况看，大学校和大学体现着两种社会机遇。大学的高淘汰率，造成了许多青年大学生辍学，即使毕业，也未必能够找到工作，所谓"毕业即失业"。严重的大学生失业问题，是多年来困扰法国大学发展的巨大障碍。而大学校，尤其是名牌大学校的毕业生，则是另一番情景。较高的社会声誉，良好的学校教育，密切的企业联系，使这些学生备受青睐，就业比例极高，且刚一毕业就能占据比较重要的责任岗位。据统计，目前法国大学校毕业生占据了政府决策部门和各大企业70%以上的要职。

综上所述，大学和大学校这两类学校具有很强的互补性。近两百年来，这两种高等教育机构各有分工，各行其是，好像两条永不会交叉的平行线，构成了法国高等教育的独特风景。但近年来，法国社会和教育界对它们批评的声音日盛，许多人都认为这两种制度均不适应现实的需要，这种制度造成的机构和资源的分散，影响了高校的国际竞争力和知名度。

总的来说，大学校形成和发展主要是由于大学的保守造成的，是国家为了适应社会经济需要设立的。因此从诞生的那一天起，大学校就有着浓厚的国家色彩和明显的功利性以及对时代社会需求的适应性。下面我们继续从历史的视野看一看大学校这个特殊的教育制度是如何在长达两个世纪的时间过程中发展、演变和自我完善的。

## 第三节　大学校的历史——从大革命时代到欧盟高教改革

法国高等教育中大学与大学校并存的双轨制特点有其历史原因。通过对大学校发展的梳理，我们试图了解大学校这种特殊教育体制是在什么样的历史条件下得以孕育诞生的，它是如何随着社会经济的发展而完善、成熟，进而自我调节与适应的，在不同的历史时期，与大学又是怎样的一种关系。

**一、大革命前旧制度下创建的高等专科学校（第一代）**[1]

为了满足社会对科学技术教育的需求，18 世纪以来，一批高等专科学校应运而生。最早开办的高等专科学校是军事学校，路易十五（1715-1774）继位后，为争夺海外殖民地，多次对外宣战，急需军事人才，便于 1720 年首先办起了炮兵学校（Ecole d'artillerie）；拿破仑和大革命中的一些著名将领都毕业于炮兵学校。其后，又开办了军事工程学校（1749）、造船学校（1765）和骑兵学校（1773）。

军事学校创办以后，民用的高等专科学校也随之出现。到 18 世纪，法国的资本主义经济得到进一步发展，工场手工业发展尤其迅速，如采矿、冶金、纺织及奢侈品工业等。对此，创办于中世纪的旧大学根本无法适应工业急剧变化时代的社会需求。于是，国王便下令开办一些规模较小、便于管理、集中传授职业知识的民用型专门学校，如桥梁公路学校（Ecole des Ponts et Chaussées，1747）、巴黎矿业学校（Ecole des Mines de Paris，1783）等。

高等专科学校是今天大学校的前身。它的开办不仅标志着法国近代工程技术教育的开始，还打破了几百年以来大学一统天下的局面。这类新型的正规高等学校，既有国立的，也有私立的，有着严格的入学选拔和毕业考试，学生质量高，适应性强，以重科技、重实践、重应用的教学使人耳目一新，为上升时期的资产阶级培养了大批人才，深受社会欢迎，并为其他国家所效仿。从此，法国高等教育开始了独具法国特色的高等专科学校与大学并存且相互竞争、相互补充的历史。

**二、大革命和第一帝国时期大学校的地位进一步得到巩固（第二代）**

虽然早在旧的君主制度统治时期，法国就有了高等专科学校，即今天大学校的前身。但这种特殊教育制度的蓬勃发展还是在大革命之后，特别是在拿破仑统治时期。

1789 年法国大革命彻底地摧毁了封建专制制度。此后不久，资产阶级

---

[1] 本节一、二点的论述参考黄福涛. 法国近代高等教育模式的演变与特征 [J]. 厦门大学学报（哲学社会科学版）.1994,（4）. 中国高等教育研究 50 年 [C]. 北京：教育科学出版社，1999.

革命议会通过了"公共教育组织法"（loi sur l'organisation publique, P.C.F. Daunau）。该法案有关高等教育的部分规定，关闭和取消中世纪大学，对现存的部分综合性学院和若干与军事有关的学院等予以改造，并在此之外设置新的专门学院（ecole speciale）。国民议会在巴黎及其他地区设立了十几所专门学院，如国立工艺学院（CNAM 1792）、综合理工学校（Ecole Polytechnique 1794）、巴黎高等师范学校（Ecole Normale Supérieure de Paris 1794）等。以智力和才干为标准通过考试录取培养精英的模式打破了过去贵族教育的窠臼，符合新兴资产阶级追求平等的思想。

拿破仑成立第一帝国后，迫切地感到帝国的发展和扩张需要各个领域的"精英"：工程师、军官、行政管理者、教师、医生等，同时他认为这些精英应该无条件地忠于他，为国家服务。对拿破仑来说，高等教育应该是为实现帝国政权目标而服务的实用工具。由于实用性的教学目的和很小的规模，高等专科学校比综合性大学更适合充当这种的工具。首先专门学院是在中央集权国家的绝对控制下，中央政权决定这些学校的领导班子、教学内容、考试方式。要求学生遵守秩序，不允许挑战权威。其次它是按照不同学科分别设置的高等教育机构，没有内部学科层次上的高低之分，也不存在各学院间的横向学术联系与合作，学院的课程设置完全按照国家建设和发展需要，分别由中央政府各个部门负责，培养有利于经济和科技发展的实用性人才。鉴于专门学校在培养科技、军事人才方面的有效作为和巩固拿破仑政权的实际作用，这种绝对服从中央政权的统一、精干、实用性的教育机制在后来的法国高等教育中的位置得到了进一步强化，为今天法国的大学与大学校并行的双轨制打下了基础。

### 三、第一次世界大战前专门学校的蓬勃发展（第三代）

从1816年第一帝国结束到1914年第一次世界大战爆发之间的一百年间，专门学校得到了飞速的发展，数量从7所增加到85所[1]，其地理分布、学

---

1 MAGLIOLO Bruno（1982）. *les grandes écoles*, que sais-je？ [M]. Paris: PUF. p.14.

校地位、专业领域也更加多样化。随着最新科学技术的出现，为了满足公众新的需求，独立于大学而存在的大学校承担了最专业的教学形式，如综合理工学校培养的是土木和军事工程师，高等师范学校培养的是专业教师。因此工业革命引起的对教育和培训的需求，几乎全部由工业界或政府部门创立的高等专门学校满足。

出于有利于统治者中央集权以及国家对教育进行有效控制的目的，以前的专门学校都是公立的，且都设在巴黎，主要满足的是国家对忠诚的军事、技术人才、行政管理人员和教师的需求。进入19世纪后，特别是第二帝国时期（1852-1870），法国的经济得到快速发展，建立了大工业。这一时期，重工业中机器生产普遍代替手工劳动，生产不断集中，交通运输业迅速发展。工业化进程中，各地私营的资本主义工商业也越来越需要经过专业培训的科技、商业人才，传统的公立专门学校无论在数量、规模、地理位置，还是在教学专业上已经不能满足这种要求。

这时，法国开始允许私立部门创建自己的专门学校，于是出现了私立性质的专门学校。从专业上来看，1816年前的专门学校大部分为工程师学校；1816年以后各地工商会开始创办商校。19世纪末，私立部门集中创办了一批专门学校，巴黎高商（HEC，1881）、高等经济商业学院（ESSEC，1913）都是那个时候开设的。从地理分布上来看，1816年前所有的专门学校都设在巴黎，之后新开设的专门学校有一半都在外省。

**1816到1914年大学校的设立情况**

|  | 工程师学校 | 商校 | 其他类型学校 | 合计 |
| --- | --- | --- | --- | --- |
| 1816年前 | 6 | 0 | 1（巴黎高师） | 7 |
| 1816-1869 | 7 | 1 | 0 | 8 |
| 1870-1914 | 56 | 13 | 1（巴黎政治学院） | 70 |
| 总计 | 69 | 14 | 2 | 85 |

资料来源：MAGLIOLO Bruno（1982）. les grandes écoles, que sais-je ?[M]. Paris: PUF. p.16.

第一章　法国高等教育的双元制及大学校的传统与历史

从上表中可以看出，1870年到1917年是大学校，特别是工程师学校大发展的时期，随着欧洲第二次工业革命高潮的到来，在课程设置上，与工业发展密切相关的课程大量涌现。在社会功能上，大学校从直接为国家政府所控制，着重培养技术官僚，转而适应行业、地方和区域工商业发展，为工厂或企业培养高级技术和管理人才。

1880-1914年间，人们开始称这些学校为"大学校"。对那些坚决反对将专门学校合并到大学的人来说，这种称谓有着自我保护的意味，是为了强调专门学校对大学的优越性。待这种可能性排除以后，人们又开始称"专门学校"。到第二次世界大战结束后，大学对高级人才培养的介入和取得的成功再次引起了大学校的危机感，人们强调式地使用"大学校"的称谓，"专门学校"的称谓则完全消失了。

### 四、两次世界大战之间的缓慢发展

第一次世界大战之后，法国的经济和科学技术发展速度减缓，从1918年到1945年，法国的年均经济增长率仅有0.7%，是工业国中最低的，加上其政治经济政策的保守性，国家对高级人才的需求也不像前一个时期那样迫切了。1918年后法国优先发展的是初等和中等职业教育，以便提高职业工人的素质。这个时期虽然创立了33所新的大学校，但其中大部分都是1914年前就计划建立的。

### 五、二战后大学校的发展

1945年到1974年法国的国民总产值每年平均增长7%，国民经济大发展的同时，国家面临的国际竞争越来越激烈，工业化进程和企业的集团化程度进一步提高，对高层次人才，特别是对工程师和商业管理人才的需求大幅度增加。在经济高度发展的需求背景下，不管是大学校的数量，还是在校学生数、毕业生数都得到了飞速增长：二战爆发前法国仅有100多所大学校，学生总数17 000余名；到1980年，大学校的数量增加到300余所（其中160所工程师学校，60所商校和80余所其他类型的大学校，是半个世纪前的3

倍），学生总数将近 100 000 名，是二战前的 5 倍[1]。

在此之前，法国工业革命引起的对教育和培训的需求全部由工业界或政府创立的高等专门学校满足，二战后虽然大学校有了飞速发展，但已经不能满足社会对高层次人才的需求。在这种需求的激励下，再加上政府的投入，曾经落后于时代步伐的法国大学开始更新发展，课程职业化给大学注入了新的活力，使法国高等教育的格局发生了新的变化。

在大学生数目增长的同时，大学课程多样化，大学对职业化培训的投入越来越多，不仅培养传统的医学、法律人才，也开始涉足工程师、商业管理干部的培养，多所大学如贡比涅大学（Universite de compiegne）、克莱蒙-费朗大学（Universite de Clermont-ferrand）、里尔大学（Université de Lille）等取得了颁发工程师文凭的资格，巴黎九大在经济管理科学领域的教学培训也取得了成功。同时大学也努力向外部的世界开放，特别是加强与企业界的关系。大学对传统大学校培养领域的介入并不符合后者的利益，大学校在高层次职业人才培养中的绝对地位受到挑战和质疑。大学校对此持审慎甚至敌对的态度。面对这种情况，很快大学校开始对自身的发展政策进行了调整，在教学、组织管理方面进行改革，以期更加适应外界的要求。例如，很多商校以北美的商校为样本，对自己办学模式进行了调整和改革[2]。

1950 年到 1974 年经济的持续增长让法国的大学和大学校显著提高了各自培养高水平技术和管理人员的"生产力"，但 70 年代两次石油危机的打击使法国的经济发展速度进入了缓慢时期，不再需要那么多的工程师和企业管理人员，就业市场收紧。在很多企业主的眼里，大学校的文凭比大学价值更

---

[1] MAGLIOLO Bruno（1982）. *les grandes écoles*, que sais-je？[M]. Paris: PUF. pp.24-26.
[2] 商校的改革。1950 年以前法国商校教学内容主要是一般性的法律、经济知识和职业性的会计学和商业语言。为了满足企业对培养管理领导的要求，法国商校借鉴了很多美国商校的经验，在教学内容上从专门的会计技术培训扩展到商业管理培训，包括从事商务管理人职业所需要全面技能，不光是会计统计，还有信息技术、税务、法律知识等等，旨在发展学生的分析性思维，锻炼对复杂情况的应对和预见能力。在教学方法上也广泛引入了案例教学、专题研究、小型研讨会、实习等。除了传统的大学校系列教学之外，学校所从事的活动进一步多样化，开始开设第三阶段教学、研究中心以及继续教育和培训，很多著名的商校如 HEC、ESSEC 在这个时期到城郊建设了现代化的新校园。见 MAGLIOLO Bruno（1982）. *les grandes écoles*, que sais-je？[M]. Paris: PUF.p.28.

高，大学校的优越地位得以继续下去。

20世纪60年代末，从大学燃烧起来的"五月革命"（1968年五月）之火和以后的高等教育大众化浪潮并未危及大学校在法国高等教育体制中的特殊地位。在20世纪60年代和80年代及90年代初，法国经历的两次大众化浪潮中，大学校学生的数量虽然也有所增加，但却继续保持了"精英教育"的传统，成功维护了其特殊的角色定位，而大学则更多地承担了同时期高等教育大众化的任务。

## 六、欧洲统一高等教育制度中的大学校

1999年6月，29个欧洲国家教育部长在意大利博洛尼亚郑重承诺将调整本国的高等教育制度，以便在2010年建立以学士、硕士、博士三个层次为基础的统一的欧洲高等教育体系，同时构建学分转换机制，最大限度地促进学生流动，促进欧洲国家之间的合作，提高欧洲高等教育的吸引力。在构建欧洲高等教育共同空间的进程中，法国大学一直是活跃的倡导者，积极的推动者和坚定的参与者。而大学校出于自身独特的地位和精英教学方式的考虑，加入博洛尼亚进程的步伐要比大学慢得多。学士、硕士和博士学位制度的实施使不同类型的高等教育机构之间也有了相互接近的趋势。大学校不得不对它们的课程设置和合作组织进行重新思考。特别是工程师学校，将硕士学位与工程师文凭之间的比较是不可避免的。法国大学校与大学的对立已久，但从长远来看，它们必须采取统一的新学制才能够在欧洲乃至世界产生更大的影响。迄今为止，大部分大学校采取的策略是在保持传统学制的同时将欧盟学制对等移植到自己的课程体系中。

从以上大学校历史发展的梳理中我们可以得出以下几个结论：

第一，法国大学校的创建、发展是有历史原因的，与法国的政治背景密切相关。大学校从创建起就带着强烈的功利主义和浓厚的国家色彩，它们为国家所控制，为国家提供服务。法国大革命之后，由资产阶级政府各部门直接设置和管理的大学校，完全着眼于适应新政权、科学革命和工业化的需要；在课程设置上注重实用性，为国家培养技术官僚，同国家利益紧密联系。

第二，大学校从国家直接设立，到按照社会需求基本纳入工业化的轨道，加强与行业、区域和地方工商业发展的横向联系，再到采取国际化发展战略，加入欧盟高等教育一体化进程。在这个过程中可以看出，社会经济发展与大学校发展关系尤其密切，大学校的生命力之所以如此顽强，重要因素之一在于其对社会经济发展适应性强，能随着社会经济的需求，不断调整着发展策略。

第三，高等教育学界普遍认为，现代大学以 1810 年德国柏林大学的出现为形成标志。在洪堡的推动下，教学与科研并重的高等教育模式得以确立。德国模式强调的是科学的认识和发展价值，在向学生传授科学知识的同时更加强调学生自主的科学研究和能动性。而法国的大学校则是近代高等教育的另一种模式，它注重科学知识的功利价值和应用价值。在这种价值观的指导下，科学的实用和实效得到最大限度的发掘和利用，在课程中大量设置以自然科学作为理论基础的应用性知识，将科学视为一种工具或方法，以实现既定的教育目标，完成特定人才规格的培养[1]。法国大学校的这种独特的模式不同程度影响了俄国、前苏联、中国的高等教育近代化过程。中国曾经的"部门办学"、"条块分割"反映了这种影响。

---

[1] 黄福涛. 法国近代高等教育模式的演变与特征 [J]. 原载厦门大学学报，1996（4），后编入中国高等教育研究 50 年（1949–1999）[M]. 总主编陈学飞. 北京：教育科学出版社，1999。

# 第二章　法国大学校的横向类型划分与精英培养制度的纵向特征

## 第一节　大学校的多样性与类型划分

大学校自诞生之日起的两个多世纪以来,目标就是为职业、企业界服务,为社会经济各个行业、社会生产的各个部门培养人才。围绕这个目标,随着社会生产力水平的提高、社会分工的细化和公共力量的增强,大学校一直向学科专业多样化的方向发展。凡是需要高级专业资格的职业大都可以通过大学校培养人才。大学校有很多共性,也有很多特性,有的大学校不管从专业还是地位来说都是独一无二的,这种制度的优点是每所学校都有自己的定位。除了设置灵活,在适应外界环境的同时保持自己的独特之处,大学校显见的缺点是没有规模效应,国际影响小。

法国的综合性大学有着明确的法律地位[1],但大学校却找不到清晰的法律定义。随着大学校制度越来越复杂,学校数量和类型越来越多,对大学校的界定更加模糊起来。一般人们将必须通过预科班学习后经考试才能进入的学校视为大学校。此外,是否通过考试遴选录取学生也是加入大学校联席会(CGE conférence des grandes écoles)的标准。

---

[1] 1968 年 11 月 12 日的《高等教育指导法》与 1984 年 1 月 26 日《高等教育法》中对大学的法律地位有着清晰的界定。

定义的模糊使得大学校的类型更为纷繁复杂。它们可以有着不同的法律地位，其管理职责也属于不同的部委，因此在法国教育部统计预测司每年发布的高等教育机构统计中并没有将"大学校"分列一栏。从2006-2007年法国教育部的统计来看，如果算上所有的类型，包括247所工程师学校（其中包括设置在大学中的）、223所商校、23所建筑师学校、235所文化艺术类学校、4所高等师范学校、9所其他类型大学校（grands etablissements）及212所其他高等专门学校，广义上全法国的大学校数量达952所。而作为大学校委员会成员的法国大学校仅为183所，其中工程师学校145所。

**法国高等教育机构（法国本土与海外省）的数量发展趋势**

| 种类 | 1997-1998 | 1998-1999 | 1999-2000 | 2000-2001 | 2001-2002 | 2002-2003 | 2003-2004 | 2004-2005 | 2005-2006 | 2006-2007 |
|---|---|---|---|---|---|---|---|---|---|---|
| 大学 | 80 | 80 | 80 | 80 | 80 | 82 | 82 | 81 | 81 | 81 |
| 大学技术学院（IUT） | 100 | 103 | 103 | 104 | 112 | 112 | 113 | 114 | 114 | 114 |
| 大学教师培训学院（IUFM） | 28 | 28 | 28 | 28 | 30 | 30 | 30 | 30 | 30 | 30 |
| 高级技术员班（STS） | 1978 | 1987 | 2015 | 2040 | 2068 | 2100 | 2118 | 2116 | 2109 | 2125 |
| 大学校预科班 | 397 | 407 | 407 | 403 | 403 | 403 | 405 | 406 | 407 | 406 |
| 工程师学校 | 245 | 246 | 245 | 241 | 243 | 243 | 244 | 250 | 246 | 247 |
| 工商、管理与会计师学校 | 227 | 217 | 224 | 230 | 234 | 225 | 228 | 227 | 223 | 223 |

第二章 法国大学校的横向类型划分与精英培养制度的纵向特征

续表

| 种类 | 1997－1998 | 1998－1999 | 1999－2000 | 2000－2001 | 2001－2002 | 2002－2003 | 2003－2004 | 2004－2005 | 2005－2006 | 2006－2007 |
|---|---|---|---|---|---|---|---|---|---|---|
| 高等师范学校 | 4 | 4 | 4 | 4 | 4 | 4 | 4 | 4 | 4 | 4 |
| 建筑师学校 | 25 | 25 | 25 | 25 | 23 | 23 | 23 | 23 | 23 | 23 |
| 文化艺术学校 | 210 | 206 | 221 | 239 | 229 | 243 | 238 | 237 | 236 | 235 |
| 其他高等专门学校 | 180 | 189 | 202 | 197 | 212 | 219 | 221 | 222 | 217 | 212 |
| 其他类型大学校 | 7 | 8 | 8 | 8 | 8 | 8 | 8 | 9 | 9 | 9 |

资料来源：2007年教育、培训与科研参考数据，国民教育、高教与科研部，P67。

具体看来，大学校的多样性主要表现在它的学科类型、学校地位和教学水平方面。

**一、学科多样性**

布鲁诺·马格里奥罗（Bruno Magliolo）对大学校进行了分类。按照学科来看，大学校包括工程师学校、商校、行政司法类学校、建筑师学校和其他类型学校。

（一）工程师学校

在大学校中，工程师学校的历史最悠久、数量最多、最有名气。2007年，经工程师职衔委员会（CTI）批准的有220所工程师学校，此外还有多所没有经过审核不能颁发工程师文凭但也从事工程师培养的大学校[1]。除了少数像综合理工这样学校仅培养通用型工程师（généraliste）的大学校外，大部分

---

[1] 见CTI网站：www.cti-commission.fr。

大学校在培养通用型工程师的同时，还有自己的专业倾向，主要有以下十一个专业倾向[1]：

1. 航空航天；

2. 农业、园艺、食品工业；

3. 化学、生物化学、化学工程；

4. 电力、电子、电子技术；

5. 能源；

6. 土木工程、建筑业、公共工程；

7. 机械、冶金；

8. 军事技术；

9. 物理；

10. 纺织；

11. 其他（包括计算机、气象、工业制陶、应用数学等）。

（二）商校

工程师学校有工程师职衔委员会（CTI）这样的专业机构对文凭质量进行控制，商校则缺乏类似的标准制定和质量监控机构，因此情况更为复杂。与工程师学校不同，商校不再有更细的专业倾向。

（三）行政司法类学校

与前两类大学校相比，行政司法类大学校的同质性并不太明显。将这些学校归为一类主要有两个依据，一是其教学内容都以法律或行政科学为基础，再有就是都为公共部门培养高级专业人员：如外交官、教师、法官、军官、高职警察、高官等等。

此类学校包括：国家行政学院（ENA），巴黎政治学院在内的 7 所政治学院，国家检察官学校、国家海关学校、国家统计与经济管理学校、国家高级

---

1 见 MAGLIOLO Bruno（1982），les grandes écoles, que sais-je ? Paris, PUF. p34。

第二章　法国大学校的横向类型划分与精英培养制度的纵向特征

警察学校、巴黎高师在内的 5 所高等师范学校[1]。

（四）建筑师学校

法国的建筑师学校主要是文化部下属的 22 所公立建筑专业高等学校，可以颁发建筑师文凭。此外，还有一所斯特拉斯堡国家艺术工业高等学校（Ecole Nationale Supérieure des Arts et industries de Strasbourg，也是一所公立的工程师学校）和一所私立的巴黎建筑专科学校。

（五）其他类型的大学校

主要是不能归到前四类的大学校，如国家兽医学校、艺术学校、新闻学校、翻译学校，高等师范学校似乎也可以算在此系列中。有的大学校在专业设置上独一无二，如国家宪章学校是专门培养档案管理和图书管理人员的。

**二、地位的多样性**

法国的大学都是直属教育部的，大学校则不同，从最开始设立的时候，就分别由中央政府各个部门负责。它们从属于不同的部委：教育部、国防部、装备部、工业部、农业部、文化部等。有些完全私立的大学校，则根本谈不上直属哪个部门。从地位上来看，可将大学校分为公立、半公立和私立机构。

（一）公立学校

在对大学校历史发展进行梳理的过程中我们发现，法国大学校带有浓厚的国家色彩，最初的大学校是君主下令创立的，拿破仑统治时期强化了大学校为国家服务，为公共部门培养精英人才的功能。因此，很多大学校，特别是大部分工程师学校都具有公立的性质。根据法国教育部的统计，2006 年法国共有 247 所工程师学校，其中 180 所属公立。大学校委员会成员中共有工程师学校 145 所，其中公立学校 104 所。[2]

（二）半公立学校（les établissements consulaires）

这里的半公立学校指的是各级工商会[3]开办管理的学校。1820 年巴黎工

---

[1] 高师情况比较特殊，从学科上来讲更像大学，综合性跨学科的，以纯科研为重，其校长同时是大学校校长委员会和大学校长委员会的成员。
[2] 见 CGE 网站：http://www.cge.asso.fr/。
[3] 因工商会原来也称 compagnie consulaire。

商会开办了第一所商校——巴黎工商专门学校,即后来的巴黎高等商学院（ESCP）。随后,外省工商会也纷纷开设商校。目前,法国最著名的商校如巴黎高商（HEC）、高等经济商学院（ESSEC）、巴黎高等商学院（ESCP）、里昂管理学校（EMlyon）都属这种类型。

成立这类学校的法律依据是1898年4月9日有关工商会的组织、职能和管理的法令。该法令允许工商会创建与管理各种以培养商业人才为目的的机构,其中包括商校、职业学校,以及传播工商业知识的培训与课程。之所以称这类学校为半公立的机构,是因为它们从属于具有公共服务性质的工商会,既没有独立的法人地位也没有独立的预算,其预算作为工商会总体预算中的专门一部分,不能以营利为目的。但这种性质并不影响它们向学生收取学费,有时还是非常高额的学费,从这一点来看它们又和非营利性的私立学校比较相像。

（三）私立学校

私立学校主要是指那些根据法国1901年7月1日非营利社团法（loi association 1901）,由集体或个人动议建立起来的非营利性教育机构,大部分是为了满足某地方或是某行业的集体性的需求,也有少量通过提供教育服务以营利为目的的"公司"性质的学校。

**三、水平的多样性**

虽然广义上的大学校数量众多,有近一千所,但校与校之间水平差距很大,质量良莠不齐。位于巴黎,历史悠久,办学资源雄厚的大学校与外省的、新建的私立学校对学生的吸引力绝对不能同日而语。即使是同类学校之间,如高师集团、政治学院集团、巴黎高科集团,各个成员之间的差距也是相当大的。

以商校为例,223所商校水平参差不齐:其中121所属于得到国家承认的教育机构,86所至少有一个文凭被教育部核准,40所经教育部允许可以颁发硕士文凭,34所是大学校委员会成员,17所至少得到一项国际质量认

## 第二章 法国大学校的横向类型划分与精英培养制度的纵向特征

证（AACSB，Equis，AMBA），3至5所在国际商校排行榜上名列前茅[1]。

除了社会媒体上的排名外，是否是法国工程师学校校长联席会（CDEFI）、大学校联席会（CGE）的成员学校，是否通过工程师职衔委员会（CTI）等学术组织的审核，学生入学考试的排名程度，都能看出教学质量的差别。不同学校文凭的含金量不同，毕业生的就业情况、工资的等级也都体现了学校的水平高低。

法国的大学校虽数量众多，但存在着明显的共性，如选拔严格、规模很小、适应性很强、与职业企业界联系紧密等。同时大学校又不是整齐划一，千校一面的。通过对法国大学校各种类型的梳理，我们发现每一类，甚至每一所学校又都具有鲜明的特性，有着不同的定位，在高等教育国际化的今天仍然很好地保持着自己的特色与传统。

### 第二节　四所有代表性的大学校

综合理工、巴黎高师、巴黎高商和国家行政学院是四所具有典型意义的大学校，同时又是法国历史最悠久、最有威望的大学校。通过对它们的研究分析，我们进一步发现著名大学校的创立和发展均与法国社会经济发展的趋势密切相连。它们内部在培养任务上有着清晰的划分，各自有着不同的办学方向和定位，分别以培养工程师、高官、研究人员、商人等社会精英为目标，为推动社会的发展提供人才支撑。

#### 一、综合理工学校（Ecole Polytechnique，简称 X）

综合理工学校建于1794年。在当时著名的科学家蒙日（Monge）、拉普拉斯（Laplace）等人的倡导下，国民公会（Convention）于1794年3月11日通过一项法令，建立一个培养公共工程（包括民用、军用）领导人才的学校，一切费用由政府负担。1795年9月10日该校被正式命名为综合理工学

---

[1] Le Monde, *Ecole de commerce*, *le succès des françaises*, jeudi 6 décembre 2007.

校（Ecole Polytechnique）。1804年拿破仑将其改为军事学院，并为它定下了校训，那便是"为了祖国、科学与荣誉"。早在法国大革命时期，该校就被誉为最优秀的工程师学校。历史上，该校曾先后培养出40多位著名的科学家和政治家，如数学家博瓦松（Poisson）和博安索（Poinsot）、物理学家比约（Biot）和马勒斯（Malus）、化学家盖-吕萨克（Gay-Lussac）等。法国前总统德斯坦（Valerie Giscard d'Estein）亦是该校的毕业生。

（一）以才智决定社会地位为理想，培养精英人才为国家服务

综合理工学校在法国大革命中诞生，其目标是为了实现法国大革命和启蒙时代人生来平等的理想。从创立之初，综合理工学校就以平等和民主的考试方式录取学生，所有16至20岁的男子都可以报考综合理工学校，才智是学校唯一的录取标准。此举对社会的意义在于：此后任何公民都有资格申请公共部门的职位。学校第一批招生人数达到400人，分别来自法国社会的各个阶层。为了使这些有学识、有智慧的学生不因经济上的困难而无法读书，他们每人都可以得到一笔从外省到巴黎的路费，每月都可以从国家领取一笔不菲的津贴。这种做法一直延续至今。

圣西门（Saint-Simon）认为："上帝在将基督精神原则赋予人类时规定，社会最多的尊重应该属于学者、艺术家和企业家，社会的领导权也应该掌握在他们手中。"[1] 拿破仑认为，精英应该为国家和社会服务。综合理工学校创立之初的宗旨目的就是为国家培养专业精英领导人才，是最早体现"共和国精英主义"理想的大学校，也是"学而优则仕"最典型的代表。综合理工学校才智超群和成绩排名最靠前的学生毕业后大多选择进入"精英团"，在路桥学校团、矿校团等精英团中进行专业学习，然后平步青云，直接到国家各大部委任高级公务员。部分成员在公共行政部门工作一段时间会转向企业任高管，因此在国家机关、军事机构和国家企业、私营部门中最为显赫的领导岗

---

1 SAINT-SIMON, *Le nouveau christianisme*, Paris, Point-Seuil, 1969, p. 105. Cité par LAZUECH Gilles, *L'Exception Française, le modèle des grandes écoles à l'épreuve de la mondialisation*, Collection « Le Sens Social », Presses Universitaires de Rennes, 1999.

位上都不乏综合理工毕业生也就不足为奇了。

（二）大百科全书式教学方法保证科学性与广泛性的完美结合

虽然是工程师学校，综合理工的教学并不像其他工程师学校那样开设高比例的实用技术课程，以至于人们觉得与其叫"综合理工学校"，不如叫"综合科学学校"。

综合理工学校的学制为四年，除去一年级的军训以及三年级与四年级的专业学习和各种实习外，实际上在本校的课程满打满算不到两年。从第三年的第二学期开始让学生到其他专业性工程师学校（如巴黎矿业学校、路桥学校、电信学校等）学习，目的是对学生进行进一步的专业化培训，培养工作能力和研究能力，合格者同时发给签约学校的工程师文凭。

由于专业性与实用性的课程多由合作院校承担，学生在综合理工本校的课程多为具有很高理论性的基础学科，如数学、物理、机械、生物、化学、应用数学、经济学、计算机和实验科学等学科。所有的科学课程均由在全法甚至世界范围内非常著名的教授承担，大多数教师都是国内外知名科学家，包括诺贝尔奖、菲尔兹奖的获得者，法兰西科学院院士等。因其师资力量雄厚，综合理工学校科学课程的含金量极高，无疑为学生打下非常坚实的科学学养基础。

综合理工课程设置的另一个特点是广泛性，具有法国传统共和国精英文化所特有的大百科全书学派的传统和人文主义传统。在工程师培养阶段，综合理工拒绝任何专业分科，学生必须受到全方位的科学培训。经过一学期（4个月）的基础学习，每个学生要根据自己的情况选择四个长期模块和四个短期模块，条件是这些模块至少要覆盖六个以上的不同学科。除理科之外，学生还要选修人文、社会学、经济学、哲学、地缘政治学等课程，教授这些课程的教师不乏大师级的学者和教授。除此之外，外语、体育的课程也非常重要。如此培养出来的学生不仅适应性强，综合能力高，而且潜力大，同时具有极高的文化修养。

（三）国际化的发展战略

综合理工学校在法国的卓越地位无可置疑，为法国和科学服务是其建校以来的两大根本宗旨。但在全球化和知识经济的背景下，综合理工的办校方针也根据新的形势作出了调整。近年来综合理工一直在向两大新目标努力：第一是成为国际一流的高等院校，推广法国科技在世界领域的影响；第二是在基于知识创新的全球化经济中为提高法国的竞争力提供支持。从这两个雄心勃勃的目标中可以看出，国际化不仅是综合理工学校的发展目标，也是重要的发展手段。其国际化的发展目标主要通过三个方面的措施来实现：一是在传统的工程师培养系列中招收外国留学生；二是设置专门面向国际学生，特别是欧洲学生的硕士课程；三是鼓励综合理工本校的学生到国外进行专业阶段的学习。

接受外国留学生是综合理工学校实现国际化发展目标最重要的措施，该校有组织、有计划、有限额、有明确目标地在世界范围内搜寻智力超群之才[1]。所录取的学生基本都能获得奖学金。奖学金有法国政府资助的，也有企业和校友资助的。除了经费支持，学校还有专门的语言培训机制和接待机制，保证外国精英学生培养的质量和水平。每年就读传统工程师系列的外国学生保持在100名左右，分别来自30多个国家，约占工程师系列全体学生的20%。从2004年开始，综合理工推出了硕士课程，旨在在理工、经济管理与可持续发展领域提供接近于其他欧洲高校的硕士课程，增加综合理工在法国以外国家的知名度，为录取高水平的国际学生开辟新的渠道。2005年外国学生占在读硕士学位学生的50%。从比例上来看，外国学生会更多选择继续深造，攻读博士学位。同年，外国学生占博士生总数的30%。

## 二、巴黎高等师范学校（Ecole Normale Supérieur de Paris，简称 ENS）

巴黎高等师范学校在法国大革命期间由国民公会创立。1794年的国民公会的政令指出："要在巴黎建立一所师范学校，召集共和国各方面中已经接受过先进科学教育的公民，在各学科最优秀的老师的教导下，进一步学习教学的艺术。"即培养能够传授共和思想、积极培养合格公民的教师。

---

[1] 从1996年开始，综合理工学校在国外组织考试录取留学生。2004年在世界各地设立了13个考点，2005年在8个国家设立了12个考点，对学生进行笔试和口试。综合理工网站：http://www.polytechnique.fr。

第二章 法国大学校的横向类型划分与精英培养制度的纵向特征

随着时代的发展，学校的功能逐渐扩大，不仅限于培养教师。1987年政令对学校宗旨作了调整："高等师范学校通过高水平文化科技的培养，造就一批从事理论研究及应用科学研究的高级研究人才，培养大学师资、工程师学校预科班教师及中学教师。更广地说，要为国家行政管理和地方机关、为公共事业单位及企业服务。"宗旨的变化，一方面使得学校从以文科为主转向文理并重，同时注重发展多学科专业和学科渗透；另一方面是使单纯教学型学校变为教学科研并重型，同时注意基础理论研究和应用科学研究的有机结合。

今天，这所学校虽然还以"高等师范学校"命名，但已经以培养科学家、思想家和教育与科研领域的顶尖人才，以及具有较高科学素养的行政人才闻名于世，在世界享有极高的声誉。

（一）科学家、思想家和知识分子的摇篮

巴黎高师在法国被称为"知识分子精英学院"，是培育法兰西高级科学家和知识分子的温床，为法国的知识界做出了巨大的贡献。其特殊的教育方式使得高师200年间英才辈出，一大批知名学者和历史名流都是高师的毕业生。如18世纪杰出的数学家埃瓦利斯特·伽罗化，19世纪发明狂犬疫苗的生物学家路易·巴斯德，20世纪的思想家让-保罗·萨特、德里达、米歇尔·福柯，作家罗曼·罗兰，政治家乔治·蓬皮杜等都是巴黎高师当之无愧的代表。在巴黎高师的毕业生中，有9人曾获得诺贝尔奖。在获得菲尔兹奖的9名法国人中，除1人外，其余全都是巴黎高师的毕业生。法国科学院（Académie des Sciences）的院士中有一半是巴黎高师的毕业生。

（二）小中见大的美和学科、思想与文化的熔炉

作为精英学院的代表，巴黎高师的规模非常小，2006–2007年共有2201名学生，其中912名本校学生，1289名来自其他大学、研究机构以及外国合作院校的交流生。在应届生的录取中，巴黎高师每年在几千名的候选人中仅招收200名学生。除了保证学生的质量，它在录取中很注意两个方面，一是招收来自不同家庭和社会背景的学生，二是招收不同社会文化背景的学生，包括与法国学生存在较大文化差异的外国学生。因为不同文化背景、社会背

景的学生相处本身就是一个思想互相丰富的过程。巴黎高师和世界上 60 多所大学签署了协议，每年接待 100 多名交流生。此外，还通过国际选拔考试每年在世界范围内招收 10 名左右优秀的外国学生。

尽管规模、场地狭小，巴黎高师却是法国唯一一所文理并举的综合性的大学校，有 40 多个学科，仅次于法国学科门类最为齐全的巴黎六大。高师内设有众多的院系[1]、实验室和 118 个世界顶尖的研究小组，还有多个交叉学科研究中心。通过整合资源，推动学科的交叉融合，培育、扶植了一批处于科学发展前沿的新兴学科和应用学科。

学科齐全使得巴黎高师的学生具有优越的学习环境，学生可以自主选修专业课程。学校没有固定的教学计划与大纲，而是根据学生的特点及新学科的需要，不断更新教学内容。学校同时开设文理科，在教学中鼓励文理渗透，鼓励学生选修多学科的课程[2]，让理科学生得到人文学科的熏陶，辅以坚实的外语根底，文科学生也接受相应的理科培养，扩大知识面，开拓思维空间及分析模式。高师学生每年有上百个专题研讨会、专题讲座和学术讨论会，文理学生交叉举行，文理主题相互补充。这种多学科的综合培养方式能够很好地开拓学生的视野，丰富他们的知识结构，使他们能够适应当今科学技术相互交叉，自然科学和社会科学互相渗透的发展趋势，更加具有互动性和适应性。

（三）以科研为主导，在研究中培养人才

作为一所为教育和科研培养人才的大学校，巴黎高师遵循科学教育必须以科研活动为基础的原则，以研究突出培养是巴黎高师的一大特色。2006-

---

1 学校共有 14 个教育与研究院系，其中 7 个为人文社会科学学院，包括古代文化科学系、历史系、地理系、哲学系、文学与语言学院、艺术史与艺术理论学院以及社会科学学院。6 个自然科学学院为数学和应用系、信息学院、物理系、化学系、生物系和地球大气海洋学院以及一个跨学科的认知研究学院。此外巴黎高师还设有多个交叉学科研究中心，如历史、哲学以及科学研究所；环境与社会研究教学中心；文化与外国语言中心。
2 巴黎高师开设的文理课程有哲学、文学、艺术、历史、古典课程（拉丁文、希腊文、考古学）、通用语言、历史、地理、经济、社会学、人类学、科学史和科学哲学、人工智能科学、电影学、数学、生物、计算机、化学、物理、地球科学等。多学科交叉课程有科学史、科学哲学、经济数学、人类社会学、文学和古代文明、美学和艺术学、音乐学和文学、生物医学、经济与法律、地理和地缘战略、生物化学、生物数学等。见：华东师范大学，巴黎高等师范学校调研报告.透视与借鉴——国外著名高等学校调研报告[M].北京：高等教育出版社，2008，1221-1263。

2007学年，高师本校学生不过900余名，教师和研究人员却达近1500名，其中专任教师291名，在高师工作的合作研究机构如法国国家科研中心（CNRS）、国家健康与医学研究所（INSERM）等机构的研究人员共计989名，他们同时也担负着高师学生的教学和培养工作。每个高师学生都有一位单独的导师。学生和导师之间会签订一个学习协议，在主要专业的基础上，选择一个或多个第二专业学习，导师还会鼓励学生从事新的交叉学科的研究。学生可以在这种个性化的指导中选择真正适合自己的培养方式。在高师学习期间，人文社会科学的学生都有机会在国外的大学教学或学习一年，自然科学的学生则可以到国外的实验室进行六个月的研究实习。

高师与法国其他大学、研究机构具有良好的互补性合作关系。高师拥有的多个科研小组和实验室几乎都与法国国家科研中心（CNRS）、国家健康与医学研究所（INSERM）、国家信息与自动化研究所以及企业的研究机构建立了密切的合作关系。与其他综合性大学之间合作与互动也十分频繁，教师可以短期互聘，学生可以跨校选课。虽然巴黎高师招收的都是最优秀的学生，但学校并不发文凭，也不设学位，高师学生在毕业时，只建立一个校友名册，以证明他们的高师学历。学生在跨进高师门槛后要到其他大学去注册各种学位，这一方式为他们提供了更多选择专业和课程的机会，同时也表现出高师与大学有着极为密切的关系。多数学生在获得教师资格后，会去大学继续攻读博士学位，学校的教师委员会帮助学生选题，指导学生进入大学的相关学科及实验室攻读博士学位。

### 三、巴黎高商（Ecole des Hautes Etudes Commerciales，简称HEC）

19世纪中叶的法国在社会和经济的各个领域都发生了巨大的变化，随着工业革命的深入，铁路的发展，大型商业银行和大型商店的诞生，国家的经济、商业和金融活动越来越活跃。早在1870年普法战争之前，巴黎工商会就开始考虑为法国有产阶级子弟开办一所专门学习商务管理知识的学校。战争后，社会对商务人才的需求有增无减，外省也掀起一阵办商校的热潮。巴黎高商正式创建于1881年，巴黎工商会的办学者决心将这所学校办成全法国级别最高的商务管理高等院校,"就像中央学校（Ecole Centrale）为法国工业界输送高级技术人才那样,为法国商业界培养高级商业管理人才"。这在当时是雄心勃勃的目标,因为中央学校当时作为工业界而非国家动议举办的学校已经非常成功了。经历了比较艰难的起步阶段,巴黎高商适应时代的需求,不断调整办学方向,引进英美商校的模式,为法国商业界输送了一批又一批的高级管理人才,不但逐渐跻身于最有威望的大学校之列,而且成为欧洲乃至世界最具盛名的商校之一。在2005年至2007年英国金融时报对欧洲六十所最佳商学院的排名中,巴黎高商连续三年蝉联榜首。

（一）适应创新,紧跟时代的办学策略

巴黎高商创建初期名不见经传,并没有马上获得今天这样的地位。除了主要为公立部门培养人才的综合理工学校、巴黎高师等公立大学校之外,19世纪末期已经涌现出一些专门为私立部门服务的办学成功的大学校,如中央学校、巴黎政治学院等。成绩优秀的资产阶级家庭子女会选择这样的学校,而那些家庭条件优越,因为成绩较差,拿不到高中毕业文凭的子女为了获得子承父业的合法性,才会投奔高商接受商业培训。出于其服务对象的以上期望,高商在初期无法实行其他大学校通行的严格选拔措施（如果入学考试难度过大,高商的生源就会出现问题）。因此,高商在很长一段时间内只是一所二流学校,既无法招募到著名的教师,又无法吸引到最优秀的学生,当时的工商业大资本家阶层不会指望高商来实现他们的社会再生产策略。

为了在大学校的行列中获取一席之地,使其教学质量得到社会公众的认可,巴黎高商必须遵循其他大学校的成功法则,即首先通过严格的入学考试选拔成绩优秀的学生,通过提升学生的质量提高整个学校的层次和水平。1892年高商第一次进行了入学考试,逐渐带动巴黎和外省的一些高中设置预科班专门为高商的考试做准备。进入高商的学生必须具有高中毕业证和在预科班的学习经历,入学考试逐渐严格起来。在教学中,随着金融分析的方法日益完善,统计工具的广泛使用,对外国语言的掌握成为必须。随着人文、历史、政治学等通识课程的分量加重,高商的教学内容也变得更加理论化和科

## 第二章　法国大学校的横向类型划分与精英培养制度的纵向特征

学化，法律、会计、外语成为巴黎高商教学中的三大支柱。至此，逐渐形成了巴黎高商自己独特的风格，在当时的商校中脱颖而出。

二战之后，经济飞速发展，企业的国际化运动给大学校传统的教学模式带来了压力和挑战。战后美国对欧洲产生全方位的影响。这种影响不仅表现在政治、经济、文化上，也体现在教育领域，特别是商校的教育。巴黎高商的教学在这个时期经历了重要的改革。当时的校长凯·勒候（Guy Lhérault）认为国家现代化迫切需要的不仅是大企业主和工业家，还要有能够适应国际化的环境，懂得团队合作，在激烈竞争中获取海外市场的高级管理人才。在他的领导下，从20世纪50年代末、60年代初开始，巴黎高商充分吸取了盎格鲁-撒克逊式，特别是美国的商校模式中的先进因素，从一个传统的法国大学校向一个一流的国际化商校靠近。在教学内容方面，取消了过时的课程，大量增加了市场营销、金融、管理监控等新的课程。在教学方法上减少记忆训练，引入更多实际应用的内容。大量引进美国哈佛商学院的讨论课和案例教学，在各个阶段引入实习，创设MBA教学。高商正是在那个时期从市中心迁到巴黎西南郊区茹伊昂若萨区（Jouy-en Josas）占地110公顷的新校园，标志着学校进入了一个新的发展时期。

一流的培养还取决于一流的师资。巴黎高商在提升教学水平的过程中逐渐有了稳定和优秀的师资队伍。巴黎高商在法国外交部和巴黎工商会的支持下有计划地将毕业生派往美国攻读博士学位，仅在1960年到1970年间，高商就聘请了20多名取得美国一流商校博士学位的年轻教师，迅速实现了师资队伍的国际化。目前高商大多数长期教师都具有博士学位或在国外任教的经历。他们将教学、学术研究、咨询三种活动结合起来，既保证了教学的优秀质量，又保持知识的领先地位和掌握企业的现实动向。

由于采取了适应创新、紧跟时代的策略，高商在法国商校及大学校队伍中的地位逐渐提高，成为法国商校的第一品牌。与ESCP等主要培养高级职员和中小企业主的商校相比，巴黎高商以培养商业和工业界的精英见长，毕业于高商的工业企业家人才活跃在整个欧洲，甚至整个世界，毕业生中也不乏具有影响力的政治家。如毕业于法国高商的拉米和斯特罗斯-卡昂，先后分别出任世界贸易组织和国际货币基金组织的总干事。

巴黎高商至今还是法国唯一具有颁发博士学位资格的商校。

（二）通过私立学校的地位保持与工商界的密切联系

与国家创立并为公共部门培养人才的综合理工学校和巴黎高师不同，巴黎高商是一所得到国家认可的私立性质的大学校。其创办者巴黎工商会掌管着占法国经济活动1/4，全国就业人口1/6的31万家大中小企业[1]。作为巴黎工商会管理的大学校，高商与工商企业界的密切联系是与生俱来的。高商的校友在工商企业界任职，学校聘请企业在职人员担任教学任务，组织学生在企业实习。企业在校园里十分活跃，资助学生的社团活动，参加学生组织的就业和职业发展论坛，特别是通过高商基金会参与资助学校的发展。

高商除了有巴黎工商会资助，还拥有自己的基金会；基金会已成为学校和企业界联系的最佳中介。高商基金会（fondation HEC）成立于1972年，由老校友协会及40多家具有国际规模的大企业或大财团组成，如巴黎银行、里昂信贷银行、欧莱雅集团、施耐德集团等。基金会的三大任务是：支持高商的发展，促进高商的国际化以及推广管理科学。企业通过基金会可以支持学校的科研活动，资助学生和机构，促进访问教授的活动，资助长期教师的聘任，开设企业讲席。基金会还有内设的教学委员会，根据企业的需求对学校课程进行评估，与学校的领导层和高商的教师队伍共同协商确定使用教学新技术和国际开拓的资助重点。[2]

## 四、国家行政学院（Ecole nationale de l'Administration，简称 ENA）

法国国家行政学院创立于1945年，是法国最有影响的大学校之一。

---

[1] 与国内的工商会不同，教育与培训是法国各地工商会的重要职能之一。以巴黎工商会为例，它现有包括巴黎高商在内的33个教学单位，在校学生1.3万人，在校接受培训人员4万人，有直接从事教学的人员800名。每年花在教育方面的费用超过巴黎工商会全年预算的一半。这些数字足以表明巴黎工商会对教育职能的重视。

[2] Patricia Defever, Tristan Gaston-Breton, HEC, l'excellence européenne, un rayonnement mondial, le cherche midi, 2007, Paris. pp. 93–97.

## 第二章　法国大学校的横向类型划分与精英培养制度的纵向特征

1945年以前，虽然国家各部委都是通过考试招募高级公务员，但对这些高官没有统一培训的制度，且每个部委都有各自的考试。出于历史的原因，有的部门会更加青睐某些特定学校的毕业生或有特定背景的人员。长期下来，会导致小集团主义和裙带关系。为了避免这一倾向，在戴高乐将军的支持下，法国的临时政府颁布法令创立了国家行政学院。

国家行政学院通过统一的考试保证各个行政管理部门从尽量广泛的地区和社会阶层招募到高水平的高级文官，再通过统一的培训提高他们公共服务的态度和观念。因此国家行政学院从创建的那一天起就具有跨部门的凝聚力，它直接隶属总理，由公务员部以总理的名义进行管理。其宗旨是为法国行政部门选拔和培养高级官员，为法国和外国高级公务员提供高质量的职前教育和继续教育。学校的规模虽然不大，每年应届生（formation initiale）系列通过严格的考试仅招收80-100名的法国学生，加上短期培训和外国学生，在校生保持在500名左右。由于毕业生大多在法国的公共管理部门担任领导职务，国家行政学院在法国的政治生活中起到举足轻重的作用。第五共和国的两位总统，七位总理，还有众多的部长都曾经是国家行政学院的学生。

（一）教学培养中突出实践的学校

1945年政令阐明国家行政学院"应该是一所实践的学校，将已经接受过不同专业高等教育或已有不同工作岗位培训的学生统一聚集在行政管理这门学科之下"[1]。国家行政学院通过极其严格的考试录取学生，只有8%的报考人能够进入学院。外部考试面向具有大学本科文凭或大学校毕业文凭的学生，内部考试面向在职公务员，为他们晋升到高级岗位提供机会。一旦考生获准进入学院，就有了高级公务员的身份，在两年多的培训期间每个月都有薪水。

实用的教学内容和教学方式是学院最基本的特点。学校的课程包括国家

---

1　Jean Coussirou, *Faut-il supprimer l'ENA? Pour une ecole au service de l'etat et des citoyens*, les Editions d'Organisation, Paris, 1996. p.35.

政治制度、法律、经济管理、金融、税收、预算、外交、国际形势（特别是欧洲问题）、公共管理、两门外语、体育等。学习的主要方式为案例分析、模拟作业、专题研讨等，以便充分调动学生的主动性、创造性和分析、解决实际问题的能力。教学中特别要求学员对法国当今社会现实问题进行深入讨论与思索。近年来，国家行政学院的社会问题研讨课程主题有：环境、公共服务、社会保险制度，国家领土整治、卫生安全、年轻人就业等问题，以及21世纪的进程和演变、技术、经济和就业的变化等。

除了传授高水平的行政管理知识和工作方法，国家行政学院注重训练学生将自己的知识与智慧应用于具体的工作环境。学生的教学与实习活动交替进行，两者相互补充。从2006年开始，学院实行新的学制，分为课堂教学、实习以及专业升华三个阶段。其中教学和实习时间为24个月，专业升华阶段3个月。实习有4次，共计63周的时间。在这些多种多样的实习锻炼中，学生深入各种各样的机构，包括地方政府、国际组织、欧盟、驻外使领馆或企业。在实习中，学生通常被安排到实习部门的领导身边工作，通过近距离的观察，接触到第一线的具体问题，以他们为榜样，学习他们分析和处理问题的方式方法，体会领导风格。[1]实习在整个学业中十分重要，学校派专人考察学生的实习情况并对他们的表现进行评估，实习分数的权重占学生总分的30%。由于毕业排名决定了学生以后就职的岗位，所以没有人会对实习掉以轻心。当学生毕业后，能基本具备文官所需的各种实际操作能力。

从学校的教师队伍中也可看出学院教学的实用性原则。考虑要使教学与实际工作密切联系，国家行政学院在建立之初就决定不设固定的常任教师队伍，而是聘请有关学者、专家来学校授课。目前学校有200多名工作人员，只有两名体育和外语课的长期任教教师，每年要从校外聘请1000多名外部教员。为使教学工作正常运转，使学院聘请教师的工作有序开展，学院特地为

---

[1] 在学校2005年一项对学生所做的调查结果表明，所有学生一致表示与实习导师有日常接触，98%的学生感到在实习期间被当作享有完整权限的高级公务员。

每门教学课程和研讨课设立一名协调员,在教学主任的直接领导之下,负责设计所负责教学课程的基本框架,组织教师队伍,选定教学方法,审定教材,联系本课程的教师,加强教师与学校的沟通。

国家行政学院所聘请的短期教师均是具有渊博知识和丰富实际经验的政界、学界名流。包括担任要职的高级文官、议员、军人、法官、企业家、记者、工会活动家、作家等。他们认真备课和编写案例,所提供的多为第一手资料,让学员学到处理实际问题的经验、手法和风格。除了强调实用性之外,这种独立的教师队伍组成还具有很大的灵活性和适应性,允许学校根据各界政府的要求和国内外形势的变化来调整充实教学内容。

(二)掌握权力的学校

国家行政学院常被称为是"权力的学校"。有人认为,法国的整个国家行政机器和主要政治经济权力都掌握在国家行政学院毕业的近4000名在任官员手中。

首先,它是法国行政技术官僚的"官方制造厂"。学生一进校门就具有高级公务员的身份。在学期间,所有的课程都要进行考试排名,再加上实习评分。27个月的学习结束后,学校会对学生进行综合排名,然后根据排名的顺序决定学生的出路。排名靠前的学生优先挑选工作岗位。每一届最优秀的十几名学生一般会选择加入在法国国家公共行政管理中影响最大的行政精英团队(grands corps administratifs),如国家行政法院、审计院、财政监察总署等。由于这些机构往往具有跨行政部门的仲裁、审计、监察职能,且人脉网络联系盘根错节,在这样的机构工作的毕业生能够直接与各部门的最高领导接触,并得到前辈的不断提携和帮助,从而获得更多的晋升机会。同时,其他大多数毕业生一般也进入各大部委,同样被委以重任,不必从最底层做起,而是直接担任至少是处长以上的领导职务。在第五共和国的历届政府中,平均有三分之一的部长顾问都是国家行政学院毕业生。

国家行政学院创立宗旨是为国家培养高级行政官员,但实际上它也是政治家[1]的摇篮,在法国第五共和国的历史上,有两位总统(德斯坦和希拉克)、七位总理(法比尤斯、罗卡尔、希拉克、巴拉迪尔、朱佩、若斯潘、德维尔潘)和无数政府部长都是国家行政学院毕业生。不管是左派还是右派都对国家行政学院青睐有加,努力从该校吸取新鲜血液培养政党的得力干将。

此外,鉴于学校的声望及学生的才干,许多企业也愿意向国家行政学院的毕业生提供职位。法国最大的企业集团的许多领导人也都出自这一学校。政府规定国家行政学院的毕业生必须为国家工作10年才能转入私营部门,否则要向国家缴纳高额的培养费作为补偿。但这仍然阻挡不住私营企业争抢国家行政学院的学生,因为在企业家眼中,国家行政学院毕业生的经验、能力,尤其是在政府部门中的关系网所能带来的效益是无法估量的。实际上,在6000名左右的毕业生中,有20%的人在企业任职。

国家行政学院成立60多年来吸引和培养了许多优秀学生成为国家高级公务员,为完善公共服务和促进社会进步做出了贡献。但学院的专家政治论和傲慢自大也受到抨击,社会舆论指责其培养出的技术官僚垄断高层行政管理职位,能够不用冒任何风险就进入政界和产业界,垄断了国家的高层行政、政治和经济职位。学院所特有的"一考定终身"现象,即根据考试成绩排名决定工作岗位和未来职业发展的制度也长期遭到诟病。在一个与1945年初建时完全不同的政治、经济、社会环境下,国家行政学院要对自己的目标定位、培训体制、课程内容等方面不断做出变革和调整,以适应国际国内的需求和挑战。在国家行政学院现代化改革的背后,是法国政府对现代化的迫切需要。

综上所述,四所顶级大学校之间的定位和分工各有不同。像巴黎高等师范学院这样的"知识分子精英学院",是培育法兰西高级知识分子的温床。它所吸收的是那些首先对学院怀有强烈兴趣的学生,因为这些学生的气质正是学校所需要的那种文化资本的活的体现。这样,来自于已经文化化了的那部分资产阶级家庭的孩子们迅即又加入到了文化资本家的行列中。巴黎高商和

---

[1] 法国的总统、总理或部长属于"政务官"范畴,而不是"行政官"。

第二章　法国大学校的横向类型划分与精英培养制度的纵向特征

综合理工学校等高校旨在培养国家与工业界的领导者,吸引的学生主要来自于、也注定是经济富裕的法国中产阶级上层家庭。国家行政学院,则把自己定位在上述两种精英学府的中间,重点培养内阁成员与高级社会服务人员,既注重文化能力,又强调经济能力,招收的学生主要来自于那些罕见的既有世袭财产又有文凭的家庭。[1]

大学校之间有着明确的分工和权力的分配,他们之间是互补关系,而不是竞争关系。正如布迪厄在《国家精英》一书中所揭示的那样:"大学校不仅保证了那些业已垄断特权的家族的儿孙们优先并迅速地进入到统治阶层,而且,它们的高度自治和清晰的内部区分(大学校类型的区分,与组成主要权力场域的经济和文化资本之间的区分相适应),也使它能够通过承认和奖励不同类型的知识分子(即社会优秀分子)的方式来消除权力形式间的内部冲突……这样,通过提供不同的特权传承途径,通过承认秩序内部的竞争,甚至敌对、自我炫耀,精英学校场域使不同权力形式的继承者们彼此隔离开来,得到安抚,并且,相对于其他机制来说,它更能确保权力继承者们以和平的方式分享领导霸权所必然带来的成果。"[2] 社会学家在大学校类型的划分中解读出法国社会权力的分配与制衡,体现了法国精英培养制度中的横向特征。

## 第三节　法国精英培养制度的纵向特征——从预科班到大学校、精英团

大学校承担了培养社会精英的使命。从大学校横向的类型划分中体现了不同领域社会权力的分配与制衡,从而使得不同社会领域的权力精英及其继承人能够相安无事。从纵向来看,大学校是法国精英培养体系中的重要一环。法国的精英培养体系可以分为三个层次:准备层次(预科班)、主体层次(大学校)和精英团体层。本书主要集中在大学校这个层次。为了更好地了解法

---

1　罗克•华康德. 解读皮埃尔•布迪厄的"资本"——《国家精英》英译本引言. 郭持华,赵志义译.
2　罗克•华康德. 解读皮埃尔•布迪厄的"资本"——《国家精英》英译本引言. 郭持华,赵志义译.

国的精英培养体系,在本节中,我们对其准备层次(预科班)和精英团层次(团)做一简要的介绍。

## 一、精英培养体制的上游——预科班

### (一)预科班的形成

预科班的制度诞生于18世纪,是通过考试录取学生的办法催生了预科班这种特殊的制度。最早开始的考试是军队中录取技术兵种(armes savantes)的考试,包括工兵(génie)、炮兵(artillerie)和海军(marine)。1692年,路易十四信任的元帅沃潘(Vauban)在工兵招募中设置了考试的制度,他决心建立一种选拔制度,达到"没有人能够通过推荐或是关系被录取,职位要由能力和才能来决定"[1]的目的。为了帮助候选人准备这种军事考试,一些预备学校应运而生,且大部分都是私立的。

这些私立的预备学校没有能够在法国大革命中幸存。法国大革命后,拿破仑设立了综合理工学校,从而奠定了法国近代高等教育的基础,所有16至20岁的男子都可以报考综合理工学校,才智是唯一的录取标准。一方面是为了完善民用和军事技术人员的培养,另一方面也是将录取方式民主化。从此以后,任何公民都有资格申请公共部门的职位。大学校的考试录取制度在19世纪末更加完善,为了更好地准备考试。1880年到1914年第三共和国期间,一些名牌高中设置了理科预科班。自此,预科班作为精英教育的准备阶段正式进入了法国的国民教育体系之中。文科预科班出现稍晚,其数量远远比不上理科预科班。商校的预科班则是到20世纪六七十年代才有了比较快的发展。

从预科班的遴选时间和培养规模来看,法国的精英教育特点体现在美国模式和英国模式之间,从幼儿园到初中(15岁左右),法国实行的是免费义务教育,并无分流,高中开始分为普通高中、技术高中与职业高中,职业高中

---

[1] BELHOSTE Bruno(2003). une histoire des CPGE [C]. actes du colloque «Démocratie, classes préparatoires, grandes écoles», pp.13–23.

第二章　法国大学校的横向类型划分与精英培养制度的纵向特征

与技术高中的学生通常与精英教育无缘，普通高中最优秀的学生通过严格的遴选才能进入预科班，为以后进入各类大学校做准备。

（二）预科班的特点

法国高中毕业班中，每年有 80% 左右的学生通过高中毕业会考（bac）进入高等教育机构。大学校预科班不设专门的入学考试，而是根据学生高中阶段每个学期的考试成绩，在高中毕业会考之前进行预录取。这种招生方式要求学生在整个高中三年都不能懈怠。只有年年考试成绩优异且毕业会考又获得较高分数的学生才能被录取到预科班。

由于进入预科班遴选非常严格，预科班的规模并不大，直到 20 世纪 50 年代才突破万名。从 1975 年到 2000 年的 25 年间，预科班的学生数仅翻了一番，2002 年达到近 60 000 名，而从 1960 年到 2002 年，法国高等教育人口从 31 万人增长到 220 万人，增长了 6 倍。每年进入预科班的学生仅占当年高中毕业生总数的 5%[1]，这个比例从 1975 年到 2002 年基本保持不变。

预科班一般设在高中，有理工、文学、经济与商业之分。理工预科班学生的人数占预科班学生总数的 2/3，文学和商科各占 1/3（2002 年）。[2] 理科系列的学生所习课程为数学、物理、化学、生物，以后主要报考工程师学校、高等师范学校、农校或兽医学校。文学系列的学生主修哲学、文学、历史、地理、外语等，以后报考高等师范学校、高等商学校、政治学校、宪章学校等。经济社会方向的学生修习数学、历史－地理、哲学、法语、外语、经济、管理和法律等，以后主要报考高等商学院和管理学院等。学制通常为两年，属于高等教育，在欧洲高等教育体系中可以获得 120 个学分（ECTS）。学习两年后，预科班的学生要参加不同类型的大学校入学考试，有的是由几所大学校联合举办的考试，考试合格后方可进入相关大学校学习。如果考不进大学校，可

---

1　BAUDELOT Christian, DETHARE Brigitte, LEMAIRE Sylvie et ROSENWALD Fabienne（2003）. *Les CPGE au fil du temps*[C]. actes du colloque «Démocratie, classes préparatoires, grandes écoles ». p.28.
2　BAUDELOT Christian, DETHARE Brigitte, LEMAIRE Sylvie et ROSENWALD Fabienne（2003）. *Les CPGE au fil du temps*[C]. actes du colloque «Démocratie, classes préparatoires, grandes écoles ». p.27.

以申请直接就读综合性大学的三年级。

预科班的学业非常紧张，课程理论性非常强。进入预科班的目的是为考入大学校做准备，教学内容与大学校入学考试的内容要求相一致。除了教师指导的功课和家庭作业，学生要不停地进行模拟考试，准备口试和笔试。可以说预科班的教学是一种严格的应试教学，学生的压力很大。法国约有5所文学类大学校、200多所工程师学校、80多所商校招收预科班毕业生。由于这些大学校规模都很小，招生量也很小，只有那些具有较高的智力水平，又能承受高强度高难度学习压力的学生才可能成功。

（三）对预科班优劣之处的评价

预科班虽然设在高中，但其实是大学校体制的延伸，其存在的意义就是为大学校的入学考试做准备。由于预科班的遴选非常严格，学习量非常大，学习的内容也有着很强的同质性，预科班可以做到因材施教，给本身就很优秀的学生打下牢固的知识基础。从制度的设计上来看，进入预科班的唯一标准是才能，也就是说学习成绩，不接受推荐，面向所有学生，靠的是天分和勤奋，而不是社会关系，因此预科班理论上是各个阶层优秀分子接受精英教育，进入上层统治阶层的途径。

但由于预科班的选拔过于严格，招收的学生太少，其设置在高中又孤立于整个高等教育体系，在国际上难于产生较大的影响。19世纪这种制度曾经被欧洲视为楷模，很多国家包括美国都曾经模仿，由于不能保证规模效应，很快被放弃。另外，预科班"学而优则仕"的选拔原则理论上很公平，但事实上家庭社会因素仍然起着非常重要的作用，现行的选拔考试无论是在内容上还是在制度上往往更有利于社会上流阶层，如高级官员、教师等，这样的家庭往往比普通工薪阶层的家庭文化素质更高，更熟悉高等教育场域，可支配的文化教育和信息资源都很丰富，更容易培养出具有敏锐批评精神、准确判断能力和良好学习方法的学生。统计数字也表明，预科班学生家长50.8%属于社会上层。国家在经费上对预科班的投入偏重又加深了社会不平等。2005年，法国教育部为预科班学生拨付的生均经费是13 560欧元，而大学生生均经费仅为 7 210 欧元。[1]

## 二、精英培养的下游——精英团

国家精英团（les grands corps de l'état）指的是高级公务员团体，只有最著名大学校中最优秀的学生才有资格进入这样的团体。国家精英团并没有法律地位，没有任何一条法律条文规定了精英团的性质与构成，因此它并没有一个法律上的定义和概念，精英团的存在完全是建立在历史形成的权力和声望基础上。

精英团有两种，一种称为行政精英团（grands corps administratifs），其成员多从国家行政学院毕业。历史最悠久，在法国的国家公共行政管理中影响最大的行政精英团以国家行政法院（1799 年）、审计院（1807 年）、财政监察总署（1816 年）为代表，它们都是由是拿破仑一手创建的。19 世纪末又成立了其他的一些精英团，包括社会事务监察总署、行政监察总署等。

另一种称为工程师精英团（grands corps d'ingenieurs），设在少数几所应用性、专业性强的大学校中。历史最悠久的工程师精英团包括：路桥学校团（1704 年）、矿业学校团（1794 年）、电信学校团、农林水利工程学校团等。其成员多是从综合理工学校和高等师范学校毕业；每届毕业生中只有综合排名最靠前的学生才有资格进入。

我们将"团"作为法国精英培养体系中的一个部分，是因为"团"不仅仅是一个高级公务员的职业团体，它还承担着重要的培训功能，无论是在行政精英团还是在工程师团中，老资格成员对新成员的"传帮带"都是非常重要的。培训功能在工程师团中表现得更加明显，大学校毕业生在正式任职工作之前，一般都要再进行两至三年的专业学习和实习。

以路桥学校团为例，路桥团是挂靠在生态、能源、可持续发展与国土整治部下的一个跨部委的高级技术精英团。它所介入的主要领域为国土整治，包括城市规划、公共工程、运输、能源环境政策的设计、实施、经费使用和项目开

---

1 DEPP, Ministere de l'Education nationale, de l'Enseignement superieur et de la Recherche（2007）. *Origine socio-professionnelle des étudiants français dans les principales filières de l'enseignement supérieur en 2006-2007*[Z]. Repères et références statistiques – édition 2007. p.199.

发等。路桥团设在路桥学校，每年仅招收30名左右成绩排名最靠前的综合理工学校毕业生（改革后高师、路桥学校等其他最顶级的大学校毕业生也可考试进入，但数量极少），由路桥学校为每位年轻的工程师配备专门的指导教师，根据每个人的发展方向设计和组织学习、实习和培训。学生在路桥学校，也可以在国家民航学校、国家气象学校、国家地理学校等应用性较强的大学校进行两年左右的专业学习，然后到国家各大部委任高级公务员。虽然是工程师学校毕业的，但大多数成员并不直接从事具体的工程技术工作，而多在部委从事高层次的领导、管理、控制、监督、研究工作。部分成员在公共行政部门工作一段时间会转向企业，因此精英团在国家企业和私营部门的领导层也有着很重要的影响。目前路桥学校团成员为1750名，其中有800名左右分散任职于交通装备与旅游海洋部、民航总局、环境与可持续发展部、工业部、财政部等各大部委。

　　法国的公共部门中很多高级官员都是"团"的成员，在中央行政机构中很大一部分司长或者副司长层次的高级官员也是"团"的成员。与公共部门其他层次的职业人员相比，团有以下三个特点：一是"团"的成员相对于外部的行政级别具有相当的独立性，特别是国家行政法院的法官则具有完全的独立性。二是历史悠久，在法国的政治生活和公立部门中极具象征意义，其人脉网络联系盘根错节。三是团的精神牢固维系着精英团体的各个成员。社会心理学家凯斯勒（Marie-Christine Kessler）认为：团的精神的核心首先是一种集体的信仰，团有着文化、知识、技术以及情感方面的集体遗产；团的精神充满了一种认同感，对过去辉煌历史的骄傲和对学习工作能力的自豪加强了这种认同感；团的精神还带来了精神和物质上的团结，对团的热爱和忠诚使成员之间能够同舟共济，相互扶持，共同维护既得利益，而前辈对新成员的不断提携和帮助能够使某个团的成员长时间牢牢把持某些部门的领导岗位，从而对这些部门甚至某些行业保持绝对的控制和影响。[1]

---

1　KESSLER Marie-Christine（1986）. *Les Grands Corps de l'État* [M]. Paris: Presses de Sciences po. pp. 213–217.

# 第三章 法国大学校的特点

## 第一节 小而精的内部结构

帕累托认为,从体格、道德、智能来看,个人是异质性的,由于人的异质性,在所有的社会中,大多数人是被统治者,统治者总是少数精英,精英阶层永远是金字塔的塔尖。因此,对于培养精英的大学校来说,质量永远比数量更为重要。大学校和精英团为了维护精英的威望,经常是特意限制学生的数量,以此加强精英学校的特质,实现法国精英统治阶层对社会经济关键部门的有效掌控。

从法国高等教育人口的整体比例来看,大学校学生数量远远少于综合性大学学生的数量。根据法国教育部统计预测司的跟踪调查,1989年初中一年级的学生中仅有5%,即12 000名最终进入大学校,而进入综合性大学的学生数量则达1 500 000人[1],是进入大学校学生数量的10倍多。

从学生数量的动态变化来看,从1960年到2000年40年间,法国大学生数量从1960年的31万增加到2002年的221万。尤其在60到70年代,高中毕业生人数大幅度增长,大学生数量也以每年10%–15%的速度猛增。在这10年间,大学校人数增加了一倍(主要是工程师学校之外的商校等私立或半私

---

[1] CYTERMANN Jean-Richard(2007). *Université et grandes écoles*[J]. Problèmes politiques et sociaux.la documentation française, No. 936, mai 2007. p. 7.

立的大学校），而学生基数本来就大的综合综合性大学人数则增加了两倍多。可见法国高等教育大众化的任务主要是由综合性大学承担。

从校内规模来看，一般法国大学校学生数目在几百人左右，仅少数名校在校生数量能够达到千名以上。以几所最著名的大学校为例，综合理工每届仅招生500名（1900年，综合理工每届学生的数量为250名，1967年为304名），巴黎高师每届200名，国家行政学院每届120名（1947年一届学生数为37人，1970年为90人），巴黎高商每届300名左右。相比之下，法国综合性大学的在校生规模在10 000至30 000之间，每届招生1 000到6 000不等，平均为大学校的10倍[1]。

学校规模不仅表现在学生数量，与相关教职员工数量和可供学校支配的物质资源数量也有着直接的关系，大学校的办学条件往往比综合性大学要好得多。据统计，大学校学生的生均经费远远高于综合性大学。综合性大学一名第三阶段理科生的年均经费为8 424欧元，一般工程师学校学生年均经费为12 830欧元，顶级工程师学校[2]学生年均经费为34 905欧元，是综合性大学的4倍[3]。

学校规模的大小影响着教学方式和学习方式，在几万人的综合性大学里，小班教学不得不让位于教师讲学生听的大课堂（cour magistral），教学场所和教学时间的限制使师生互动和课堂讨论很难实现。而在师生比（encadrement）更加合理的大学校，探讨互动，教师辅导则更为可行。

从大学校的历史中可以看出，最初创建大学校的目的是为了满足国家、行业的需求，因此大学校必须具有很强的适应能力，才能满足因社会经济变迁而带来的公立部门和工业企业不断变化的需求。法国综合性大学规模庞大，组织臃肿，缺乏自我调整和适应环境发展的能力。而相反大学校则因保

---

1 DEPP, Ministere de l'Education nationale, de l'Enseignement superieur et de la Recherche（2007）. *La pupulation universitaire par établissement et académie* [Z]. Repères et références statistiques – édition 2007. p.181.
2 包括综合理工、巴黎高师、巴黎矿校、路桥学校、电讯学校等一流工程师学校。
3 ZUBER S.（2004）. *Evolution de la concentration de la dépense publique en éducation en France : 1900-2000* [J], Education et formation, N° 70, décembre 2004. pp. 97–106.

持较小的规模,运转灵活高效而具备很强的适应能力。这也是为什么每当法国社会经济或某行业的发展出现新的需求,有关部门宁愿建立新的大学校,也不愿过于扩大现有大学校的规模。

大学校的小规模有利于提高学校的适应能力、创新能力和研究能力,但小规模的弱点也是显而易见的,没有了规模效应,大学校在国际上的声望受到很大影响。从1950年代开始,大学校就有扩大规模的趋势,尤其是商校,政治学院等私立或半私立性质的大学校,它们借鉴美国私立高校模式,在扩大校园的同时谨慎地扩大学生规模。这些大学校为加强国际知名度,还增加录取了很多外国留学生。此外高等学制和学生在校学习时间的普遍延长也有利于学生数量的增加,过去在大学校中主要进行相当于大学三年级到五年级阶段的教育,而现在多又增加了博士研究教育、继续教育、在职人员的短期培训,从而壮大了大学校学生的队伍。值得注意的事,大学校学生数量仅仅是适当增加,而绝不像综合性大学那样在高等教育大众化过程中经历的学生数量爆炸性增长。目前人数超过5 000人的大学校还是非常少见的,尤其大多数的工程师学校仍旧严守传统,保持小而精的内部机制和运转灵活的组织结构。

## 第二节 严格的遴选制度与严密的等级秩序

**一、严格的遴选制度**

大学校小规模的控制主要通过严格遴选来实现。遴选既包括对学生学业成绩和才智水平的选拔,也包括对学生家庭出身、社会阶层和经济资本的遴选。前者主要通过公开考试的办法进行,后者并非学校主动实施,却由现有的选拔体制导致客观存在。

承担了高等教育大众化的法国综合性大学是非常"开放"的。试图在综合性大学实行选拔考试的多次改革无一不以流产告终。经历了多次学潮和社会运动,法国历届政府也形成了一个基本共识,即大学入学遴选与共和国平等的价值不相容。因此,从理论上说,凡是有高中毕业文凭的人都有权利进入综合性大学接受高等教育,大学不能对申请入学的学生进行遴选。这种"开放"的代价就是低年级淘汰率奇高,据统计,法国大学一年级学生学业失败率达50%,某些竞争激烈的学科,如医学、法律低年级学业失败率更高,如巴黎五大一年级医科学生只有10%的学生能够通过升学考试进入二年级。

相对综合性大学的"开放",大学校则是一个"封闭的"世界。首先,大学校,特别是顶级大学校所能接纳的学生是有限额的,这个限额保持稳定,并不随着时代的变化而变化,基本没有受到高等教育大众化浪潮的影响。克洛德·特罗（Claude Thélot）和米歇尔·尤利亚（Michel Euriat）对综合理工学校、巴黎高师、巴黎高商和国家行政学院四所顶级大学校从1950年到1990年学生录取的情况进行调查,结果表明,在高中毕业生的基数大大增加和高等教育大众化的背景下,这四所大学校学生数量增长仍保持在一个非常狭小的范围之内,其增长节奏与法国适龄青年数量增长的节奏差不多：20世纪五六十年代,1 000名同龄人中,仅有一名年轻人在这四所学校就读,40年后,这个比例基本没有变化。[1]

其次,大学校有一系列严格选拔的方法和程序。想进大学校的高中生,必须整个高中三年年成绩优异且毕业会考取得较高分数才有资格进入预科班学习,这部分人在高中毕业生中大约仅占10%左右。如2006年进入预科班的人数仅为70 000人左右,占取得高中毕业文凭总人数的13%。[2]

预科班是专门为准备考试而设立的机构,教学方法、学生的学习强度和学习压力都与中国的高中毕业班十分相似,属于应试教育模式。预科班学生在学习两年之后还要参加各大学校举办的入学考试才能进入大学校。大学校入学考试不是全国统考,也不全是各学校独立组织的考试,而是由数所知名度接近、学科设置相仿或者有合作关系的学校举行联考。这种考试以高标准、

---

[1] EURIAT Michel, THELOT Claude, *Le recrutement social de l'elite scolaire en France: Evolution des inegalites de 1950 à 1990*. Revue Française de Sociologie, Vol. 36, No. 3 (Jul.-Sep., 1995), pp. 403-438.
[2] Repères et références statistiques sur les enseignements, la formation et la recherche, RERS 2007.

高难度、高淘汰率著称,是法国最严格的考试[1]。为提高录取的概率,考生会根据自己的意愿和学习成绩报考多所大学校,只要时间不冲突,他们会在每年 5 月份的考试月连续作战,辗转在全法多个考场之中。由于考试科目众多[2],分笔试和口试,笔试又分初试和复试,每场考试时间在 2-6 小时不等,能够将所有的考试都坚持下来,且脱颖而出,被理想的大学校录取,对考生的智力、意志和体力都是很大的挑战,最终的胜利者肯定是同龄人中的佼佼者了。

考试是大学校最主要的选拔方式,除此之外,还有考察、测验、面谈、材料评审作为考试的补充。考生的报考动机、语言能力、归纳能力、逻辑性、开放精神、心理素质、交际能力都会影响到遴选的最终结果。

**2006 年几所著名的工程师学校与商校报考与录取学生情况**

| | | 报考人数 | 上线人数（admissible） | 实际录取人数 | 最后一名录取人员的排名 |
|---|---|---|---|---|---|
| 工程师学校 | 综合理工学校 | 3 951 | 721 | 392 | |
| | 巴黎中央学校 | 7 729 | 1 580 | 329 | |
| | 高等电力学校 | 7 384 | 2 554 | 250 | |
| 商校 | 巴黎高商（HEC） | 3 693 | 699 | 362 | 380 |
| | 高等经济商业学院（ESSEC） | 3 942 | 842 | 365 | 676 |
| | 巴黎高等商业学校（ESCP-EAP） | 4606 | 1 348 | 356 | 906 |

资料来源:système d'intégration des grandes ecoles de management,statistiques SIGEM 2006–2007,Attractivité et sélectivité des meilleures écoles en 2007.

Note classements et réflexions,les grandes ecoles d'ingénieurs,tout ce qu'il faut savoir.

---

1 杨玲.法国大学校预科班学生如何考入精英学校[R].中国驻法使馆教育处调研,2008.
2 不同类型大学校的考试科目各有侧重,工程师学校入学考试笔试科目为数学、物理、化学、计算机、工程学、法语和外语,文科大学校入学考试科目为文学、史地、哲学、两门外语,商校的考试科目为全面文化素质、数学、两门外语、当代社会历史与经济分析（经济方向）、历史地理与当代世界地缘政治学（理科方向）、经济管理、计算机与法律（技术方向）。见杨玲,法国大学校预科班学生如何考入精英学校,中国驻法使馆教育处调研,2008 年 1 月。

从以上的介绍中可以看出，严格苛刻的遴选已经成为大学校入学必不可少且不能动摇的原则。实际上，在精英培养的每个环节都要经历严格的遴选和激烈的竞争：高中毕业生要通过竞争和选拔才能进入预科班，经过预科班两年甚至两年以上的苦学和准备才能参加大学校入学考试，入学考试后根据排名先后进入不同档次的大学校，大学校内部考试排名靠前者又具有工作岗位的优先挑选权。设计这个相当漫长的遴选程序是为了保证大学校毕业生的质量无可争议，只有经受了严酷竞争考验的佼佼者，今后才能取得精英地位。金字塔的顶端只有最优秀的人才能占据，而进入大学校的重重选拔考试，保证了他们的确是同代人中最聪明、最有能力的人，这样的教育背景证明了他们发展的潜力，为其垄断权力提供了合法性。

严格遴选是大学校的传统，但过分的遴选也有不可忽视的弊端。批评者认为，大学校的确能够选拔到成绩最好的高中生，但少年时期的学习成绩是否就是最好的衡量个人能力与发展潜力的标准？过早的选拔和分流，使得每个人的命运在学业结束时就确定下来。20岁取得的文凭决定了整个人生发展和社会地位，这是不正常的现象。况且选拔过于激烈造成应试教育，使大学校门槛过高，规模过小，社会基础变窄，更加有利于社会上流阶层的子女，从而影响了社会公平，阻碍了社会阶层之间的流动。

## 二、严密的等级秩序

选拔带来竞争，竞争带来秩序。历史上拿破仑在打造军校和工程师学校过程中引入了军队里的等级秩序观念，这种严密的等级和秩序仍旧潜移默化地影响着今天的大学校文化。大学校之间的排名，一所学校内部学生的名次，精英团声望和吸引力的次序，无不体现出秩序和等级。

首先大学校之间的秩序等级非常明显。上文中介绍了大学校的多样化，1 000多所学校似乎都可以称为大学校，没有一个确切的定义，也没有一个统一的标准。在这个看似模糊的称呼中，层次、水平不一的学校可以保持办学特色，最大限度地发挥创造性，满足不同阶层、不同人群、不同领域、不同专业的需求。但多样化并不意味着杂乱无章，良莠不分。其中地理位置位于巴

第三章 法国大学校的特点

黎、历史悠久、办学资源雄厚的公立大学校与位于外省、近期设立、底子薄弱的私立学校对学生的吸引力不能同日而语。相同类型、类似专业大学校之间地位孰优孰劣也非常清晰，如在高师集团、综合理工学校集团、矿业学校集团、政治学院集团、中央学校集团之中，领头的巴黎高师、巴黎综合理工学校、巴黎矿校、巴黎政治学校、巴黎中央学校与其他外省学校成员在社会声望、教学质量、学生就业方面的差距非常悬殊，外省学校难以望其项背。位于金字塔顶尖的几所大学校，以及它们之间的微妙差别，不管是大学校内部人士、预科班教师，还是学生及其家长，甚至用人单位都心知肚明，它们在大学校中的绝对优势地位几乎是不可超越的。

　　人们心目中的这张大学校排名表不仅仅是表面形式，更有着实质性的影响。大学校毕业生的社会地位，晋升机会，经济待遇都随着毕业学校层次高低而有所不同。大学校的等级次序甚至决定性地影响着毕业生今后的职业发展。法国国家统计与经济研究所（INSEE）2005年一项对法国工程师工资的调查[1]显示，除了性别、工作资历、工作行业专业外，对工程师工资影响最大的因素是他们所毕业的学校。调查将100多所工程师学校分为四个组，第一个组毕业生第一年的平均工资为40 068欧元，以此为参照，第二组学校毕业工程师的工资比第一组少6%到16%，第三组少16.1%到22%，第四组少22.5%到32.7%。巴黎综合理工、巴黎中央学校等最著名大学校毕业生的平均工资比普通大学校毕业生工资最多高出50%[2]。商校也是如此，我们所采访的中国留学生从商校毕业找工作时吃惊地发现，用人单位把各种大学校分为三六九等，毕业生的基本工资，包括实习工资有不同档次，根据所毕业学校的等级而定。大学校的层次不光决定第一份工作的起薪，对毕业生以后的职业发展都有着重要的影响。能否升迁到重要的责任岗位，所毕业的学校是决定性因素。一般来说，进入综合理工、国家行政学院这样的大学校就意味着

---

[1] Romain Aeberhardt, Horacio Henriquez, Ingénieurs diplômés : leurs salaires en 2004, division Salaires et revenus d'activité, Insee.
[2] 2005 Rémunérations des ingénieurs, Enquête du CNISF.

一个光明灿烂的职业发展未来。综合理工、巴黎矿校或巴黎中央学校毕业生担任公司总裁和政府高官的机会是普通大学校毕业生的几倍。

秩序与等级还体现在学校内部学生的排名上。越是顶尖的大学校，排名越是严格，且长远地影响着他们一生的事业发展。国家行政学院和综合理工学校都是根据学生考试成绩排名前后确定谁能优先挑选工作岗位。以国家行政学院为例，在学校 27 个月的学习期间，学生所有的实习和考试成绩都予以记录，毕业前根据总成绩排出名次，然后再根据排名的先后顺序由学生挑选工作职位。根据惯例，每届学生中只有最靠前的十几名才能进入威望最高的行政精英团，排名越靠后的学生挑选的余地也就越小，只能到一些普通的行政机关任职。现中国驻法大使，曾在法国国家行政学院学习过的孔泉在回忆中生动地描述了该校的"毕业排名制度"给学生带来的压力：

在一年半左右的在校学习期间一共要对十一门功课进行考试，而且是从学期中间就开始考，每两个月进行一门。考试结束后的第二个月，由校方将考试成绩用密封信单独交给每一个学生。这份成绩单包括三个内容：首先是你本人的考试成绩；其次是本门考试中的最好成绩和最差成绩；第三是你在已进行过的诸门考试综合成绩中的名次位置。对于这样一个关系到前途的成绩单，大约有四分之一的学生自认为没有勇气拆阅：考好了，怕自己沾沾自喜；考糟了，又怕影响日后用功的积极性。所以有不少人干脆把所有信封小心翼翼地存放在抽屉深处，等毕业分配的前夕集中拆阅……[1]

排名榜上的位置决定了他们的职业生涯起点的高低，排名越靠前的学生越有机会进入有声望的精英团，越接近权力的核心，有着更好的发展机遇。

---

1 孔泉. 在记忆中寻找 1979-1998（外一篇），求索新路，赤子情怀——中国留法学人 20 年回顾 [M]. 颜永平主编，北京：开明出版社，2004：84-89.

这个排名甚至伴随他们一生，潜移默化地在他们的职业发展中起着重要作用。也无怪乎他们对这个排名这么在意了。

最优秀的学生往往选择进入精英团。从综合理工学校毕业的学生会选择工程师精英团，如矿校精英团（le corps des Mines）、路桥学校精英团（les Ponts et Chaussées）、电信学校精英团（les Télécommunications）等。从国家行政学院毕业的学生则多选择行政精英团。甚至在精英团这么小的范围内也有等级。国家行政法院（le Conseil d'Etat）、国家审计院（la Cour des Comptes）、财政监察总署（Inspection des Finances）被认为是国家行政精英中的精英部门，一旦进入这三大精英团，除了终生职业生涯可以得到最佳保障之外，还可以得到到其他各个部门担任要职的机会。每届政府各部部长的顾问班子成员大多从这三大精英部门中物色。

## 第三节 通才教育与实用教育相结合的教学特点

### 一、大学校的教学内容多为通用型教育

通常人们会认为法国大学校实施的是高水平的专业教育，其培养出来的专家和技术人员会成为"技术官僚"的代表。最早的大学校成立之初的确是为国家和军队培养工程师和技术军官，但这并不意味着大学校就是科学技术工作者的摇篮。随着时间的推移，大学校的教学内容和培养人才的功能已经发生了变化。培养通用型人才（généraliste）才是法国大学校，特别是顶级大学校的重要特点。这里的通才教育也不是指普通意义上与职业教育相对的通识教育（liberal education）[1]，而是与专才教育相对的一种职业性、功利性，但教学内容专业化有限的教育。

大学校教学内容的实用性非常强，但实用性并不意味着专业化，并非劳

---

[1] 通识教育是英文"liberal education"的译名，也有学者把它译为"普通教育"、"一般教育"、"通才教育"等等。通识教育是关于人的生活的各个领域的知识和技能的教育，是非专业性、非职业性的、非功利性的、不直接为职业作准备的知识和能力的教育，其涉及范围宽广全面。

动力市场需要什么样的技能大学校就培养这方面的技能，如果是这样，大学校就与一般的技术学院或职业学校无异了。大学校培养的人是能够担任高层次责任的管理者，是工程师、高级干部、企业负责人和高官，而不是只能从事一种职业和直接从事生产的技术人员。正因为大学校的教育目标不局限于为某种职业培养专业人员，它的教学培训内容也不能仅仅覆盖某种或某些职业领域。大学校很早就确定了这个原则，避免过于专业化的教学，以便"让学生具有今后在任何职业组织中的任何情景下高效运作的能力"[1]。

从一流大学校毕业出来的学生掌握了法国几乎所有国民生产部门公立机构和私营企业的最高领导权，很难解释某个领域的专家和技术人员能够领导如此广泛的经济技术领域。只有大学校培养出来的通才能力，才能让这些人游刃有余地从一个部门的领导岗位流动到另一个部门的领导岗位，而不拘泥于某个专门的技术领域和岗位。从精英团出来的一名优秀大学校毕业生在原来的专业领域通常工作二至四年就会申请外派到其他部门（mise en disponibilite 或 detachement），继而占据一系列机构的领导岗位，其活动领域可能与他在学校的理论学习和实习专业没有任何关系。

划分过细的专业会造成知识面狭窄，影响长期的发展。可以说，排名越靠前的大学校的教育内容专业化程度也就越低。过于专业的教育背景会局限学生在多个领域流动的机会，影响其获得更高层次领导岗位的机会。人们经常认为专业化是法国精英的特点，但实际上专业技术能力仅仅是其垄断社会最高最重要职位的托辞。精英的权力和特权建立在他所受到培训教育和综合能力（merite et polyvalence）的基础上，最为雄心勃勃的精英们还要想方设法将其权力扩展到尽量广泛的领域，专业化对他们来说反而带有了某些贬义，他们也往往根本不愿去从事纯技术性的工作。

从学校毕业到进入职业生活，雇主和毕业生对工作的期待可能是不一样

---

1　MAGLIOLO Bruno, *les grandes écoles*, *que sais-je ?* Paris, PUF, 1982, p.78.

## 第三章　法国大学校的特点

的。雇主更为关心的可能是短期目标，毕业生能否迅速走上工作岗位，完成确定的任务。专门的职业培训对应的是短期目标，而在大学校所接受的通才教育，让学生学到的是可以适应各种环境领域的知识和能力，更符合职业生涯发展的长期目标。

那么如何解决长期目标与短期目标之间的矛盾？可以有两个选择，一是大学校内部进行分工，一部分从事通才教育，另一部分进行专才教育。在重视科技文化理论素养的法国教育体制中，专门为某个职业培养技术人员的教育排位是最低的。事实上哪个大学校也不愿意屈居二流，大部分大学校还是往通才的方向发展。于是就有了第二个选择，也是现在比较通行的做法，大学校在传统的通才教育基础上延伸一部分专业化的教学，或是和其他专业化较强的学校签订合作协议，以弥补通才教育的不足。

如何培养通用型人才？首先大学校的课程设置尽可能地广泛，在培养过程中，尽可能地给学生接触不同工作领域的机会。例如，国家行政学院的培训首先是为期一年的实习，一般在法国某省的省政府或法国驻某国大使馆进行，接下来回到学校上一年半的课程，课程内容包括行政管理、法律、经济、国际关系、社会问题等。综合理工学校也是一样，学生系统地接受数学、物理、化学等科目的科学培训，但并没有明确的专业方向。最优秀的学生进入精英团，在巴黎矿业学校、路桥或电信学校继续两年的学习，即使是在这些专业性比较强的学校里，精英团的培养计划也更加重视实习，而不是专业课程的学习。在巴黎矿业学校，精英团学生的大部分时间是在不同领域的企业事业单位作为实习生度过的。不能小看这种实习，这样的实习比专业学习更能让学生熟悉高层决策环境，同时在真正就业之前就有机会接触不同领域的工作。

其次，通才教学（Enseignement généraliste）更加注重综合能力的培养。与专业技术能力相比，大学校更注重培养学生在各种情形下解决问题的能力。一个高层管理人员应该能够为技术人员的工作制定目标，界定手段，综合分析，在不同的方案中进行选择，确定工作重点，但"技术官僚"中十有八九并不能，也不需要替代他所领导的技术人员进行实地操作。技术官僚的文化并非技术文化，它综合了行政能力、金融知识和工业技能，从而为政治决策服务。[1] 复杂的现代工业要求领导人具有广阔视野，看问题要有相当的高度，能够抓住关键，为各种纷繁复杂相互关联的问题寻找解决方案。这种宏观性整体性看待问题的方法和综合决策能力才是作为一个领导和精英所应具备的基本能力。这远远超过了单纯的技术范畴，在精英培养过程中过于专业技术化会与社会对以上综合宏观把握问题、解决问题能力的需求背道而驰。

此外，大学校的通才教育比专业教育更注意培养学生的适应性。21世纪是一个高科技、信息化、网络化的时代，是一个瞬息万变的时代，一个未来的领导人和精英所具备的知识结构应该能够适应这种不断的变化。在大学校中接受的基础培训可以让学生今后具有在任何职业组织中和在任何情境下高效运作的能力。大学校实施通才教学让学生的知识结构能够适应尽可能多的领域，让他们的能力能够胜任尽可能多的部门，而不是拘泥于某一个专业领域或某一个职位。对未来的精英来说，成功的关键就是不断地流动（Mobilité），不管是在精神智力层面上，还是在职业发展方面都需要这种流动性。

**二、重视实践与动手能力的培养**

大学校对教学内容的定位是实用的通才教育（formation généraliste pragmatique）。大学校毕业生以四个明显优势见长：因经过严格考试遴选理论基础好，抽象思维能力强；知识面广，思维开放；经过实践训练在工作中了解雇主需求，工作态度实用，操作能力、运作能力、动手能力强（Opérationel）；能够很好地解决实际问题，从理论到实际工作的操作转换游刃有余；对周围环境适应性强，能够很好融入新的团体。[2] 如果说前两个优势得益于"通才"教育，那么后两个优点则更多地体现了大学校教学的"实用

---

1 N. SULEIMAN Ezra, *Les élites en France Grands corps et grandes écoles*, Editions du Seuil, pour la traduction française, 1979, pp.169–177
2 Conférence des grandes écoles, Grandes écoles et enseignement superieur, www.cge.asso.fr.

第三章　法国大学校的特点

性"。如何理解"实用性"？我们可以将其解释为实践与动手能力的培养，包括解决实际问题的能力、从业的适应能力、处理各种人际关系的能力、考虑问题的开阔视野等。这种素质和能力不是通过上课就能够获得的，只有通过实践性的教学方式和精心设计与组织的一些活动、课程和项目才能实现。

（一）普及项目活动课程

近年来大学校中必修课程从多到少，选修课程从少到多，实习实践活动不断加强。除了更多地使用阅读、小组讨论、实验室工作、参观企业、设计等模式帮助学生提高动手能力，很多大学校还在教学中安排了大量的"项目活动课程"培养学生解决实际问题的能力。所谓"项目活动课程"是一种在做中学的学习方式，学生组成的项目组在教师指导小组的指导下，基本上自主完成选题、争取经费、项目规划、项目实施到项目交付的整个过程，效果非常好，受到学生和教师的欢迎。与法国中央学校集团有密切合作关系，在北京创立第一所中法工程师学校的北京航空航天大学在调研中对在法国工程师学校普遍开设的独特的"项目活动课程"进行了详细的介绍：

以里尔中央学校为例，"项目活动课程"由选修变为必修，共计300学时。在这种活动中，学生自由组团，一般5到6人分为一组，自行进行项目的组织与管理。同时成立一个指导教师小组，负责指导和监督项目的运作过程。项目组还要确定一个客户伙伴。这些客户伙伴必须是真实的，可以是公司、研究机构，也可以是公立机构，一般可以由团队自己寻找，也可以利用教师的人际网络，或者愿与学校合作的企业。此外，项目组还要寻找财务方面的资金支持，包括一些公共财政机构的奖学金、助学金或者来源于企业的直接支持。

在项目启动时，团队首先要进行选题论证，所选择的题目必须源于客户需求的实际问题。在项目执行过程中，由项目团队直接与客户联系，对客户需求进行分析，分析项目的商业风险，决定项目的组织管理模式，并提交项目的整体策划方案。在项目执行结束后学生要进行答辩，并由指导教师、客户以及学生自己进行评分。[1]

总而言之,在项目活动中进行实战训练的教学方式起到了以下的作用:

首先超越学校课堂的教学范围,超越了"虚拟"的范畴,直接进入实际的工作场域,了解企业和客户的实际需求,体会实际工作中会遇到的各种困难。在这种条件下学习考虑各种因素的影响,全面分析问题,培养解决实际问题的能力。锻炼独立创新、应对复杂和不确定局面、掌控全局的本领。由于工作是有时限的,还要在短时间和强压力下保持较高的工作效率。

其次,全方位入手,能让学生熟悉和掌握实际工作的各个环节,对工程师的定位,对于自己将要承担的角色更加清楚——不仅是专业技术人员,还要做一个合格的项目负责人员、研究设计人员、管理人员和销售人员。在项目实践中要学会在项目管理过程中如何制定计划,进行财务预算;如何与客户和供应商建立良好的关系,充分理解各方需求;如何展示自己,推销自己的方案。这样的学习有利于学生承担责任,培养责任感,提高专业方面的实践能力,增强管理和沟通能力。

最后,在现代化工业的生产中,劳动分工达到了十分精密的程度。在实际工作中不可能单枪匹马完成一项任务,因此项目实践总是以小组和集体为单位,以此培养学生与别人相处与合作的能力,学习如何很快融入周围的环境,调动团队的活力,提高团队合作的效率,从而提高学生的创业意识、合作精神以及自治能力。

(二)高度重视实习环节

实习是帮助学生了解认识现实社会的重要方式,是沟通大学校与职业界的重要纽带,也是培养学生动手能力的另一条重要渠道。大学校十分重视实习,将实习作为培养过程中的关键环节。过去的实习仅仅是为熟悉企业环境

---

[1] 法国中央理工大学调研报告,国务院学位委员会办公室编.透视与借鉴——国外著名高等学校的调研报告[M].北京:高等教育出版社,2008:169-190。

## 第三章 法国大学校的特点

所设置，时间短，与教学内容没有什么联系。而近些年来，大学校的必修课从多到少，企业实习工作不断加强。实习有时间延长和种类增多的趋势，有的大学校甚至在就学期间安排几个阶段的实习。

大学校的实习有几种类型：有"工人实习"，一般安排在刚入学，目的是了解最基层的工作情况；有三到四个月的短实习，可以是观察性的，熟悉情况，加强对企业状况的了解，也可以是主动实践性的；有半年以上的长实习，基本接近于未来的工作。

大学校在制度上支持鼓励学生出去实习，一般都规定要取得大学校文凭必须有若干时间的实习经历。有的大学校规定在整个学业中要完成几个实习，不能重复，不能在一家实习单位。不少大学校鼓励学生进行长实习，在学制管理上更加灵活，甚至允许学生休学一年去实习。在全球化的时代，大学校毕业生今后无论是就职于政府部门还是跨国公司，或是服务于有志于拓展海外市场的法国企业，外语水平、海外经历和跨文化交际能力都特别重要，因此许多大学校鼓励学生到国外实习，同时也为他们创造在国外实习的机会，以便使他们了解异域文化，扩展国际视野。

企业也非常愿意接受来自大学校的实习生，希望通过实习增加相互了解，参与培养过程，按照他们的期待引导学生，使其具备企业所需要的素质与能力。大学校学生素质高，只要引导得当，工作会很快上手。由于法国企业雇用长期工作人员成本很高，而实习生的工资只有正式员工的三分之一，且不用缴纳各种福利与保险，雇用实习生还能节约成本。同时，企业各个岗位的负责人多是大学校校友，他们很乐意提携鼓励来自同一所学校的年轻一代。出于以上原因，企业对来自大学校的实习生充分信任，给他们成功的机会和平台，让他们真正加入企业的工作团队，并承担一定的工作责任，使实习慢慢成为学生到正式工作者的过渡阶段。据统计，大约有三分之一的工程师学校毕业生都是与自己曾经实习过的单位签订了第一份正式雇用合同[1]。

---

1 CNISF, *L'ingenieur dans la société et sa rémunération*, 16éme enquéte socio-professionnelle du CNISF, p.20.

### 三、学校与职业界的密切联系

为了给国家培养工程师和技术军官，首批"专门学校"在法国大革命前夕成立。拿破仑统治时期更加强化了大学校为国家和职业界服务的功能，在很长一段时间内，这些学校垄断了国家大部分高层次职业培训，仅仅是在1950年代以后，综合性大学才开始涉及高等职业教育。因此，从诞生之日起一直到现在的两百多年间，大学校一直与职业界保持着特殊的关系，它们充分考虑职业界的要求和愿望制定教学大纲，为职业界培养人才，直接为职业界服务。大学校实施实用的通才教育也要求在教学的各个环节中与职业界保持密切的互动关系。如果说小规模是大学校外在形式上的表现，那么与职业界的关系的性质则是大学校的核心特点之一，也正是由于与职业界的密切联系，大学校才能比大学更好地承担了高层次职业培养的功能。

大学校与职业界之间的密切联系主要体现在以下几个方面：

（一）办学体制和机构设置中凸显职业界代表的地位

职业界人士参与学校的管理。在大学校的行政管理委员会中，除了选举产生的学校教师、学生代表，还邀请与学校教学、科研、发展和融资等工作相关的各方面人士，通常二分之一左右的成员来自校外，包括地方政府管理人员和工业企业界的人士。一些著名工程师学校的校委会主席经常由大企业总裁或总经理兼任。[1] 来自职业界的人士具有与校内人士一样的发言权，他们参与学校发展战略的制定，讨论课程设置和教学计划的安排，预测学生毕业后的出路等重要议题。这种体制为企业参与学校的管理与发展提供了坚实保证。

在大学校的行政机构设置中也充分体现出对职业界的高度重视。很多大学校专门设立校企关系部，负责建立和加强与工业企业界的联系，在企业中拉赞助，争取资金，执行处合作合同，同时为企业提供咨询、人才和培训服务，通过各种途径加强与企业界的长期对话。

---

1 法国高等工程教育，驻法使馆教育处调研。

## 第三章 法国大学校的特点

（二）职业界对大学校培养教学过程的参与

培训者的构成：来自职业界的在职工作人员直接参与教学。大学校教师队伍一般由两类人员构成，一小部分是固定的全职教师，属于公务员编制，既要从事教学也要从事科研。另外很大一部分是临时教师（professeurs vacataires），他们都是来自职业界的兼职人员，有职业经验，了解企业的需求，通常又是老校友，熟悉学校和学生的情况，他们仅从事教学工作，流动性很大。1960年代以前大学校的教师队伍基本上是由这些临时教师构成的。即便是现在，职业界人士在大学校的教学中也承担了相当多的工作量。例如在巴黎中央学校中专职教师仅70名，来自企业界的职业人士（professionnels）则有850人。[1] 这些兼职教师在教学中带来职业界的最新信息，传授职场工作经验，引导帮助学生规划未来职业发展，是保证大学校与职业界来往交流的最基本的要素。

企业承担培训任务：职业界直接参与教学培养的另一种方式是接纳大学校学生实习，实习越来越成为大学校培养的重要环节之一。由于大学校学生普遍素质高，能力强，企业也愿意接受实习生，并吸引优秀的实习生中长期就业。

（三）经费与物质上的支持

法国规定企业要支付"学徒税"（taxe d'apprentissage），税率占工资总额的1.1%，学徒税可以上缴地方政府，也可以直接指定学校，直接支持学校的教学、科研经费，或为学生提供奖学金等。通常，越是高水平的学校获得的学徒税就越多，以巴黎中央学校为例，与其保持稳定关系的企业多达100多家，在每年10 000万欧元的预算中有60%来自国家，40%来自企业，学校的科研经费也有一半来源于工业界。[2] 此外企业还可以向学校出借或赠送生产设备，供教学使用。

---

[1] 法国中央理工大学调研报告，见国务院学位委员会办公室编.透视与借鉴——国外著名高等学校的调研报告 [M].北京：高等教育出版社，2008：169-190。

[2] 法国中央理工大学调研报告，见国务院学位委员会办公室编.透视与借鉴——国外著名高等学校的调研报告 [M].北京：高等教育出版社，2008：169-190。

（四）大学校为企业提供咨询、研究和技术开发服务

除了培养学生之外，大学校还可以通过签订合同，接受委托执行咨询、研究或技术开发项目的形式为职业界提供服务。由于大学校教师的工资主要是由国家支付的，企业由此降低了研究成本；学校可以展示自己"产品"（未来毕业生）的质量与能力；在学的学生会参与这些任务，在真正的职业行为中学习，在为企业提供服务的同时接受培养，可谓一举多得。

有些大学校走得更远，设立了一些"迷你企业"（mini-enterprise），完全由学生自己管理，为企业、政府、工商会等组织提供服务，收取一定的费用。在完成任务的过程中，学生能够掌握整个企业的运作环节：招徕顾客、供需谈判、明确需求、寻找资源、完成任务等，教师只在学生提出要求的情况下介入。学生在行动过程中学到了东西，获得了宝贵的经验，学校也以这种方式实现了与职业界的互动。

此外，1950 年代以后，特别是 1970 年代设立企业继续教育税制度以来，大学校承担继续培训已成为一种普遍现象，大学校在继续培训的市场上已占有相当比重。这既符合大学校教学适应雇主需求的一贯原则，同时也大大加强了大学校的培训潜力，进一步密切了大学校与职业界的关系。

（五）通过校友保持与职业界的人脉关系

大学校非常重视编织校友网络，与已经毕业的老校友保持密切联系。很多学校都有校友会，经常组织各种活动，出版校友录，成立基金，对母校的各项事业进行支持。特别是著名大学校的毕业生多在政治经济领域担任要职，在工业企业界身居高位。他们对母校有深厚的感情，愿意在力所能及的条件下支持学校的发展，扶持青年一代。对于学校发展来说，这些老校友是最宝贵的人脉资源；对于在校生或刚刚毕业的学生，强大的校友关系可以很快为他们未来的职业发展建立人际通道。

多年来，法国的大学校与职业界之间已经形成了相互需要、相互支持的互动关系。无论是宏观的国家税收政策，还是学校的管理体制、行政机构设置，以及微观的教学行为都极大地调动了两者双向交流合作的内在动力，为

维系发展这种密切关系提供了保障。相比之下，国内高校与企业的关系仅仅是点与点的关系，通常是教授个人与企业某个点的结合，或是把企业作为经费的补充来源，这样的关系建立在短期利益基础上，缺乏长期合作的机制。没有职业界参与的高级职业教育是不成功的。法国大学校为职业界服务的主动性、长期性和可持续发展战略值得我们借鉴。

## 第四节　广而严的社会网络——大学校在法国社会的重要影响与地位

法国是中央集权色彩浓厚的国家，公共部门在整个社会管理系统中占据至高无上的地位。在梳理大学校的历史过程中我们发现，大学校与国家的关系非常密切，国家在大学校中培养精英，精英要为国家服务。所以在传统上，一名大学校毕业生成功的标志就是在中央政府部门担任要职。

随着工业化的进程和时代背景的变化，工业、商业、教育、科研等在一个国家综合实力发展中的作用不断加强，大学校的成功之处在于能够不断自我调整以适应社会的需求，除了继续保持传统，把握对高层公务人员的培养，也积极介入其他领域精英管理人才的培养。目前法国大学校培养出来的人才渗入社会各个领域的高层，占据重要职位，把握重要权力，而且相互之间流动频繁。以下具体介绍一下大学校培养的国家的中坚力量：高官、工程师、商人和教师这四类精英，是如何把握着公共行政管理、工业企业以及教育科研领域的高层权力的。

### 一、政界

首先，鉴于大学校从创立之初就具有浓厚的国家色彩，大学校毕业生在法国的政界有着重要影响。例如，很长时间以来，巴黎高师不仅培养知识分子和学术精英，还培养出很多政治家，特别是在第三、第四共和国时期，很多巴黎高师的毕业生进入国会成为国会议员，其中有近一半后来成为政府内阁部长[1]。第五共和国时期，巴黎高师在政坛的影响有所减退，综合理工学校和国家行政学院的势力明显上升[2]：国家行政学院培养出两位共和国总统，7位总理，内阁部长更是数量众多，德维尔潘任总理期间（2005-2007），内阁35名部长中就有8名是国家行政学院毕业的，占内阁成员的四分之一。第五共和国的6位总统中，除了戴高乐和密特朗，其他4位都是从大学校毕业的。[3]

## 二、公共行政部门

在中央行政机关的高层公务员以及部长办公厅顾问团的队伍中，大学校毕业生特别是国家行政学院与综合理工学校毕业生的身影随处可见。他们通常都是精英团[4]的成员[5]。由于精英团内部之间互相提携，互相支持，其成员被部长任命为高级顾问的概率要比非精英团成员大得多。有的部长本身就是精英团的成员，他在选择自己工作班子成员时，总是倾向于与自己品质接近、可以信任的同事或部下，但又不能完全任人唯亲，而精英团圈子狭小，选拔性强，从属于精英团本身就代表此人具备一些得到公认和赞赏的特质，如智力超群、教育背景出色、工作作风严谨、工作方式实用、对国家和上级忠心耿耿、尊重现存等级秩序、适应能力极强等。所以通过精英团选拔人才是明智和简单有效的做法，既能保证忠诚又能保证能力。

在法国的行政机构中，部长办公厅顾问的职位非常重要，不仅因为办公厅是行政权力最集中的部门，可以直接左右国家政策的制定和高层决策，还

---

1 N. SULEIMAN Ezra（1979）. *Les élites en France Grands corps et grandes écoles*[M]. Editions du Seuil, pour la traduction française.p.104.
2 BIRNBAUM Pierre, BARUCQ Charles, BELLAICHE Michel, MARIE Alain（1978）. *La classe dirigeante française, dissociation, interpénétration, intégration*[M]. publié par le Centre de Sociologie politique de l'Université de Paris I et par le Comité d'organisation des recherches appliquées sur le développement économique et social. Paris: PUF. p.121.
3 蓬皮杜毕业于巴黎高师，德斯坦和希拉克毕业于国家行政学院，萨科奇在巴黎十大攻读法律专业之前毕业于巴黎政治学院。
4 只有最著名大学校最优秀的学生才有资格进入精英团，见本章第三节。
5 N. SULEIMAN Ezra对德斯坦的政府内阁顾问进行了统计：在25名总统顾问中，8名是精英团成员；23名总理顾问中，7名为精英团成员；在国防部的13名部长顾问中，精英团成员占了5名；12名财经部长顾问中，精英团成员占了5名；9名工业科研部部长顾问中，有4名为精英团成员。N. SULEIMAN Ezra（1979）. *Les élites en France Grands corps et grandes écoles*[M]. Editions du Seuil, pour la traduction française.p.108.

因为它对未来职业发展有关键性影响。从某种程度上来讲,未来的调动、晋升、发展取决于在办公厅工作时建立的工作关系和认识的人。有了在部长办公厅工作的经历和建立的关系网,顾问们还可以很容易地从国家部委过渡到其他关键部门,包括私营企业。这一点也可以解释为什么公务员出身的精英团成员能够成功地把持公立、半公立和私立的社会经济各个部门。此外,由于大学校的首要目的就是为公立部门培养干部,大学校毕业生和精英团成员不仅充斥了办公厅和司局长官的职位,并且对其下属的其他行政级别职位也有重要影响,强化了大学校和精英团对部门的全面控制,比如装备部传统上就是路桥精英团的势力范围。

### 三、国有企业

除了行政机关,国有企业也是大学校毕业生集中就职的地方。法国是国有企业相对较多、中央集权程度比较高的国家,是西欧拥有国有企业最多的国家。尽管1986年开始,受私有化政策的影响,一些国有企业的部分产权或股权私有化,成为混合型或称半国有企业。但国有企业在法国国民经济中仍然发挥着骨干作用,在关系到国计民生和国家安全的战略领域,如电力、煤气、铁路、邮政等领域,国有企业仍占据主导地位。国有企业受到国家保护,可以避免过于激烈的市场竞争,同时国有和半国有企业任职工资不受公务员系列的限制,待遇要比行政机关强得多。

国有和混合型国有企业高层领导的任免是由政府决定的。这就给大学校和精英团的成员留下了很大空间。1973年在国有企业领导岗位任职的精英团成员占全体领导岗位的60.8%,在混合型国有企业占46.5%[1]。影响这种任命的首要因素并非被任命者的技术领域和管理能力,而是出于政治网络考虑和人际关系;同时,精英团的影响也是很重要的因素。这种任命通常被看作部长对其在公共行政部门提供忠诚服务的下属的奖赏,因为这些位置都有丰

---

1 N. SULEIMAN Ezra(1979). *Les élites en France Grands corps et grandes écoles*[M]. Editions du Seuil, pour la traduction française.p.112.

厚的经济待遇，是对其失去的政治权力的补偿。

## 四、私营工业企业界

如上所述，成立大学校的初衷实际上是为公共部门培养高层管理人员，传统上大学校毕业生在公立部门就职。直到 19 世纪，法国的工业主要还是被法国的家族企业所控制，那时候的私营企业对传统的行政精英层来说没有太大的吸引力。第二次世界大战以来，特别是从 1954 年到 1974 年，法国经济经历了深刻的变革，产业结构发生了质的变化，从一个农业国发展为一个工业化程度很高的现代工业国，大型工业企业逐渐替代家族产业。在国有企业私有化浪潮中，很多大型工业企业又转型为私营企业。在这个过程中，家族经营的领导班子被职业管理人所取代，而在高层职业管理人的队伍中，大学校背景特别是有精英团背景的人员占很大比重。

为了适应大型企业的管理需求，法国创立了如巴黎高商、巴黎中央学校等大学校。原有传统的大学校为了适应这种需求，也开始调整发展策略和培养方向。大学校对私营企业的轻视态度逐渐消失，更加积极地为大型私营企业培养干部，不再是一个单纯培养国家公务人员的场所。综合理工学校、国家行政学院等知名学府，学生入学就是公务员身份和待遇，毕业后理应为国家服务。近年来，越来越多的学生一毕业就选择缴纳赔偿金[1]，转而到私营企业任职。1850 年综合理工学校缴纳违约金的毕业生仅占应届学生的 1.9%，而现在到私营企业就职的毕业生比重越来越高。

更多大学校毕业生在公共部门服务一段时间以后转向私营企业。据统计，国家行政学院的校友目前在私营企业任职的比例达 20%，而在 1981 年，这个比例仅有 13%[2]。私营企业也十分重视大学校毕业生和精英团成员在中央行政机构任职的经历，特别是他们的个人关系网。最典型情况是，从最著名

---

[1] 综合理工学校、国家行政学院等大学校的学生入学即是公务员身份，不仅不需支付学费，还享受一定的津贴。由于所有费用由国家支付，学生毕业后有义务为政府工作，如果不进入政府或公立部门就业，则要支付高额的违约金，这就是大学校的违约金（pantouflage）制度。

[2] GUELAUD Claire（2005）. *l'ENA a soixante ans et cherche un nouvel élan*[N], le monde, 16, octobre 2005.

## 第三章 法国大学校的特点

的大学校毕业排名最靠前的学生进入精英团，有过中央行政部门高官经历的转向私营企业任总裁。与欧洲其他国家相比，法国大型企业高层领导来自公立部门的比例要高得多，且公立部门与大型私营企业高层领导之间流动之频繁，也是法国特有的一个现象。

**法国前40大上市企业领导的职业背景**

| 职业背景 \ 年份 | 1981 | 1986 | 1991 | 1997 |
|---|---|---|---|---|
| 精英团 | 32 | 26 | 38 | 44 |
| 精英团以外的国家行政部门 | 5 | 8 | 11 | 11 |
| 小计 | 37 | 34 | 49 | 55 |
| 家族 | 43 | 45 | 23 | 20 |
| 企业界 | 20 | 21 | 28 | 25 |
| 总计 | 100 | 100 | 100 | 100 |

资料来源：Michel Bauer et Bénédicte Bertin-Mourot, Administrateurs et digigeants du CAC 40, CNRS et Boyden, Paris 1997.

**1969年欧洲企业领导的职业背景**

| 职业背景 \ 国家 | 法国 | 英国 | 意大利 | 比利时 | 荷兰 |
|---|---|---|---|---|---|
| 公共行政管理 | 75.3% | 56.6% | 69.2% | 64.2% | 65.2% |
| 市场营销 | 3.9% | 16.4% | 16.5% | 7.5% | 13.0% |
| 金融 | 2.6% | 9.0% | 2.2% | — | 2.2% |
| 制造业 | 13.6% | 7.4% | 8.8% | 22.6% | 13.1% |
| 其他（法律等） | 4.4% | 10.6% | 3.3% | 5.7% | 6.5% |

资料来源：Portrait robot du PDG européen, l' Expansion, novembre 1969, p.137.[1]

部长办公厅是有大学校背景的公务员跳槽到私营企业任职最好的跳板。在德斯坦1969年到1974年任财经部长期间，部长办公厅有32名顾问，23名为国家行政学院毕业生，其中17名都跳槽到巴黎国民银行（BNP）、里

---

[1] N. SULEIMAN Ezra（1979）. Les élites en France Grands corps et grandes écoles[M]. Editions du Seuil, pour la traduction française. p.234.

昂信贷（Credit lyonais）等大型企业任董事长或总经理（PDG）[1]。以一些大型企业为例，1997年威望迪（Vivendi）所有的董事（administrateur）都是从国家行政学院或综合理工学校毕业的，道达尔（Total）和埃尔夫（Elf）的比例高达80%。1999年，巴黎国民银行（BNP）9名非工薪的董事（administrateur non salarié）中，7名是国家行政学院的毕业生，2名是综合理工学校毕业生，而这9名中的5位是从部长办公厅调动过来的；兴业银行（Société Générale）13名非工薪的董事中，8名是国家行政学院毕业生（其中7名从部长办公厅调动过来），4名是综合理工学校毕业生[2]。

**五、教育与科学界**

尽管大多数大学校以培养实用型高层管理和技术人员见长，我们却不能忽视同为大学校的高等师范学校毕业生在法国教育、科研领域卓越的地位，尤其是具有学术研究传统的巴黎高师。在巴黎高师的毕业生中，有9人曾获得诺贝尔奖。在获得菲尔兹奖的9名法国人中，除1人外，其余全都是巴黎高师的毕业生。法国科学院（Academie des Sciences）的院士中有一半是巴黎高师的毕业生。从这所大学校走出数量令人惊叹的科学家、思想家、知识分子和文学巨匠，其培养的教育与科学领域的顶尖人才蜚声国际，为法国，乃至整个世界，整个人类的科学进步、思想发展做出了不可替代的贡献。

## 第五节　社会再生产功能

**一、入口的把持——精英继承的合法化**

18世纪，以法国大革命为先导，欧洲封建贵族的旧制度土崩瓦解，建立在政治权力世袭基础上的欧洲封建社会秩序被资产阶级革命彻底打乱。拿破仑通过大力建设大学校，将各个阶层的优秀分子吸收到统治阶层的队伍中

---

1　VILLENEUVE Claude(1994). *ENA : le syndrome de la pantoufle*[N]. 17, février 1994, l'Expansion.
2　www.contrat-social.com.

## 第三章　法国大学校的特点

来,并在对欧洲的征战中试图将"学而优则仕"的精神带到整个欧洲。

经过近一个世纪的时间,在19世纪末,"才智"(la méritocratie)代替世袭制成为世界大多数国家精英选拔和社会地位合法化的原则与标准,以此保证社会统治阶层的扩大与更新。共和国的学校承担了通过考试选拔精英的任务,"才智"又主要通过学习成绩表现出来。19世纪末大学校中培养的精英主要为国家政权服务,学生要通过在大学校和各种"团"的学习经历证明自己具有足够的"才智"和潜力以后,才能担任重要的国家公职。

很快,随着第二次工业革命的进行,经济和工业的发展与科学技术的进步,工业生产中分工的细化对企业领导层的技术和管理能力提出了越来越高的要求,企业家也需要接受严格的科学技术教育才能更好地掌控现代化的工业生产。尤其是19世纪末法国家族企业在经济生活中的影响不断减弱,逐步让位于国有企业。这种情况下企业领导权和社会地位的父子相传更加困难。管理大型企业所需要的职业知识与能力需要通过教育文凭来证明,仅仅拥有经济资本已经远远不够了。根据工业企业界的需求,19世纪末,法国成立了一批专门为私营企业培养人才的大学校,如中央学校、巴黎高商等,为企业选拔和培养高层管理人员。

帕累托认为,社会就像一个生物机体,其构成因素总是流转的,也有新陈代谢。它"只有排除某些要素,代之以另一些被吸收的要素才存在下来"[1]。如果统治精英不能保证自身才能适合统治的需要,就将失去统治地位,因而高级阶层会不断地从低级阶层中吸取新的精英充实本阶层以维护其统治地位。如果以帕累托的理论来分析,大学校确实起到了优胜劣汰的作用,保证了精英统治的合法性。两百年来,以"才智"选拔人才的原则使得新鲜血液源源不断输入到统治阶层中来。

然而,经过预科班的筛选和严格的入学考试,能进入大学校学习的学生

---

1　帕累托.社会主义体系[M].(法文本,第1卷),1926:28-30.转引自王养冲.西方近代社会学思想的演进[M].上海:华东师范大学出版社,1996:173.

在同龄人中实属凤毛麟角。在实际的遴选过程中,"才智"并非大学校录取学生的唯一标准。即便是在高等教育民主化的今天,这套看似公平的考试遴选机制仍然在很大程度上受到社会因素,如学生家庭的社会地位、文化资本,特别是经济资本的制约。"才智"遴选只是一个层面,这种遴选所依托的入学考试不但对学生的学业成绩有严格要求,还要审查学生的文化、历史和语言知识,实际上更加偏向那些能够提供良好学习条件、熟悉教育系统运转的上流社会家庭子女,对于成长于社会底层的工人、普通职员,特别是移民家庭的子女来说,这些不仅测量智力,更看重文化修养的考试是他们进入大学校难以逾越的障碍。因此从社会层面上来讲,大学校对学生的家庭地位、文化资本、经济资本等实行了另一重的遴选。甚至有的法国社会学家认为,"学而优则仕"无论在法国,还是在其他国家从来没有真正存在过。[1]

对大学校学生的家庭背景的考察,清楚地证明了这一点。以布迪厄为代表的学者在对1940到1980年代大学生家庭社会背景的研究中揭示出,大学校对学生家庭的社会阶层和文化背景选择性非常强,官员、教师、自由职业者的子女比起中下层大众阶层的子女明显有更多的机会进入大学校,资产阶级和经济资本占绝对强势地位。这种对社会阶层的遴选原则非常稳固,超越了时代的变化。[2]

从1980年代末到1990年代初,法国高等教育经历了第二次大众化浪潮。从1980年到1995年间,法国大学吸收学生的数量增长了82%。[3] 2007年,高等教育毛入学率达55%。[4] 但法国高等教育大众化的任务主要是由综合性大学承担的,大众化的浪潮并未真正影响大学校。大学校仍然奉行严格的双重遴选的原则,虽然社会层面的遴选更为隐性。1997年,法国国家统计

---

1 DARCHY-KOECHLIN Brigitte, VAN ZANTEN Agnes. *La formation des élites*[J], Revue internationale d'éducation de Sèvres, No. 39, septembre 2005, p.20.
2 MERLE Pierre(2002). *la democratisation de l'enseignement en France* [M]. Paris: La Decouverte, coll. Reperes, pp.75–77.
3 MUSSELIN Christine(2001). *La longue marche des universités françaises* [M]. Paris : PUF. p.126.
4 Ministere francais de l'éducation nationale(2007). *Repères et références statistiques sur les enseignements, la formation et la recherche*[M], édition 2007, p. 28.

## 第三章 法国大学校的特点

所所主持的一项研究表明,"法国高等教育大众化程度的提高并未伴随着教育机会不平等的消失,而且这种不平等的文化根源越来越明显。复杂的教育制度有利于那些熟悉教育体系的家庭。学生获得文凭的价值和水平比过去更加依赖于家长的职业"[1]。这种不平等在大学校中表现得更为明显。大学校委员会 2005 年对大学校学生家长社会职业状况的调查结果表明(见下表),大学校更为青睐官员与高级知识性职业家庭,62% 的学生都是出身于这一阶层。

对于最为知名的几所大学校来说,这种情况更为严重,如巴黎高师出身于大众阶层的学生比例(普通职员、工人、农民、小商人与手工业者)不超过 5%[2],绝大部分学生父母都是自由职业者(12%)、企业管理干部(31%)或公务员(40%,其中 2/3 是教师),70% 的学生毕业于巴黎知名高中的预科班。

**大学校(2002 学年)与大学第三阶段(2001-2002 学年)学生家长的社会职业状况**

| 学生家长(父亲)的社会职业状况 | 工程师学校 | 商校 | 大学校总体 | 大学第三阶段 |
| --- | --- | --- | --- | --- |
| 1 农业经营者 | 4.1% | 2.1% | 3.5% | 1.9% |
| 2 手工业者,商人与企业主 | 5.5% | 6.9% | 6.0% | 6.7% |
| 3 干部与高级知识性职业 | 59.4% | 67.5% | 62.0% | 45.7% |
| 4 中间职业 | 11.3% | 7.5% | 10.0% | 16.5% |
| 5 职员 | 6.3% | 4.5% | 5.7% | 8.9% |
| 6 工人 | 6.1% | 3.4% | 5.2% | 6.3% |
| 7-8 退休者与无业人员 | 7.3% | 8.0% | 7.6% | 14.0% |
| 共计 | 100.0% | 100.0% | 100.0% | 100.0% |

资料来源:Origine sociale des élèves : ce qu'il en est exactement,Conférence des Grandes Ecoles,15 juin 2005.

---

1 GOUX Dominique, MAURIN Eric(1997). *Démocratisation de l'école et persistance des inégalités* [J]. Insee, Economie et Statistique. No. 306.pp.27–40.
2 综合理工学校出身于大众阶层的学生比例更低,仅为 2%。

对于不同阶层子女进入大学校的可能性研究（见下表）也表明，教师与官员的子女比大众阶层子女进入大学校的概率要高得多。出身于上流阶层的适龄学生中平均 6 个人中有一个可能进入大学校，而在大众阶层中平均 85 个人中才有一个可能进入大学校，即前者的机会是后者的 14 倍[1]。

**1959 年–1968 年间出生学生进入大学校的可能性对比**
**（按照受访人父亲的社会职业类别[2]排列）**

|      | 父亲的社会职业类别 | 百分比 % |
| --- | --- | --- |
| 大众阶层 | 10- 农业经营者 | 1.65 |
|      | 56- 直接为个人提供服务者 | 1.61 |
|      | 62- 有资质的产业工人 | 1.16 |
|      | 63- 有资质的手工业工人 | 0.97 |
|      | 64- 司机 | 0.76 |
|      | 65- 搬运、仓储、运输工 | 1.02 |
|      | 67- 无资质的产业工人 | 0.81 |
|      | 68- 无资质的手工业工人 | 0.57 |
|      | 69- 农业雇工 | 0.43 |
| 中间阶层 | 21- 手工业者 | 2.87 |
|      | 22- 小商人 | 4.87 |
|      | 43- 卫生与社会工作中层人员 | 5.01 |
|      | 44- 神职人员 | 16.67 |
|      | 45- 公共行政部门中层人员 | 6.01 |
|      | 46- 企业中层行政与销售人员 | 6.32 |
|      | 47- 技术员 | 6.29 |
|      | 48- 工头 | 3.46 |
|      | 52- 公共行政部门雇员 | 1.76 |
|      | 53- 警察、军人 | 2.43 |
|      | 54- 企业行政雇员 | 4.02 |
|      | 55- 商业雇员 | 3.40 |

---

1 ALBOUY Valérie, WANECQ Thomas（2003）. *Les inégalités sociales d'accès aux grandes écoles*[J], in Économie et Statistique（n° 361）, juin. pp.27–52.
2 Nomenclature des Professions et Catégories Socioprofessionnelles（S）. http://www.insee.fr/fr/methodes/default.asp?page=nomenclatures/pcs2003/pcs2003.htm.

## 第三章 法国大学校的特点

续表

| | 父亲的社会职业类别 | 百分比 % |
|---|---|---|
| 上流阶层 | 23- 雇用 10 人以上企业主 | 12.95 |
| | 31- 自由职业者 | 21.15 |
| | 33- 公共行政部门干部 | 17.47 |
| | 35- 信息、艺术与演艺人员 | 12.98 |
| | 37- 企业行政与销售干部 | 15.70 |
| | 38- 工程师与企业技术干部 | 20.92 |
| 教师 | 34- 大、中学教师与科研人员 | 21.52 |
| | 42- 小学教师 | 13.14 |

资料来源：ALBOUY Valérie，WANECQ Thomas（2003）. *Les inégalités sociales d'accès aux grandes écoles*[J], in Économie et Statistique（n° 361），juin. p.31.

综上所述，一方面，1980 年代以来，高等教育大众化导致综合性大学文凭贬值，而随着法国经济增长放缓，就业市场的竞争愈加激烈，与大学毕业生相比，劳动就业市场更加青睐经过严格遴选的大学校毕业生，大学校文凭的含金量和大学校教育的吸引力进一步增强，进入大学校就是走上了一条通往成功的道路。大学校特别是知名大学校的毕业生拥有众多特权，往往一毕业就占据行政、经济、政治领域的重要岗位。另一方面由于大学校对学生进行才智与社会层面的双重遴选，接受精英教育的机会被社会精英阶层所把持，社会精英阶层的子女得以继续把持统治地位，大学校制度因而成为精英阶层的社会再生产合法化的工具。

**二、教育过程——统一思想的灌输**

拿破仑认为，精英"应该为国家和社会服务"，创立大学校最初的目的就是在各个领域为国家培养有专业能力的精英领导人才。这种教育目的决定了在大学校这个熔炉里，学生要获得许多相同的品质，以便毕业后从事共同事业：为国家服务。大学校本身也就意味着职业生涯的开端，因为学校和工作是没有间断的，昔日的同窗很快就会成为同事。大学校鼓励为国服务的自豪感，也是培养归属感和同窗同事情谊的理想场所。

统一思想的灌输表现在教学之中。在大学校的教师队伍中，专职教师仅占很小的比例，大部分都是来自职业界的兼职教师，其中绝大多数又都是大学校的老校友。这些兼职教师和校友们在教学中的作用一是传递实用知识，另一个重要作用就是言传身授，为下一代精英做榜样。施恩（Shinn）在对综合理工学校的历史研究中指出，"综合理工学校的管理者、教师很多都是该校的毕业生，这个环境培养了新一代的'综合理工精神'。学生首先要学的就是为国家尽责和提携校友。作为寄宿生，他们几乎所有的时间都在这个封闭的环境渡过，耳濡目染着上级、学长和前辈的行为举止态度，这种'综合理工精神'是不难灌输的。这也解释了为什么综合理工的毕业生为什么有如此强的凝聚力，对母校、对校友、对统治阶层如此忠心耿耿"[1]。

### 三、校友网络——心照不宣的特权保护

大学校在教学中向学生灌输了共同的情感和意志，教学培养发生在学生在学期间，而校友的影响则更加持久，这不仅反映在教学过程中，而是贯穿职业发展的整个阶段。大学校毕业生无论在实习、找工作，还是在晋升的关键时刻都能得到校友的大力帮助。

此外，法国还是世界上独一无二有着精英团这样专门的正式机构建设的国家，精英团成立之初是以国家的名义执行具体使命的国家机构，尔后慢慢演变为具有行会色彩的高级公务员团体，让顶尖大学校的精英分子结成范围更小的团体，使强烈的归属感贯穿精英分子的整个职业生涯。精英团成员之间相互扶持，相互提携，职位升迁得越高，精英团的影响越是深刻。已经掌握一定权力的群体会尽力提供方便，使自己的校友占据领导岗位，借以增加小团体的权力，扩大势力范围。加上通才教育和流动性强的原因，精英团的成员把持了法国社会各个领域的高层领导职务。就这样，顶级大学校最优秀分子毕业后充实精英团的队伍，以自己的聪明才智加强精英团的实力，精英团反过来又为他们提供发展潜力大的职位、优厚的待遇、宝贵的社会关系、特

---

[1] Terry Shinn, The dawning of an elite : the Ecole polytechnique and the polytechnician circle, 转引自 N. SULEIMAN Ezra, *Les élites en France Grands corps et grandes écoles*, Editions du Seuil, pour la traduction française, 1979, pp.122–123.

## 第三章 法国大学校的特点

权的机制保护,以及超越本身专业背景的流动机会。精英团成员的成功进一步加强了顶级大学校在各个领域的影响和威望,继续吸纳青年一代的最优秀分子,如此形成了一种相辅相成良性循环互动的关系。

如上所述,大学校毕业生对各个部门进行的有效掌控,加剧了法国领导体制的内部封闭性。在右派掌权期间,左派对此曾经严厉批判,但左派掌握政权后照样不能避免。不管哪个政党上台,都要倚仗大学校培养出来的精英层来贯彻执行自己的政策。大学校毕业生既占据议会,又把握行政部门和议会的领导职务,成为一个超越政党,无所不在的权力集团,并不断努力扩张其地盘和势力范围。

与国家行政机构的情况相同,各个精英团也掌握着法国最大公司董事会的控制权,占据并垄断着绝大部分高管的职位。工业企业领导层的任命过于集中在著名大学校毕业生中,他们与国家机构过于密切的关系引起了一些质疑,因为企业领导、国家代表和监督审计者经常是同一群人。

通过校友关系以及精英团的人际网络,许多从大学校出来的毕业生很年轻就进入政府、工业企业高层,实际上并不具备足够的管理、决策、谈判和领导经验,相比德国、美国企业的高管都是从底层干起,这种高层空降式的任命方式会挫伤在基层工作多年,又有实际经验能力的管理人员的积极性。归属感产生团结,但过度排斥异质刺激了个人和小团体之间的竞争和博弈,影响了集体合作精神。和实生物,同则不济,在狭小范围内的社会再生产会导致社会领导层的过于同质性和封闭性,导致精英阶层与大众之间的隔阂,影响其他阶层的优秀分子向社会上层流动。

大学校的选拔能够保证质量,但选拔过于激烈造成应试教育,门槛过高,规模过小,进入大学校学生的数量仅占同龄人口的5%,且选拔机制更加有利于上流社会的子女,使精英来源的社会基础变窄,影响社会公平。大学校培养过程中注重统一思想的灌输,有利于培养遵守规则、维护社会现有秩序、服从等级差别的现有制度维护者;但从另一方面讲,这种思想和价值观念的高度统一影响了对探索精神、创新精神和批判精神的培养,不符合全球化和知识经济时代的要求。大学校通过校友网络和精英团这样的机构建设维系大学校毕业生的联系，相互扶持，维护既得利益，扩大势力范围，但也导致了精英阶层过于封闭，影响了与社会基层的互动。帕累托认为，统治阶级不仅要在数量上，更要在素质上由下层阶级的优秀分子重新构建，才能有助于给统治阶级带来活力与朝气。如果精英循环缓慢或停止，就会影响社会平衡。法国大学校确实已经意识到这个问题，在未来的发展政策中更加重视社会阶层的异质性和多样性，强调向社会各界和国际开放。我们将在下一章中具体介绍大学校的最近发展政策与趋势。

# 第四章  法国大学校的发展趋势

　　法国大学校制度在两个世纪中为法国社会培养社会精英的有效性有目共睹。但随着知识经济和全球化的到来，大学校由于历史等方面原因而形成的弊端也日益突出。其精英培养模式的封闭性不符合高等教育社会民主化的要求，特权阶层对大学校教育机会的把持日益受到批评，过多的本土化特点制约了大学校的国际声望。此外，大学校重实用，轻科研的传统也与知识经济对培养创新型人才的需要背道而驰。

　　从历史的发展中可以看到，法国大学校发展到今天，之所以具有顽强的生命力，很大一个原因是具有很强的适应性，能够随着时代的变化和社会经济发展的要求不断调整自身。为了自己的发展，也为了国家的进步，大学校在新的形势下不断进行了积极的改革和主动的自我调整。

## 第一节  向中下层社会开放政策

### 一、法国大学校被批评过于封闭

　　第二次世界大战以来，法国的大学教育开始了持续的民主化进程，尤其是20世纪八九十年代期间，法国高等教育进入大众化的时代。但法国高等教育大众化的浪潮并未真正影响到大学校，大学校仍然奉行智力和实际上的社会层面的双重遴选原则。人们注意到，从1980年代初开始，进入大学校接受精英教育机会的不平等现象不仅没有消失反而加剧了，如今出身上流阶层的年轻人进入大学校的机会比底层社会子女的机会高20倍[1]。在巴黎综合理工、国家行政学院、巴黎高商和巴黎高师的学生中，出身中下阶层的学生比例从1950年的29%下降到1990年的9%。根据1995年泰罗（Claude Thélot）和尤里亚（Michel Euriat）的研究，法国社会中，普通职员和工人阶层占就业人口的60%，但他们的子女在国家行政学院的学生中仅占6%，在综合理工学校不到1%，在巴黎高商占3.4%，工程师学校占6.1%。出身官员和高级知识分子家庭的学生在以上四所大学校占85%。[2] 根据2005年大学校联席会议的调查，这部分学生在所有大学校中平均占到62%。[3]

事实上，大学校并未故意以社会因素为由将出身底层的学生拒之门外，造成这一现象的原因还要从传统机制上去找隐性的原因。首先大学校的入学考试制度存在问题。传统的大学校考试不但有笔试，还有口试，除了测试学生的智力水平，还审查他们的文化修养、知识面和外语水平，那些出身于律师、医生、政府高官、大学教师等上流社会阶层的学生从小受到家庭的熏陶，有条件到国外旅行或游学，在知识面和文化修养方面占有绝对优势。相反，对于那些成长于社会底层的工人、普通职员，特别是移民的子女来说，这样的考试是他们进入大学校不可逾越的障碍。其次，弱势阶层的子女容易在地理上和心理上产生自我禁锢，意识不到自己成功的潜力，没有成功的志向和信心，加之由于缺乏对复杂教育体系的了解和获取信息的渠道，以及家庭经济上的困难，在学业分流的过程中，他们即使很有天赋，也多选择学制较短，可以很快就业的职业技术教育，而不选择需要更多时间、精力和经济投入的长期普通中等和高等教育，从而与预科班和大学校无缘。

---

1　AL BOUY Valérie, WANECQ Thomas（2003）. *Les inégalités sociales d'accès aux grandes écoles*[J].in Économie et Statistique（n° 361）, juin.
2　EURIAT Michel, THELOT Claude（1995）. *Le recrutement social de l'élite scolaire en France. Evolution des inégalités de 1950 à 1990* [J]. Revue française de sociologie. juillet–septembre, 2005.
3　Conférence des Grandes Ecoles（2005）. *Origine sociale des élèves : ce qu'il en est exactement* [R]. 15 juin 2005.

大学校的这种社会封闭性引起社会越来越多的批评。开展"精英教育"的大学校学生来源却是越来越单一,大学校生源没有足够的社会多样性,影响了思想的交汇融合,失去思想丰富性的必要条件。同时弱势群体的子女由于社会、文化和地域因素的限制,找不到提升层次的渠道,找不到今后社会上的地位。在当今这个社会阶层、群族、种族构成越来越复杂的社会,大学校培养出来的社会精英和领导阶层与大众之间的隔阂会不断扩大。精英的自我复制状况,不符合共和国机会均等的理想,不符合社会民主的原则。这种"精英再生产"的状况不利于精英社会基础的更新,阻碍了社会各个层次优秀分子的上升渠道,不利于一个不断变化的多元化社会的进步和发展。在一个社会中,虽然精英总是占据金字塔顶端的一小部分人,但是精英阶层要想在社会发展进程中发挥更大的作用,必须具备一种对底层社会的基本良知,并与社会基层形成良好的互动,否则一个失去社会基层支持的精英阶层必然难以在社会政治经济领域有真正有益的作为。

## 二、从巴黎政治学院开始的向中下层社会开放政策[1]

在社会各界批评的压力下,大学校已经普遍意识到生源单一化和教育机会不均等的问题,认识到自己的学生必须对社会问题有充分认识,才能真正成为合格的未来领导者。

从 2001 年开始,巴黎政治学院率先开始了"优先教育公约"计划(CEP),与优先教育区(ZEP)[2]的中学签订合作协议,创立了针对优先教育地区高中生的特殊录取制度,使来自条件困难地区的工人、失业者和移民家庭等弱势群体的子女也有了进入精英大学校的机会。2001 年以来,共有近 5 000 名高中生参加了在这种特殊机制框架下组织的考试,共有 477 名学生被正式录取,享受奖学金在巴黎政治学院就读。虽然这种考试第一年仅录取

---

[1] 安延."扶贫工程"开启法国精英大学机会之门 [N]. 中国教育报,2008-1-28(4).
[2] 优先教育区(Zone d'Education Prioritaire)是法国政府为了缩小不同社区之间存在的教育发展不平衡现象于 20 世纪 90 年代制定的一项特别扶持政策,依据学校的地理位置、社会环境、学生家长社会职业状况、外籍学生比例等指标确定,对于这些区域内的学校,国家采取特别扶持政策,在经费、师资、设备等方面给予特别支持。

了 17 名，但 2008 年时，录取人数已经达到 118 名。每一届通过特殊遴选方式录取的学生中有 50% 至 70% 是失业者、工人和底层职员的子女，60% 以上是移民家庭子女。[1]

"优先教育公约"计划不仅限于在录取考试上为弱势群体子女另辟蹊径，还体现在教学过程中的实质性合作与指导上。2001 年实施优先教育公约计划的中学仅有 7 所，2008 年则达 62 所。巴黎政治学院委托合作高中的教师在毕业班中挑选出具有成功潜力的学生，并派出自己的教师对他们进行特别辅导，扩大他们的知识面。学校还与一些赞助企业合作，提供机会让这些学生参加讲座、参观博物馆和展览会等各种文化活动，帮助他们走出地理上、心理上的自我禁锢，取得自信，在学业和事业上树立起更加远大的目标。2007 年 3 月，巴黎政治学院甚至为来自巴黎北郊 4 所合作伙伴中学学生组织了一次"发现中国之旅"，由院长亲自带领 120 名高中生到北京、上海等地访问，体验中国的经济发展奇迹，开阔视野，获得更加积极的生活态度。

2001 年巴黎政治学院开创实施特许录取制时，在社会上引起了一片指责。有的批评者认为这是美国式的"肯定性歧视"（discrimination positive），不适应作为法国大学校建校之本的"共和国精英主义原则"；有些教师工会和学生团体甚至指责这种做法是在廉价出售文凭。但几年的实践表明，这些通过社会开放政策进入政治学院的学生成绩照样优秀，其竞争力不亚于通过传统考试录取的精英。他们能够积极地融入学校生活，成为学生组织的负责人；他们的学习成绩优秀，每年能够通过各项考试顺利升学的比例高达 90%。到目前为止已有三批学生毕业，他们在就业市场上的竞争力与巴黎政治学院的其他毕业生没有任何区别，不仅就业于法国和外国的银行、企业、媒体和公共管理机构，而且还有一些学生在地方选举中获胜进入地方政府担任重要职务。

---

1 SciencesPo, *Huit ans d'une action pionnière, les principes des Conventions d'Education Prioritaire* [EB/OL], novembre, 2008.http://www.sciencespo.fr/upload/Espace_presse/Dossiers_thematiques/CEP__8_annees_d_une_action_pionniere_08.pdf.

## 三、扩大到其他大学校

巴黎政治学院在开始实施特许录取制和向中下层社会开放政策时引起了一些争论,但其指导思想是具有战略意义的,很快引起了其他大学校的效仿。法国高等经济商业学院(ESSEC)从2002年起开始实行一项名为"读预科、上名校、我也行"的项目,由在校生给巴黎市郊"敏感地区"的高中生进行专门辅导,从高二年级到毕业班给予全程的帮助和支持。巴黎高师和综合理工学校的学生自愿成为巴黎郊区和外省小城市高中学生的辅导员,给他们补习功课,帮助他们开阔视野。法国国家高等工艺学院(ENSAM)也执行了类似的辅导项目。里昂的国家应用科学学院(INSA)试行了"通往工程师职业的通行证"项目。预科班也不甘落后,2006年,著名的亨利四世高中宣布为贫困街区240个高中选拔出来的优秀学生开设一个实验性预科班,学生接受强化教学,并由名牌学校的志愿者进行特别辅导。他们的目标是100%成功。

随着越来越多的大学校承认它们在精英社会再生产现象中的责任,大学校团体将向中下层社会开放作为改变法国教育体系中这种不正常的割裂现象的政策选择。2005年1月17日,法国大学校委员会、大学校校长委员会、大学委员会与教育部、就业部、移民融入与机会平等部长签署了《接受精英教育机会平等宪章》,鼓励所有的大学校采取具体措施加强向社会开放的力度,并交流这方面成功的经验。在宪章的框架下成立了专门的行动机制和"社会开放"工作组。"社会开放"行动机制向广大公众特别是弱势群体比较集中地区的中学生提供足够信息,宣传大学校培养模式,鼓励他们日后报考大学校,不让他们自我放弃(autocenture),并采取具体措施帮助他们意识到自己成功的潜力,获得成功的意愿,培养成功的品质,如勇气、坚韧、努力、好奇心、批评精神等。同时通过学业辅导或提供奖学金等方式改变贫困家庭和弱势群体子女的学习条件。迄今为止,已有100多所大学校参与到"社会开放"的行动中,组织在校生帮助对口的中学学生,同时从信息宣传、录取、资助、教学、辅导、促进就业和社会融入等各个环节改善自己接待弱势群体学生的条件。有30多个类似"读预科、上名校、我也行"的项目正在执行。据大学校委员会2007年的统计[1]，在这些项目的框架下83所中学的1 250名学生得到大学校的帮助和辅导，400名大学校学生参与其中，共进行了24 000小时的学业辅导，此外还有文化活动、信息咨询等。除了大学校之外，很多企业、大学生和社会团体也共同参与到社会开放的行动中来。

　　布迪厄认为，教育，尤其是高等教育是一种社会再生产的过程，高等教育机构本身不但是一种提供教育服务、组成国家教育系统的有机部分，而且还具有培养未来国家统治阶层、对社会地位提升方式设计的主动参与权。这一过程是否成功，关键在于高校本身是否有这样的自觉意识并主动介入进去。大学校将目光投向弱势群体，是主动承担社会责任的积极表现，其选择的策略符合自我更新发展的要求，也得到社会的赞赏，其背后表现出的战略思维无疑是高明的。

## 第二节　大学校的国际开放政策

### 一、国际开放成为大学校的普遍选择

　　进入20世纪90年代以来，在经济全球化的推动下，世界范围内兴起了新一轮的高等教育国际化浪潮。高等教育国际化本身有着丰富的内涵，既强调各国高等教育水平要能被国际社会承认和接受，又强调空间的开放性和国际教育资源的共享性，要求各国的高等教育要不断改革，要在教育理念、内容和方法上主动调整并适应国际交往和发展。

　　尽管大学校的地位在法国得到国家的承认，其传统教学方式得到学生和家长的青睐，培养出来学生的质量也很受法国雇主的欢迎，但在经济全球化和高等教育国际化的背景下，法国大学校过小的规模和过多的本土化特点制

---

1　Conference des Grandes Ecoles, *ouverture sociale de la CGE*, dossier de presse du 12 juin 2007 [DB/OL]. http://www.cge.asso.fr/presse/DP%20Ouverture%20Sociale%20de%20la%20CGE%20-%2012-06-07.pdf.

约了他们的国际声望。在各类世界大学排行榜上,大学校均名落孙山,这从一定程度上真实地反映出法国大学校在国际高等教育舞台上处于不容乐观的地位。

随着新世纪的到来,大学校纷纷采取加强国际合作与交流的策略,力图提升自身在国际高等教育中的地位。以法国首屈一指的综合理工学校为例,为国家和科学服务是其建校以来的两大根本宗旨,但在全球化和知识经济的背景下,综合理工学校的办校方针也根据新的形势做出了调整。近年来这所大学校一直在向两大新目标努力:第一是成为国际一流的高等院校,扩大法国科技在世界领域的影响;第二是在基于知识创新的全球化经济中为提高法国的竞争力提供支持。从这两个雄心勃勃的目标中可以看出,国际化不仅是该校的发展目标,也是重要的发展手段。

大学校实现国际开放策略主要通过以下几种形式:一是促进学生双向交流,通过组织面向外国学生的考试、进行学分转换、开设专门的国际课程等措施,吸引外国留学生;同时鼓励本校学生到国外留学或实习,了解外国文化,取得宝贵的国际经历。有些工程师学校和商校在课程设置中规定学生必须要有一定时间的海外就学经历,否则拿不到文凭。一些学校为此专门在海外开设分校园,为学生的海外学习提供方便。[1] 二是与各国高等教育机构加强教学与科研领域的交流与合作,建立伙伴关系。三是聘请外国教师或研究人员。四是在国外开设分校或教学点,将优质课程和培养方式输出海外。

**二、大学校吸引外国留学生**

接纳外国留学生是大学校最明显的又是最有效的国际开放措施之一。近年来,法国大学校开始有组织、有计划、有限额、有明确目标地吸引来自世界各国的优秀学生。

大学校招收外国留学生主要通过两个途径,一是通过传统的预科班遴选

---

[1] 如里昂管理学校于 2007 年在华东师范大学开设了上海校区。2008 年春,该校管理学硕士的第一批学生到上海校区开始为期 4 个月的学习。到 2010 年,法国里昂商学院每年将派 560 名学生到华东师大学习中国经济和文化。见 http://www.yjsy.ecnu.edu.cn/france/struct/gaishu.htm。

外籍学生，另一个是组织专门面向外国人的考试，如巴黎高师通过网上报名挑选出一批候选人，每年在本校组织考试，负担考生的国际旅费，而综合理工学校则派出考试团到各个国家设考点进行笔试和口试直接录取学生。有的工程师学校和商校还在海外组织联考。

除了成立专门考试遴选机制招收外国学生之外，大学校还通过语言培训机制帮助外国学生融入本校的教学和生活，借助中央、地方政府和企业的奖学金对外国学生进行资助。在课程设置方面，一些名校纷纷开设国际课程，如综合理工学校从2004年开始在传统的工程师培养系列之外又推出了硕士课程，在理工、经济管理和可持续发展领域提供接近于其他欧洲高校的硕士课程，增加综合理工学校在法国以外的知名度，为录取高水平的国际学生开辟新的渠道。2005年，外国学生占此类硕士课程在读学生的一半以上。

经过努力，近年来，法国大学校接受外国留学生的数量显著增长。根据法国大学校联席会议对182所成员校接受外国留学生情况进行的调查显示：2003年–2005年，这些大学校共接纳了25 000名外国学生（1994-1995学年的数字仅为7 741名，2001-2002学年为19 498名）。这些学生分别来自世界146个国家，其中来自东亚、南美和东欧国家的留学生数量增长最快。从留学生接受学校看，工程师学校和商校的留学生比例较高，且学历生占大多数。2004年1月，在工程师学校就读的89 144名学生中，16 791名为外国人，所占比例为18.83%；在商校就读的32 278名学生中，5 365名为外国人，所占比例为16.62%。[1] 这方面，一些著名大学校的外国学生比例高于平均水平，这也许是因为顶级的大学校更为注重提高自己的国际声望，更加注重宣传和留学生的遴选接收工作。例如在综合理工学校，外国留学生占所有攻读传统工程师学位学生的20%，占硕士生的50%，占博士生的33%。在巴黎高商，外国留学生占传统大学校在读学生总数的25%，MBA项目中的90%、EMBA项目中的92%为外国留学生。欧洲管理学院（ESCP-EAP）有50%

---

1 Conférence des Grandes Ecoles（2005）. *les grandes écoles et l'international* [R].juin 2005. pp.21-22.

是国际学生。巴黎政治学院 30% 是国际学生。

**大学校接受外国留学生统计表**

| 区域 | | 留学生数量 | | | | | |
|---|---|---|---|---|---|---|---|
| | | 学位生 | | 非学位生 | | 共计 | |
| | | 2001–2002 | 2003–2004 | 2001–2002 | 2003–2004 | 2001–2002 | 2003–2004 |
| 非洲 | 马格里布 | 3329 | 4328 | 765 | 968 | 4130 | 5296 |
| | 撒哈拉以南 | 1001 | 1606 | 805 | 837 | 1777 | 2443 |
| 美洲 | 北美 | 234 | 363 | 1149 | 1237 | 1383 | 1600 |
| | 拉丁美洲与南美 | 896 | 1226 | 1021 | 1092 | 1917 | 2318 |
| 亚太 | 中东 | 818 | 1217 | 222 | 299 | 1038 | 1516 |
| | 东亚 | 1591 | 2648 | 577 | 843 | 2168 | 3491 |
| 欧洲 | 中东欧 | 953 | 1115 | 591 | 863 | 1544 | 1978 |
| | 西欧 | 2392 | 3052 | 2540 | 2650 | 4932 | 5702 |
| | 北欧 | 207 | 267 | 429 | 431 | 636 | 698 |
| 共计 | | 11421 | 15822 | 8079 | 9220 | 19498 | 25042 |

资料来源：Conference des Grandes Ecoles，les grandes ecoles et l'international，juin 2005 p.23。

## 第三节 大学校与大学的合作

以教学见长的大学校和教学科研并重的大学并存，形成了法国独特的二元化高等教育体制。随着知识经济的出现，教学与科研越来越趋向于紧密结合并有更多的互动，大学与大学校彼此割裂的状态显然不符合这种要求。这种制度造成的机构和资源的分散，也影响了法国高校的国际竞争力和知名度。人们逐渐意识到，在教育、创新和科研成为带动社会经济发展决定性因素的时代，大学与大学校不仅要承担过去培养教师科研人员、高级管理人员的功能，而更应该成为科学技术创新的发动机和经济增长的推进器，成为知识经济的重要组成部分。而只有大学和大学校彼此接近，优势互补，建立实质性的合作关系，才能实现以上目标。

## 一、大学校在知识经济与创新型人才培养中的先天不足

20世纪末,科学技术的突飞猛进与数字化信息革命推出了知识经济时代,知识经济以知识的生产和传播为基础,以变革、创新为灵魂,以高新技术产业为主导,以可持续发展为目标,前所未有地把科学、技术和经济紧密联系起来。在知识经济的发展中,科学研究与学科交叉至关重要,也对优秀创新人才的培养提出了更高的要求。

然而在大学与大学校的传统分工中,法国的科研活动,特别是基础研究主要在大学里进行,大部分博士文凭都是大学颁发的。除了像巴黎高师这样以学科齐全和基础科学研究见长的极少数大学校之外,其他不管是工程师学校,还是商校都主要培养实用型的高层管理人才或科技人才。在一般的大学校中,教师队伍中很大一部分是临时教师(professeurs vacataires),其他都是来自职业界的兼职人员,仅从事教学工作,只有小部分是固定的全职教师,属于公务员编制,既要从事教学也要从事科研。因此虽然大学校中也有优秀的实验室和科研队伍,但整体来讲与大学相比,科研的分量较轻。学生在学习过程中很少会把精力放到科研活动上,仅有7%的大学校学生选择继续攻读博士学位。

另一方面,鉴于大学校的教学质量、就业前景和良好的社会形象,除了决心攻读医学和法律专业[1]的人外,最聪明最优秀的高中毕业生一般都选择通过考试进预科班,进而就读大学校。他们毕业以后大多进入政府、企业的高层管理领域,而不是去搞纯科研[2]。精英学校与科研相脱节,精英人才远离基础研究的现象显然与英、美、德、日等其他发达国家的状况不同,也与知识经济发展对人才的要求背道而驰。

此外,在教学与培养过程中,预科班和大学校重视数学和抽象知识的学习,知识结构广泛而不深入,鼓励综合归纳和推理,而对科学探索和钻研精

---

[1] 法国的医学与法律专业仅在综合性大学中设置,一般入学没有考试,但学习过程中淘汰率极高。
[2] 据统计综合理工学校的毕业生中仅有5%选择从事科研活动。

第四章　法国大学校的发展趋势

神要求不够。皮埃尔·维尔茨（Pierre Veltz）在《需要拯救大学校》一书中深刻分析了大学校培养方式对探索和创新精神的限制。他认为，从预科班开始的严格遴选制度和考试教育不利于学生发掘自身的潜力和兴趣，使学生缺乏冒险精神，不愿投身于不确定的科学世界或风险重重的创新企业，而情愿选择稳妥的职业方向，如在大型企业和公共行政部门任职[1]。百科全书式的知识体系、严密的推理和逻辑思维方式更加有利于维护现有秩序的存在，而不是另起炉灶，勇于创新。这种教学模式培养出来的人可以成为服从指令、遵守秩序、优秀而严谨的管理者，却不能成为具有创新和批判精神的引领科学革命的带头人。

**二、推动大学与大学校的相互合作**

大学校在科学研究以及与创新型人才培养中的先天不足令人担忧。有人认为应该首先将大学校改造为精英大学，在保留学校的选拔制度和教学特色的同时吸引国际知名教授，通过博士和博士后培养增加基础理论研究和应用研究的力量，通过提升大学校的位置刺激其他大学同样向追求卓越的方向发展。但更多的人认为比较稳妥的方式是促使大学和大学校相互接近，相互合作，彼此联盟。这也是大部分大学校正在或准备采取的策略。

**（一）原有教学方面的合作**

实际上，大学与大学校之间的合作已经存在多年，尤其在教学方面。实践证明，大学与大学校之间的课程壁垒是可以打破的。经过预科班两年学习后在大学校竞争考试中失败的学生可以直接进入大学三年级学习，获得大学校文凭的学生可以选择进大学继续攻读博士学位；大学中获得学士或硕士学位的优秀学生也可以通过考试转入大学校学习。有些大学校还鼓励在读的学生同时在其他大学注册。[2]

---

1　VELTZ Pierre（2007）. *Faut-il sauver les grandes écoles, de la culture de la sélection à la culture de l'innovation*[M]. Paris: Presses de sciences po. pp. 51-57.
2　巴黎高师因不单独颁发任何学位文凭，学生需要在其他综合性大学注册以获得第二、三阶段的文凭及博士文凭。这样的安排有利于学生与综合性大学保持密切联系。巴黎高师对在其学校就读的学生会发放一个证书，证明学生的学业背景以及其在巴黎高师所受到的教育情况。华东师范大学，巴黎高等师范学校调研报告. 透视与借鉴——国外著名高等学校调研报告 [M]. 北京：高等教育出版社，2008：1221-1263.

在硕士、博士层次的培养上，大学与大学校共同开设硕士课程与项目，甚至成立联合博士生院和联合实验室的例子已不鲜见。大学校与大学在博士生培养层面建立合作伙伴关系尤为重要，因为博士生培养可以加强科研和教学方面的合作，并为实验室之间的合作注入活力。

从教学内容上来看，大学大力发展职业性课程，法国相当一部分的工程师是由大学培养出来的；大学校也增加了不少人文社会科学及外语教学等更为学术化的内容，有条件的大学校着力加强自己的科研力量和博士培养的规模与力度[1]，特别是工程师学校采取措施鼓励更多的工程专业的毕业生攻读博士学位，以满足工业企业界对工程师-研发人员的需求。总之，通过大学与大学校高层领导以及教师的共同努力，它们之间泾渭分明的对立局面已有所改观。

### （二）新的政策支持

在法国这样一个中央集权的国家，改革的动力仅仅来自于学校本身还是不够的，政府的决心和自上而下的推动力量也必不可少。法国政府为促进大学大学校之间的合作提供了有力的政策支持。2006年4月18日出台科研计划法，宣布建设科研与高等教育极点（PRES）、竞争力极点（pole de compétitivité）、先进科研专题网络（les réseaux thématique de recherche avancée）等，为大学与大学校之间的合作提供了法律框架、新的政策工具和部分经费支持。其中成立科研和高等教育极点是实施最为迅速的举措，被给予很大希望。

科研与高等教育极点是指同一城市地理位置相邻的几所大学、大学校或科研单位组成一个联合体，各成员单位还保留原来的身份，但集中其优势开展合作，共同分享实验室、博士生学院，甚至研究生学院，通过激励大学与大学校协同合作，从单纯的部门组合，如招生、学业指导等部门组合，逐步走向制定统一

---

[1] 目前在大学校注册的博士生约为 8400 名，占全国的 13%，每年颁发 1900 个博士学位，占全国的 16.9%。DGES（2007），*La coopération universités-grandes écoles est en marche*[J]，Université et grandes écoles, problémes politiques et sociaux, No.936. la documentation française, p.104.

## 第四章 法国大学校的发展趋势

的科研政策，共同开展科研合作，旨在提高法国高校知名度和国际竞争力。[1]

科研计划法颁布后，经过法国教育部和各有关高校的共同努力，9个真正结构性的联合建设项目得以成形。2007年以法国教育部令的形式宣布49所大学和大学校联合成9个科研与高等教育极点。9个科研与高等教育极点分布、组合情况详见下图。

**9个科研与高等教育极点分布**

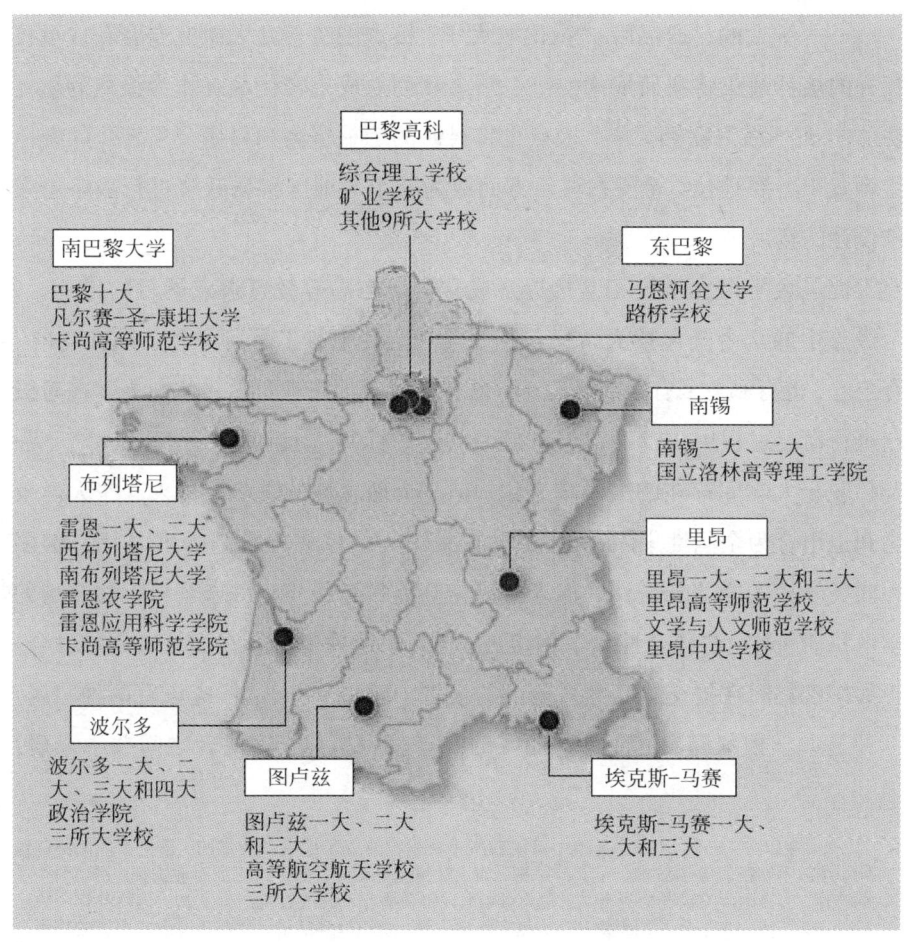

资料来源：杨玲.法国组建科研高教极点应对国际竞争[R].驻法国使馆教育处调研，2007.

---

1 杨玲.法国组建科研高教极点应对国际竞争[R].驻法国使馆教育处调研，2007.

科研与高等教育极点的功能主要包括以下两点：

——博士生培养。大学与大学校博士培养项目的整合和重组是决定科研与高等教育极点政策实施成败的关键因素。埃克斯－马赛极点协调所有成员校博士层次的培养项目；南锡极点准备以南锡大学的名义进行博士生的注册和博士文凭的颁发；图卢兹极点从一开始就统一分配科研经费；里昂极点的成员校则将所有博士培养集中在一所统一的博士生学院中。

——统一的科研品牌。"南巴黎大学"极点围绕着几大研究专题和成员校互补的培养政策将科研成果的统一署名和创立成果转化品牌作为极点的重要功能。"布列塔尼欧洲大学"极点也将科研的统一署名和科研成果转化的统一管理置于首要地位，希望在科研方面成为一个对地区科研政策进行战略思考与设计的场所。

促进大学与大学校相互接近是成立科研与高等教育极点的目的之一。9个极点中的 7 个既包括大学又包括大学校，其中有工程师学校，也有商校；有公立，也有私立；有隶属教育部，也有隶属其他行业部委的大学校。在对极点进行命名过程中，"大学"经常成为共同的标签。能够接受这一点，对于强调超脱于大学而存在的大学校来说，是一个理念性的进步。过去这些大学校之间也组合为全国性集团，如中央学校集团[1]，矿校集团[2]，高师集团[3]等，但多为同类学校的联盟与合作。加入科研与高等教育极点，意味着与不同类型的学术科研机构，与综合性大学相接近，与它们地理位置所在的区域更加融合。正如矿校集团在提交给高教科研部的报告中建议："大学校应该有两种归属，一种是大学校家庭，一种是同地区的高等教育机构，这两者之间并不矛盾，

---

1　自 1990 年以来，巴黎、里昂、南特、里尔四所中央学校成立了中央学校集团，强化了内部协调机制，在教学和科研等领域确定了共同原则，如：注重基础培训，提供广泛的专业选择，密切与企业的合作，突出国际交流与对外开放，建立教学、科研和毕业设计的有机结合。2005 年，马赛中央学校加入，五所中央学校共同组织招生，制定教学大纲，组织教学活动，联合开展形式多样的国际交流与合作，形成了其独特的办学风格，体现了其综合实力。

2　包括巴黎（1783）、圣艾蒂安（1816）、阿莱斯（1843）、杜埃（1878）、南锡（1919）、南特（1991）和阿尔比（1992）等 7 所矿业学校。

3　从 1985 年起，巴黎高师、加香高师、里昂高师和文学与人文科学高师联合组建成为法国高师集团，在师资、课程、设备等资源方面实行共享。

## 第四章 法国大学校的发展趋势

所有的矿校都应该积极加入本校所在地区的科研与高等教育机构，以便与邻近的大学和研究机构在教学、培养和科研方面优势互补。"[1] 里尔中央学校校长与杜艾矿业学校（l'École des Mines de Douai）校长在北加莱极点组建过程中起到积极的作用，而路桥学校的校长在与巴黎十二大成立"巴黎东大学"极点中的合作更是具有表率意义。这些大学校校长的态度成为科研与高等教育政策得以成功实施的非常关键的因素。在他们的支持下，除了博士生培养和科研之外，大学与大学校在科研与高等教育极点中开展的合作还将继续扩展，覆盖到教学、师资、学生指导等其他方面。

大学与大学校之间的合作正在通过联合培养硕士、联合培养博士、联合试验室等方式实现着，科研与高等教育极点、竞争力极点、先进科研专题网络等项目也为两者之间互相接近提供了政策性和机制性支持。尽管如此，我们还是要审慎地认识到，这种合作伙伴关系并没有上升到普遍性的层面，而是取决于各个学校。越是著名的大学与大学校越是积极地朝着这个方向努力。万事开头难，无论如何，大学与大学校相互接近的第一步已经踏出，而完全克服体制的弊端，实现大学与大学校的水乳交融，使法国的高等教育以新的形象出现还需要长期的努力与实践。

---

1 Inspection générale de l'administration de l'Éducation nationale et de la Recherche（2007）.La mise en place des pôles de recherche et d'enseignement supérieur（PRES），Rapport à madame la ministre de l'Enseignement supérieur et de la Recherche. http://lesrapports.ladocumentationfrancaise.fr/BRP/074000680/0000.pdf.

# 第五章　中国精英留法的历史背景与政策背景

## 第一节　1978年前中国人留学法国的历史

中国现代化的进程也是一个西学东渐的过程，其中留学人员功不可没。据中国派遣留学生的历史记载，中国人赴法留学已有130多年的历史。从洋务运动清政府派遣少量留欧船政生，到20世纪二三十年代掀起留法勤工俭学潮；从新中国成立后至"文化大革命"期间留法的学生屈指可数，到21世纪初自费留法生已有较大规模。

### 一、19世纪洋务运动开辟的留法道路

第二次鸦片战争之后，面对西方资本主义列强"船坚炮利"的威胁，清政府急切希望创办一支近代化的海军。1875年，福州船政局技术监督法国人日意格（GIQUEL）返回欧洲时，为了使技术人员开阔眼界，增长才干，船政局选派魏瀚、陈兆翱、陈季同、刘步蟾、林泰曾5人随日意格赴英、法等国参观学习造船技术[1]。这是真正出自中国人的愿望而被派赴法国的留学生。之后，为了办洋务，清政府又向法国陆续派了几十名留学生。他们之中大多数主攻船舶制造和驾驶，回国后成为北洋海军的主力，也有个别学习矿务、铁路甚至法律的[2]。

---

1　李喜所. 近代留学生与中外文化 [M]. 天津：天津人民出版社，1992：82.
2　罗芃，冯棠，孟华. 法国文化史 [M]. 北京：北京大学出版社，1997：470.

第五章　中国精英留法的历史背景与政策背景

洋务运动时期派出的这批留欧生归国后，赴欧留学的青年逐步减少。1900年，清政府制定了鼓励出国留学的政策，并重新向欧洲派遣留学生。1904年前后，京师大学堂译学馆选派几十名青年到法国留学。随后，湖北、广东、广西、天津海关等也派人赴法留学[1]。这个时期，留法学生以官费为主，清政府认为欧美各国的特长是实业发达，而且认为学习法政的学生容易滋生革命意识，于是劝诱和鼓励留欧学生学习工科。清末留法学生虽然出国时水平程度较低，但毕业时成绩尚佳。1910年，48名中国留法毕业生中，33人大学毕业，8人获得工程师和硕士学位，7人获得博士学位[2]。纵观中国近代史，19世纪末、20世纪初被派往法国的近百名留学生，都曾以他们的学识和才能为中华民族的振兴贡献了力量。

**二、19世纪20年代的留法勤工俭学运动**

第一次世界大战爆发后，战争中的法国急需大量从事生产劳动和后方勤务的工人，于是提出在中国招募华工，北洋政府答应了这一要求。李石曾等人在北京组织了留法俭学会代为向国内招工，并提出了四条招工条件，其中规定：华工与法国工人必须同等待遇，须设工人教育，从而提出了"勤工俭学"的口号。在蔡元培、李石曾、吴玉章等人的倡导下，大批青年学生赴法勤工俭学。从1919年3月17日第一批89名离沪启程，到1921年11月13日104名勤工俭学学生被遣返回国，前后共约两年零八个月。在此期间，先后共有1600多名中国青年抵达法国。[3]

一般的看法认为赴法勤工俭学运动是由一批不满现状、立志改革的先进青年，受到十月革命的影响，前往法国寻求革命真理而形成的一场颇为壮观的革命运动。事实上，留法勤工俭学群体是一个十分复杂的社会群体。蔡和森、向警予、徐特立、蔡畅、周恩来、邓小平、赵世炎、王若飞、刘伯坚、陈毅、聂荣臻、李富春等老一辈无产阶级革命家曾跻身于这一行列，但共产主义知

---

1　李喜所. 近代留学生与中外文化 [M]. 天津：天津人民出版社，1992：395-396.
2　王奇生. 中国留学生的历史轨迹 1872-1949 [M]. 武汉：湖北教育出版社，1992：58-60.
3　王奇生. 中国留学生的历史轨迹 1872-1949 [M]. 武汉：湖北教育出版社，1992：66.

识分子只是留法勤工俭学学生中的一部分，留法勤工俭学队伍参差不齐，最大的已年过半百，最小的年仅 10 岁，有学校教职员、工厂技术人员、新闻记者、医生、律师、中下级军官、行政人员、银行职员、小商业者等，几乎各行各业都有，且多数学生财力匮乏。

以勤工俭学的方式出国留学，在中国留学史上确是一大转折点和一大创举。它使留学人选从有钱阶层扩展到贫寒子弟；从大专毕业生扩展到中小学毕业生。过去留欧，每年不过数十人，上百人，而赴法勤工俭学运动中，每年多达数百人，上千人。在留学方式上，工学相结合的事例，以"工读主义"为信仰的大规模的出国勤工，在留学史上前所未有。

留法勤工俭学运动的倡导者希望通过工学相结合的道路实现普及教育，振兴实业，改良社会的理想，由于主客观条件的限制，未能最终实现。然而正是在"此路不通"的情况下，一部分勤工俭学生转而寻找马克思主义，留法勤工俭学运动为中国共产党准备了一大批优秀干部，这是运动的倡导者所始料未及的[1]。

### 三、从南京国民政府到新中国成立期间的留法学人（1929–1949）

随着留法勤工俭学大潮的回落，留法中国学生的数量迅速减少，直到 1928 年国民政府建都南京后，派遣学生赴外留学工作重新纳入规范管理。根据当时国民政府的规定，留学生取得护照必须要有教育部出具的证明，因此，赴各国的留学生数量得以登记在册。资料显示，从 1929 到 1937 年，各类赴法学生总数达 699 名。[2]

1937 年抗日战争爆发后，留学生的派遣被迫中止。1945 年抗战胜利后，国民政府派遣留学生的工作再次被提到议事日程。1946 年教育部组织全国考试，录取 148 名官费留学生和 1 126 名自费留学生，派往英国、法国、瑞士、荷兰、比利时等国，但由于 1946 年内战爆发，国民政府由此失去了照管国外

---

1 王奇生. 中国留学生的历史轨迹 1872–1949 [M]. 武汉：湖北教育出版社, 1992：74.
2 王奇生. 留学与救国 [M]. 桂林：广西师范大学出版社, 1995：21.

留学生的能力。

## 四、新中国成立到改革开放前的赴法留学情况（1949-1978）

年轻的共和国成立伊始，虽然百业待兴，面临科技和各类人才匮乏的严峻局面；但限于国际国内的环境，很难再向西方资本主义国家派遣留学生。因此，1960 年以前主要是向当时的苏联和东欧社会主义国家派遣留学生。1960 年后，中苏关系恶化。根据当时的国际政治形势和中苏两国关系恶化的现状，决定加强与其他国家的文化交流，积极探索向西方资本主义国家派遣留学生的途径。随着当时国际形势的发展，对外语翻译干部的需求急剧增加。针对俄语人才相对过剩，其他外语人才严重不足的情况，开始大量筹办外语专业，培养英、法、日、德、西班牙等语种的专业人才。

1964 年，中法正式建交，当年派往法国的留学生是派往西方资本主义国家中最多的，达 103 名；1965 年派出 81 名。1966 年开始"文化大革命"，派遣留学生工作推迟。从 1966 年始至 1972 年，停止派遣出国留学生达 6 年之久。1972 年，根据中共中央批准的外交部《关于中法贸易和文化交流若干项目的原则请示》中有关向法国派遣留学人员一事，国务院科教组于 1972 年 9 月 15 日决定向法国派遣 20 名法语进修生。为"达到时间短、收效大的目的，拟选派政治条件好、有一定法语基础、身体健康、年龄在 33 岁以下（教师可以到 35 岁）的青年翻译干部和教师出国进修"[1]，时间为 2 年，不考学位。这是"文化大革命"以来首次恢复派遣留学人员。

这一时期整个国家的出国留学工作尚处摸索阶段，赴法留学生的派出专业不全，缺乏长远规划，大部分学生只是学习语言，而学习"高、精、尖、缺"（高级、精密、尖端、缺门）学科和专业的很少。从选派的方针和指导思想以及对留学生的管理方法来看，受意识形态影响较大。从派遣的效益看，主要为我国培养了一定数量的法语和法语翻译人才，对中法两国的外交关系及文化交流作出了一定贡献。但相对 1949 年 –1978 年这一阶段留苏学生对国家

---

[1] 国家教育委员会外事司. 教育外事工作历史沿革与现行政策 [Z]. 1996.

政治、经济、教育、科技等方面的影响，留法学生是远远比不上的。当然，这也是派出数量、规模以及国际形势和国家政策所决定的。与20世纪二三十年代的留法勤工俭学潮相比，1949年到1978年可以说是留法的低潮时期。

## 第二节 1978年后中国留学政策的演变与留法情况

### 一、中国留学政策的演变及其对留法的影响[1]

（一）第一阶段，1978年–1983年

1978年是中国留学史上的重大转折点。邓小平做出了扩大派遣留学生的重要部署。这个阶段公派留学的总方针是"在确保质量的前提下，根据国家的需要和可能，广开渠道，力争多派"。由于长期实行闭关锁国的政策，大陆当时与西方国家联系和交流的渠道甚少，对于西方的学校和如何派遣留学生等情况都缺乏了解。为了打开交流渠道，1978年7月和10月，中美科技代表团互访，并达成美方在1978年–1979年度接收中国500名–700名留学生、研究生和访问学者的口头谅解。同年，中国先后同日本、德意志联邦共和国、英国、法国、加拿大等国签订了文化和留学生交流协议。

1978年，中国政府向法国派遣了300名语言留学生和选拔了100名本科大学生，[2]第一批本科生于1979年2月抵法。他们先在法国里昂、波尔多、波城、第戎、里尔等地的大学强化学习一年法语，随后进入法国大学学习；其中一部分成绩优异的学生转入工程师大学校学习。法国国家大学事务中心受中国政府委托负责安排接收学生，安排学校、食宿、社会保险、文化活动，并按照中国政府提供的费用，每月发给他们助学金。[3]中国政府派出本科生赴法上

---

1 参见叶隽，安延.中国留法教育之概述与基本分析（1979–1999）[J].全球教育展望，2003:（12）.69–73.
2 1978年选拔的100名本科大学生的人员专业分配为：数学8，生物6，化学5，化工5，物理8，冶金5，采矿5，农业4，畜牧3，航空2，铁道2，空间2，建筑学2，地质4，土木建筑8，无线电电子学10，机械工程6，材料科学5，社会科学5，医学5.见教育部.档案外事局赴法国留学人员卷（二），1979.
3 教育部.我一百名留学生来法学习安排及费用照会[Z].档案外事局赴法国留学人员卷（二），1979：158.

第五章　中国精英留法的历史背景与政策背景

大学,而且一次派出 100 名之多,这还是第一次。法方对此十分重视,留学生到达各自学校时也分别受到当地各种不同方式的欢迎。由于学生在国内没有学过一点法文,刚到达时感到很多不便,法方学校专门配备了懂汉语的人负责联络、翻译,帮助他们办理有关手续,以适应在法国的学习和生活。

由于时间仓促,缺乏经验,尽管派出的留学人员大多数是同类人员中好的和比较好的,但由于国内外情况不明,在确定学习专业等方面,选派单位和导师都有一定盲目性、片面性,派出人员中也有一部分人员学业基础并不算好;派出学习的专业缺乏综合平衡,缺乏统一计划,缺乏统一协调,重点不突出。1979 年和 1980 年调整了计划,1980 年派出本科生 4 人,1981 年派出本科生 49 人,适当调整了派出学科比例,并以进修人员和研究生为主,并从 1981 年起逐步加大研究生的派出人数,1982 年派出研究生 127 人和一些本科生,主要学习我国空白、薄弱的学科和法语。这个时期派出的本科生毕业后大部分留法继续深造,或攻读博士学位,或进入工科大学校,或进入法国公司企业实习工作。

(二)第二阶段,1983 年 –1986 年

这个阶段公派留学的基本方针是强调"解放思想","改革出国留学人员管理体制,增派留学人员,改进分配工作,开创留学工作的新局面"(1984 年 10 月全国出国留学人员工作会议文件)。在国家公派留学人员的类型上,由 1979 年规定的"以派出进修生和研究生为主",改为逐步以"派出国攻读学位的研究生为主"(教育部"关于 1982 年试行选拔出国攻读博士学位研究生的通知")。1985 年起,进一步增加了由工商企业派出技术和管理人员到国外学习的名额,同时鼓励地方和单位增加派出留学人员。

1983 年预选赴法留学人员共 169 人,其中进修生 36 人,研究生 133 人 (1985 派出研究生 139 人)。中法两国的教育合作一直在稳步地向前发展,至 1984 年 12 月,我国已向法派出 1 400 多名留学人员。1984 年在法留学人员的总数接近 800 名,其中约有四分之一的人享受法方提供的奖学金。与此同时,两国间的专家互访、学者来往、校际交流等活动亦在日益加强。

（三）第三阶段，1986 年 –1989 年

从 1978 年扩大派遣留学生到 1986 年，我国先后派出 30 000 多人出国留学，在留学教育和管理方面都积累了一定的经验，同时也面临着不断出现的新问题，如学科重复、国别集中、回归率偏低，留学人员开始出现滞留海外的现象等。鉴于"广开渠道，力争多派"的目标已经达到，1986 年 –1989 年，提出了"按需派遣，保证质量，学用一致"的出国留学方针。并相应地将国家公派留学人员由以研究生为主转向着重派出进修人员、访问学者；派出留学人员的工作要体现博采各国之长的原则；决定建立公派出国留学人员与派出单位签订协议书的制度，以期尽可能保证公派留学人员的如期返回。经调整后，1987 年国家公派出国留学人员计划中，访问学者、进修人员约占派出人员的 70%，研究生约占 25%，大学本科生约占 5%。同时，派出人员中增大了向欧洲各国的派出比例。

据相关统计，这个时期政府公派赴法留学人数每年保持在 200 名左右，派出人员主要为研究生和进修人员，不再选派本科生。同时，单位公派和自费留学生的数量都比上一时期有大幅度的增加。

（四）第四阶段，1989 年 –1996 年

1989 年受政治因素影响，申请自费出国的人数大量增加，公派留学人员滞留不归的现象日趋严重。西方某些国家趁机截留和掠夺我国在外人才。经过两年多的徘徊、调整，到 1992 年，中共十四大首次提出经济体制改革的目标是建立社会主义市场经济体制，坚持对外开放。与此相适应，提出进一步放开留学教育，把"支持留学，鼓励回国，来去自由"作为留学工作的总方针。

在国家公派留学方面，中央及时调整出国留学工作，在继续贯彻"按需派遣，保证质量，学用一致"的出国留学工作方针的同时，调整结构，坚持选拔条件，"博采各国之长，按我之需，取人之长，精选精派，定向定人，力争保质保回"。从 1991 年起，公费出国访问学者不再用切块分配名额，按名额录取的办法，而采用"限额申报，专家评议，择优录取"的办法。国家公费出国留学以选派访问学者和高级访问学者为主；选派学科仍以应用学科为主；在

第五章 中国精英留法的历史背景与政策背景

派往国别上,坚持"博采各国之长"的原则;对攻读博士学位的研究生,在立足国内培养的前提下,根据重点学科建设和目前国内尚不具备培养研究生条件的薄弱、边缘、新兴学科的发展需要派出少量攻读博士学位和联合培养的博士生。此外,采取国内外校、所之间以双边交流和科研合作等形式向国外科研水平高的重点大学、研究机构和企业成组配套派出留学人员,以提高出国留学效益。

这个时期国家公派赴法留学人员和单位公派留学人员每年保持各在100多名,不但本科生,研究生也很少派遣,绝大多数为不攻读学位的进修生。此外,从1986年开始,到教育处登记的自费留学生明显增多。这些自费留学生主要靠亲友的经济资助读书或在亲友的帮助下找到一点工作进行半工半读,他们很少主动与我驻法使馆联系,因此究竟在法国有多少自费留学生,姓甚名谁,在何学校,学何专业等确切情况均无从掌握,对他们也很难管理[1],随着这部分学生数量的增加,除了在生活学习上帮助解决他们的困难,政府也意识到应该加强对这部分学生情况的调研工作,更加积极主动地开展对他们的宣传、管理工作,并适当地在经济和物质上给予他们必要的支持。

(五)第五阶段,1996年至今

1996年起,国家公派留学的选派工作实行全面改革。1996年6月成立了国家留学基金管理委员会。该委员会作为非营利性的法人组织,受教育部的委托,组织公派出国留学人员的选拔。同年,对国家公派出国留学人员实行了新的选拔办法,即根据国家经济建设和社会发展的需要,在政府宏观指导下,实行"个人申请,专家评审,平等竞争,择优录取,签约派出,违约赔偿"的办法。新办法体现了公开、平等、竞争、择优的原则,逐步以法律和经济手段取代过去以行政和思想教育为主的管理方式,按期回归率有了明显的提高。

---

1 教育部.关于在法自费留学生情况的报告[R].档案1981年教育部外事局档案赴法留学人员管理卷(一)1981:33,132.

这个时期在法国的公派留学生保持在每年100名左右，进入21世纪后，公派留学生人数小步攀升。值得注意的是，随着中国社会经济的发展，国内居民收入的增长和对接受高等教育的迫切需求，以及法国吸引外国留学生优惠政策的影响，加之中法教育交流和经贸关系不断升温所形成的宽松条件，留法自费生数量迅速增长。根据法国教育部的统计，1998-1999学年在法国综合性大学（还不包括大学校等其他高等教育机构）注册的中国留学生数目为1 374名，2002-2003学年增长到8 773名，增幅达539%，其中绝大部分都是自费留学生。

2001年我驻法使馆教育处对249名自费生进行了抽样调查。[1]根据调查，在留法自费生中，女性数量明显高于男性，占53%，19-23岁的留学人员占50%以上，本科以下学历的占60%，没有工作经历和仅工作过一年的自费生比例占61%，其留学目的、留学院校、专业选择多元化趋势明显，人员构成愈加复杂，既有外语差、专业水平低的高中生，也有高层次优秀人才脱颖而出的潜在因素。[2]

## 二、拔尖创新人才的需求对公派出国留学政策的影响

自20世纪70年代，美国教育社会学家马丁·特罗教授提出了教育发展三阶段说以来，高等教育大众化的问题一直受到人们的关注，并逐渐成为世界性的趋势。1998年以来，中国高等教育实施大众化的发展战略，总体看来，高校扩招以来，高等教育的入学门槛大大降低，高等教育资源为更多的人所分享，而不是仅局限于少数精英，1999年中国高等教育毛入学率仅为10.5%，2009年达到24%，短短十年，中国高等教育步入到大众化的发展阶段。

但高等教育大众化发展的同时不能忽视那些有特殊才华人才的发现和培养，大众教育并不排斥精英教育。我国发展正处于加速转型期，转变经济发

---

1 驻法使馆教育处.关于来法自费留学及中介机构情况的调查报告[R]，2001.
2 COULON Alain, PALVANDI Saeed（2003）. *Les Etudiants étrangers en France, l'Etat des savoirs*[R], Rapport pour l'observatoire national de la vie étudiante（OVE），mars.

## 第五章　中国精英留法的历史背景与政策背景

展方式，推动产业结构优化升级，建设创新型国家，必须全面提升各类人才的总量和质量，特别是创新型的领军人才。中共十六大明确了人才资源是第一资源的思想，提出人才强国战略目标，提到了这样三种人才："数以亿计的高素质劳动者，数以千万计的专门人才，一大批拔尖创新人才。"而我国急需的真正能够达到国际前沿水平的高层次尖端人才匮乏，特别是能够参与国际事务、参与国际竞争、通晓国际规则的人才严重短缺。

在知识经济和全球化的时代，国际竞争是科技的竞争，但归根结底是人才的竞争，中国要发展进步，在世界舞台上占据一席之地，需要大批优秀人才、高级人才。改革开放30多年来，留学生作为一个重要的人才群体，对国家的发展，社会的进步做出了重要的贡献。在新的时期，出国留学仍然是国家培养和储备具有国际化视野高端人才的重要途径。面对国内国外人才发展的压力，在推动国内高校高层次人才培养的同时，需要进一步对外开放，瞄准国际发展前沿，紧紧围绕国家战略需求，加速选派留学人员，继续通过出国留学的渠道培养和凝聚一大批高端尖子人才。

因此，"扩大规模，提高层次，保证重点，增加效益"成为近几年国家选拔公派留学生的基本思路。2004年，国家留学基金委设立了"青年骨干教师出国研修项目"，采取与高校合作资助的方式选派重点高校青年骨干教师出国留学，更加注重高校人才队伍建设和学科建设，选派人员的素质大幅度提高。2007年，又设立了"国家建设高水平大学公派研究生项目"，在"985"、"211"高校中实施，每年选派5 000名研究生出国攻读博士学位或联合培养博士，按照"三个一流"的原则，"选派一流的学生，派到一流的学科专业，师从一流的导师"，进一步加大了重点选派符合国家发展战略需求的高层次人才的力度，通过利用国外优质教育资源，推动我国高水平大学建设，培养高素质创新型人才和各学科领域拔尖创新人才。这些公派留学项目与海外高层次人才引进工作相结合，根据国家发展战略和重大工程的需求，旨在培养和引进一批跻身国际前沿的科学家、学术带头人、高级管理人才和精通国际规则的高级专门人才。

由此可见，近年来，随着我国人民生活水平提高，经济贸易和科学研究的国际化发展，出国留学不断向多元化和多样化方向发展，出国留学也有"大众化"的趋势，但高精尖人才却一直是国家公派留学的取向，特别是近年来公派出国留学政策更是围绕"人才强国"战略，以培养高层次人才和紧缺人才为明确目标。

从前几个阶段的公派留法政策来看，选派学生不管是本科生、研究生、还是进修生，综合素质都是较高的，其中不乏佼佼者，但不管是在学校选择还是专业选择上都有一定的盲目性，大部分公派生是在综合性大学中学习或进修，大学校不是接收中国留学生的主流。20世纪80年代初，法官方在对我进修人员专业的控制上是基础理论研究从宽，应用科学研究从严，对少数法尖端部门如航空制造、大规模集成线路等干脆予以拒绝。如1979年拟赴法学习航空制造的八九名科技进修人员都先后遭到法方的拒绝。[1]再加上七八十年代法国大学校国际化程度有限，接受外国留学生本身就少，对于接受来自中国的留学生更是有很大顾虑。种种因素都限制了中国留学生在大学校就读。

随着中国社会经济发展，对全球化国际化事务的参与日渐深入，国际地位提高，国家更加开放，中法两国教育合作日益密切，涉及精英人才培养合作的方式和渠道逐渐丰富，机制愈加完善，经费得到保障，中方向大学校派出留学生的针对性更强。同时中法高校之间交流合作的基础稳固，中方院校对法国大学校精英教育的模式和院校了解增多，在校际交流项目框架下派出学生，增强了对口性和针对性。

从另一个方面看，随着中国经济腾飞，综合国力迅速增强，法国认为崛

---

[1] 当时我驻法使馆文化处了解到图鲁兹航空学院每年实际都接受一定的外国学生，就向法外交部文化司提出：既然图鲁兹航空学院能接受其他国家的学生，为什么就不能接受中国学生？如果法方不能一下子接受8名学航空制造的人员，起码也可接受几个吧！法有关人员对此无言以对，只好硬着头皮答应接受2名。后来法方虽然多次寻找借口想推翻原来的承诺，但我方坚持原来的协议，不肯松口，终于使这2名进修人员进入法国的航空制造部门。见教育部.从法国的实际情况出发，努力做好来法科技进修人员专业对口的调整工作 [R]. 档案1980/187外事局派管处赴法国留学人员卷。

第五章 中国精英留法的历史背景与政策背景

起中的中国在未来世界发挥的作用越来越突出,出于开拓中国市场,为法国企业培养本土人才的需要,与工业企业界关系密切的法国大学校逐渐将中国作为重点合作国家。十分积极地吸纳中国精英人才,以法国顶尖的工程师学校综合理工学校为例,近年来该校每年接受的100名外国留学生中有20多名都是中国学生,再如曾经拒绝接受中国学生的图卢兹航空学院,如今作为法国航空航天工程师学校集团的一员不仅积极接纳中国学生,还主动到中国天津与中国民航大学合作设立中欧民航学院,在中国本土培养相关人才,与20世纪七八十年代接受中国学生顾虑重重的态度形成了鲜明对比。我们将在下一节中对大学校在中国的一系列精英人才培养项目做更为详细的介绍。

## 第三节 法国接受外国留学生政策的演变[1]

### 一、法国吸引外国留学生的政策演变

法国作为西方高等教育发祥地之一,出现过跨国界、跨文化教育的先驱——巴黎大学,具有悠久的接待外国留学生的传统。早期的巴黎大学就具有国际性,来自欧洲各地的师生普遍采用拉丁文传授知识,用拉丁语进行交谈。第二次世界大战前夕,外国留学生占巴黎大学学生总数的四分之一。

虽然法国一直是接受外国留学生的重要国家之一,但随着第二次世界大战的结束以及遭受两次石油危机的重创,法国的政治、经济地位下降,文化、教育特别是高等教育在世界上的影响也不能与其黄金时代同日而语。特别是20世纪八九十年代以来,美、英、澳等盎格鲁－撒克逊国家采取商业方式大张旗鼓不遗余力对自己的高教资源进行宣传,在国际教育市场上,相对沉默的法国竞争地位明显滞后。从1994年开始,在法留学生数量呈现负增长趋势。针对这种弱势,法教育界、政界、工商界人士纷纷呼吁应采取措施,改变

---

1 本节内容参见:安延.大众与精英之间的选择——法国最新留学政策解读[R],驻法使馆教育处调研.2007;安延.新世纪留学市场中的法国[J],比较教育研究,2003,(5):86—90.

这一状况，发扬法国接受外国留学生的悠久历史传统，提高其在高等教育国际市场上的竞争力。为此，法国政府出台了一系列措施：

（一）制定明确的吸引外国留学生的国家统一政策并进行机构建设

法国政府一直非常重视本民族文化的保护，这是其外交政策的重要组成部分。它将大量资金投入法语教学和法国文化在国外的传播。但在1998年以前，法国政府并未从战略高度上认识到推广法国教育的重要性，所以也并未明确制定出旨在吸收外国留学生的宣传政策和措施。而一贯保守的法国大学凭借自己悠久的历史、深厚的学术传统以及源于法国政府较为充足经费的支持，不屑于用商业方式推销自己。尽管与英、美、澳等国家大学的高昂学费相比，法国大学有很明显的优势，但由于其"营销"上的相对沉默，在国际高等教育市场上的影响力、知名度和吸引力方面，远远不能与英语国家大学相比。从各种版本的世界大学排行榜上法国大学的地位就可以看出这一点。针对这一状况，1998年11月，法国外交部与国民教育、研究、技术部宣布联合专门性机构——法兰西教育署（EDUFRANCE）在海外推广法国教育，加强法国与世界各国的教育与科技交流，协调法国高等教育机构向国外提供的留学项目，并采取相关措施为外国学生赴法国深造创造条件。机构成立后除了加强对外宣传，参加世界各国的教育沙龙和教育展览，介绍法国教育制度和大学之外，还积极促进与重点国家之间的教育合作，采取网络集团化、项目化管理的方式在世界各地招生。如工程师培养项目"n+i"项目就汇集了五十多所法国工程师学校及相关企业的资源，利用网上报名、网上材料评审与面试相结合的方式招生，在国际范围取得了较大的影响。

此外，2003年10月，法国外交部和国民教育、高等教育与科研部还联合成立了一个研究咨询部门，即促进大学生国际交流的国家委员会[1]，专门负责对法国接受外国留学生和法国学生赴外国留学的情况进行分析，对取得成绩和存在不足进行总结，并对进一步推动大学生的国际交流向有关部门提出

---

1 委员会的秘书处即设在"法兰西校园"总部。

政策建议与具体措施建议。委员会开展独立调研,每年向政府提交年度报告,把推动大学生国际流动的政策提升到战略高度。

(二)提高对外国留学生的接待质量

外国留学生在法国的困难表现在注册难、找房难、打工难,这些问题长期得不到解决的根本原因是:法国主管部门分散而且极不协调。与留学事务有关的有如下部门:外交部及其驻外使馆负责制定入境政策及入境签证的签发,教育科研部制定学生交流政策并负责对外签署交流合作协议,国家与地区大学事务中心(CNOUS 与 CROUS)及国际学生事务中心(EGIDE)主管学生食宿、奖学金,还有内政部及各地警署制定居留政策和办理居留手续。所有这些机构从来没有一起坐下来制定外国留学生接待政策或签署有关合作协议,甚至同一部门内部的做法也不统一,为了改变这一局面,2007 年 3 月 7 日,法国外交部和教育部宣布成立"法兰西校园"(CampusFrance),该机构具有公共利益集团的身份,旨在统一管理外国留学人员事务,改善对外国留学人员的接待质量。在教育部和外交部的双重领导下,"法兰西校园"与高等教育机构密切合作,联合负责法国高等教育世界推广的法国教育署(EduFrance)和负责留学生管理、奖学金管理的国际交流接待中心(EGIDE)、国家大学事务中心(CNOUS)、地区大学事务中心(CROUS)等机构所有涉及外国留学生的职能,统一协调信息咨询、择校、注册、签证、住房和升学等所有与外国留学人员有关的工作,从而结束法国目前多部门管理外国留学人员和责任不清的局面,明确各部门的义务与职责,提高透明度,实行一条龙服务,切实解决留学生在物质和行政方面遇到的实际困难。

"法兰西校园"是一个网络式的协调机制,有包括大学和大学校在内的 229 个合作伙伴。在国外,在法国使领馆开设"法兰西校园"分支(espace CampusFrance),作为接待外国留学生的统一窗口,学生可以通过登录"法兰西校园"网站与当地专门经过培训的人员进行直接交流,建立个人材料档案,得到个性化的服务和指导(包括留学的前期准备、查询最新法国高等教育院校和专业目录、制定留学计划、建立数字化的个人材料、申请学校、申请签证等等)。截至 2009 年 1 月,已有 143 个"法兰西校园"分布在亚洲、欧洲、美洲、中东和非洲 80 多个国家。在法国本土,也在各高校和各个地区的大学事务中心(CROUS)开设了"法兰西校园"窗口,解决留学生的生活、学习上的具体问题。

为了提高法国接待外国留学生的质量,2007 年 3 月 7 日,法国外交部、教育部与法国大学校长委员会、大学校校长委员会、国家促进学生流动委员会、法兰西教育署(EduFrance)、国际交流接待中心(EGIDE)及全国大学事务中心(CNOUS)的代表签署了法国政府奖学金生接待质量保证宪章。该宪章制定了 74 项指标,对整个接待过程中外交部、使馆、高校、行政管理单位、奖学金生本人的职责进行了明确的分工,覆盖行前、抵法、留学、回国四个环节。该宪章适用于所有的外国留学生。

(三)积极宣传大学体制和学位制度

法国高等教育体制是典型的双轨制,相对开放、面向大众的综合性大学和相对封闭、针对精英教育的大学校并存。各类高等教育机构所颁发的学位文凭也相当复杂,弄懂整个体制的情况、在这个体制中找到适应自己水平的教育阶段并非易事。法国政府和教育界一方面通过教育展,在法国驻外使馆文化处设立信息点,加大宣传攻势,消除人们对法国教育体制的陌生感;另一方面,拓展高等教育机构的国际交流,建立和国外院校的校际合作关系,在校际协议的框架下吸引外国留学生。法国四所中央学校与中国四所高校(清华大学、西安交通大学、上海交通大学、西南交通大学)开展 4+4 强强合作项目,法方接待中国二年级学生在法国学习两年,回中国继续学习两年后获得中国的硕士文凭和法国的工程师文凭,在有限的时间内拿到两个含金量较高的文凭,同时保证学生学成回国,因此受到中方院校和学生的欢迎。对法方来说,因为中方合作院校质量较高,同时赴法学生亦须参加选拔,故学生质量能得到很好的保证。

继欧盟国家教育部长"波伦尼亚宣言"中确立了欧盟统一的高等教育学制后,法国教育部于 2002 年 4 月 8 日正式颁布第 2002-482 号政令,开始在全法高等教育机构中参照欧盟的"3-5-8"学制,在"学士(3年)-硕士(5年)—博士(8年)"的框架下调整教学培训计划,并引入欧洲学分转换制度(European Credit Transfer System-ECTS)。虽然具有法国特色的各种学位、文凭在短期内不会消失,但外国学生有了较为简单、一目了然的参照体系,不会被复杂的教育体制搞得一头雾水。此政令的颁布也将有利于法国向欧盟教育制度统一的方向迈进,更好地促进欧盟内部的学生流动。

随着这些措施的实施,法国接受外国留学生的情况有了明显的改观。赴法留学学生的数量在短期内有了大幅度的提高,外国学生国籍及地区的分布结构也有所调整。根据法国国民教育部的统计,在法国各类高等教育机构中就读的外国留学生数量从20世纪90年代末开始迅速增加,1998年到2005年期间增长了74.8%,2008年达到266 400名,占全体大学生总数的11.9%。[1]

### 二、法国政府留学生政策取向:吸引精英人才

为了继续增加法国高等教育的竞争力,法国政府对留学生问题的重视提到了前所未有的高度。法国政府自1998年以来采取的一系列政策措施初见成效,与德国并列成为世界上第三大留学生进口国,仅次于美国和英国。

但接待留学生的规模和数量不断增加也给法国带来了一些问题。一方面,有些人以留学生的身份来法后滞留不归,与非法移民为伍,给法国带来了一系列社会问题。另一方面,为了保证大众获得大学教育的权利,法国的公立高等教育一般是免费的,学生只支付较低的注册费,这与英美等国家不同,意味着政府要有大量的财政补贴投入。而当法国对世界敞开其高等教育大门之时,意味着外国留学生同样获得了法国公民接受几乎免费的普通大学教育的权利,意味着不但不可能从外国留学生身上获得很高经济利益,甚至要向外国留学生提供与法国学生同等的各种社会福利和补贴。虽然法国政府曾多次表示,法国接受留学生将不实行学科专业与国籍的配额限制,但实际

---

1 Ministére français de l'éducation nationale (2009). *Repères et références statistiques sur les enseignements, la formation et la recherche*[M], édition 2007, p.172.

上国家经济实力的限制使法国不可能将大笔经费不加区分地投入到外国留学生身上。从表面看,法国对全世界敞开了其高等教育的大门,但究其本质,它不可能是对所有外国人都无条件地欢迎的。

在全球激烈的人才竞争中,法国也希望吸纳优秀人才,采取了许多新的政策措施,正如法国前外交部长所言:"外国留学生中有未来的精英人才,是将来法国领导人的对话伙伴,提高我国高等教育机构的吸引力是提高未来法国发展机遇的重要因素之一。"在知识与创新统领的世界,没有人会忽视这些科技、政治、经济、文化精英所具备的巨大潜力,无论在国际舞台还是回到本国,他们都将承担重要的责任和职位,法国和他们之间建立特殊的关系是对未来最好的投资。从以下几项政策中,我们可以看出法国真正希望接纳的是那些优秀的外国精英人才。

(一)增加法国政府奖学金经费,创立优秀学生奖学金

每年法国外交部发放约 20 000 个法国政府奖学金,共计 1 亿欧元。奖学金生中 44% 来自非洲国家,20% 来自欧洲(其中 2/3 为非欧盟成员国),15% 来自亚太地区国家,13% 来自中东国家,8% 来自美洲国家。

为了补充高技术人才,在世界各国培养最好的文化大使推广法兰西文化和语言,法国将第三阶段的优秀学生作为吸引的重点。法国外交部除了通过驻外使领馆发放法国政府奖学金外,还自 1999 年开始创立了埃菲尔优秀奖学金,主要颁发给工程、法律、政治、经济、管理等专业的硕士层次的留学生,到目前为止共 4 163 名留学生受益,平均每年 400 人。2005 年创立了埃菲尔(Effel)博士奖学金(主要颁发给联合培养的博士生,每年 80 人)、第一名(Major)奖学金(奖励设立在国外的法国学校最优秀生,每年 100 名)、夏尔科(Charcot)奖学金(奖励在法国大学医疗中心从事临床研究的外国学生,每年 21 名)。

以法国在中国的政府奖学金使用为例,过去大量奖学金用于培训法语教师以便扩大中国的法语教学。近年来,大部分奖学金以更加集中的方式用以支持中法高校和科研院所的合作项目,培养博士生或资助进行博士后研究。

第五章 中国精英留法的历史背景与政策背景

(二)设立法国留学中心(CEF),遴选优秀人才

1999年以后大量的中国学生赴法留学,法国政府在兴奋之后,认为一部分中国留学生质量无法得到保证,所以开始把"质量问题"提上议事日程,开设留法审核部,对申请赴法自费留学的中国学生的语言水平和学术资格进行审核,以保证法国对留学生的培养将来能获得最大效益。因此早在2003年,法国驻华使馆就在中国成立了第一家语言与学术评估中心(CELA),对希望赴法留学的中国学生进行审查筛选。2005年,又在驻阿尔及利亚、摩洛哥、突尼斯、塞内加尔和越南各国的领事馆下属设立法国留学中心。经过几年的试点,法国已在包括巴西、美国、印度等国在内的30个国家开设了法国留学中心,其重要功能是向外国大学生介绍法国的高等教育组织、提供信息指导、帮助他们制定学习计划、准备行政手续(注册申请、签证申请、住房申请等等),当然也承担对留学人员进行筛选的任务,留学中心对提出申请的学生的留学动机、学术资格、所学学科和语言水平发表意见,领事馆会遵循中心的意见发放签证。

由此可见,设在驻外使领馆的"法国留学中心"不仅是一个服务机构,同时还是一个筛选和审核机构,通过选拔保证来法留学生的质量,通过选拔吸收精英人才赴法留学,在留学过程中刻上浓重的法国文化烙印,潜移默化地培养"亲法派",以实现法国长远的政治、经济与文化利益。

(三)颁布新移民法,优待外国优秀人才

2006年7月24日颁布的新移民法是自1980年以来对法国移民政策的第十三次改革,过去法国政府忌讳把接纳外国优秀人才与"移民"这个敏感话题联系在一起,而新的移民法打破了这一禁忌,确立了"选择性移民"在法国的合法性。

首先赴法行政手续更加灵活。以往外国留学生来法后办理居住证需向所在地的警察局提出申请,通常要等待几个星期,甚至几个月才能得知申请结果。而根据新移民法的规定,经过法国各驻外使馆的法国留学中心(CEF)的审查并取得三个月以上长期签证的外国留学生赴法后均有权利获得一年期

的居住证。

其次高层次的留学生可以获得工作许可。对于已取得硕士或硕士以上文凭的外国留学生，如果他希望在回国服务之前能获得一些工作经验，可给予六个月的、不可延长的临时居留许可（APS）。六个月后，如果他被聘用或得到聘用承诺，则可以取得临时工作居住证继续留在法国。

此外，对科研人员的居留许可放宽。新移民法规定，持有"科技人员"（scientifique）居住证的研究人员如果得到允许在欧盟其他国家从事科研工作，在经费得到保证的情况下可被允许在法国居留至多三个月。

为简化已持有居住证的大学生和研究人员的行政手续，注册硕士或硕士以上学位的学生及从事科研活动的研究人员在能够保证于一定期限内完成学业或工作的前提下有可能获得最长四年的多年居住证。

新移民法还为实习者和特殊人才创设了两种新的居住证。"实习者"居住证的对象是那些在法国从事在实习协议的框架下进行无工资实习活动的外国人，即使他并不持有长期居住证。特殊人才居住证的对象是那些"具有特殊能力和才能的，可以密切并长期参与法国经济发展或有助于加强法国在知识、文化、科学和体育领域在世界影响的外国人"。

综上所述，不管是对优秀人才提供奖学金，还是在希望赴法留学的外国学生中实行越来越严格的遴选，法国都是在吸引优秀精英人才赴法，而新移民法的出台更标志着法国的留学生政策越来越和"选择性移民"的提法结合在一起。根据经合组织跨境教育理论，跨境教育的学生流动政策有四个政策目标：加强能力建设、增加人力资源、增进国际理解和追求经济利益。法国作为一个高福利的教育发达国家，并未像英国、澳大利亚那样把教育事业当作经济产业，其吸引外国留学生的主要目的也是为了法国的利益吸引和培养更多优秀人才。虽然法国把促进学生流动，增进国际理解作为一个普遍的理念在推广，但种种迹象表明法国政府留学生政策取向是指向精英化的。

### 三、大学校在吸引、培养中国精英人才中的独特作用

独特的精英培养模式使法国大学校在外国精英人才的培养中发挥着不可

## 第五章　中国精英留法的历史背景与政策背景

替代的显著作用。正如前一章所介绍，大学校奉行实用主义的原则，比理想主义色彩浓厚、坚守传统的综合性大学更注意审时度势，对国际人才市场的供求感知更加敏锐，也能够更加迅速地适应时代发展的变化对全球化人才的需求。大学校积极提高自身的国际化水平，注重吸纳外国优秀留学生，培养有扎实的学术功底，有跨文化背景和交往能力，且对法国怀有深厚感情的外国精英人才。1999年以来，获得埃菲尔奖学金的硕士阶段留学生有超过一半都在大学校就读。

除了加强与北美、欧洲国家的传统交流合作之外，大学校非常注重发展与新兴国家的关系。从不同国家留学生的数量增长幅度就可以看出，巴西、俄罗斯、印度、中国等新兴国家是大学校优先发展合作关系的对象。特别是近几年来，随着中国经济腾飞，综合国力迅速增强，法国认为崛起中的中国在未来世界发挥的作用会越来越突出，法国大学校也将中国作为重点合作国家。不管是在与中国高校合作，还是在吸纳培养中国精英人才方面都非常活跃。

通过学生交流项目，大学校接受中国留学生的增长幅度很大，根据大学校委员会的统计数据，在大学校注册的中国学生数量从2001-2002学年的912名增加到2003-2004学年的1619名。[1] 2007年教育部有关高等教育的统计数字表明，2006-2007学年在大学校就读的中国学生数目超过2000名。[2] 在某些著名的大学校，中国学生的数量和表现更是令人刮目相看，可以说最一流，位于金字塔顶端的法国大学校，如巴黎高师、综合理工学校、巴黎政治学院、国家行政学院、巴黎高商等学校都十分重视与中国的关系，并积极吸引招揽中国优秀青年学子。譬如2005年综合理工学校招收的100名外国留学生中，有20多名是中国学生。

中法高等教育体制区别很大，为了保证遴选质量，招收到最优秀的学生，

---

[1] Conférence des Grandes Ecoles（2005）. *Les grandes écoles et l'international*[R], Document de la Conférence des Grandes Ecoles. p.21.

[2] Ministére français de l'éducation nationale（2007）. *Repères et références statistiques sur les enseignements, la formation et la recherche*[M], édition 2007, p. 203.

法国大学校往往采取在中国高校校际交流的框架下录取合作伙伴院校学生的方式。鉴于法国大学校的规模不大，在校生一般在一千人以下，而中国最优秀的大学都是在校生达到几万人的综合性大型高等院校，大学校往往采取集团的形式与中国重点高校进行学生培养方面的合作。四所中央学校与清华大学、上海交大、西安交大、西南交大"4+4"合作项目[1]从1999年就开始运作，巴黎高科与北大、清华等9所大学的"9+9"合作项目[2]则在2000年启动。这两个项目可以说是中国大学与大学校集团合作促进学生流动的先锋。2002年华东师范大学与法国高师集团（巴黎高师、加香高师、里昂高师、文学与人文科学高师）正式启动了联合培养博士研究生项目[3]，进一步提高了此类合作的层次和水平。此外，EDUFRANCE发起的如工程师培养项目"n+i"项目也汇集了50多所法国工程师学校及相关企业的资源，利用网上报名、网上

---

1 1996年底，法国4所中央学校（巴黎、里昂、南特与里尔中央学校）校长代表团访华，与清华大学、上海交大、西安交大、西南交大4所高校确立了"4+4"强强合作关系。双方就联合培养工程师学生、合作科研、举办学术会议等方面开展了卓有成效的合作。在此基础上，1999年双方签订并启动了"4+4"双文凭（中国硕士文凭与法国工程师文凭）联合培养协议。在两国政府的支持和有关企业的参与下，该项目已经招收了9届学生，到目前为止，已有350名中法学生参与了双文凭培养计划。

2 "9+9"项目是中国9所著名大学（北京：清华大学，北京大学，北京农业大学；南京：南京大学，东南大学，南京农业大学；上海：同济大学，复旦大学，上海交通大学）与法国巴黎高科集团的合作项目。项目招收以上高校毕业的理工类背景的优秀中国本科生赴巴黎高科下属的11所顶级工程师大学校留学，这11所学校是：国立高等工程技术学校（Ecole nationale supérieure d'arts et métiers ENSAM）、国立巴黎高等化学学校（Ecole nationale supérieure de chimie de Paris ENSCP）、国立林业、水和环境工程学校（Ecole nationale du génie rural, des eaux et des forêts ENGREF）、国立巴黎高等矿业学校（Ecole nationale supérieure des mines de Paris ENSMP）、巴黎高等理工化工学校（Ecole supérieure de physique et de chimie industrielles de la Ville de Paris ESPCI）、国立桥路学校（Ecole nationale des ponts et chaussées ENPC）、国立高等先进技术学校（Ecole nationale supérieure de techniques avancées ENSTA）、国立高等电信学校（Ecole nationale supérieure des télécommunications ENST）、国立巴黎－格力侬农艺学校（Institut national agronomique Paris-Grignon INA P-G）、综合理工学校（Ecole polytechnique）、国立行政管理与统计学校（Ecole nationale de la Statistique et de l'Administration Economique）。为了扩大与中国教育界的交流与合作，巴黎高科在2000年启动了这一项目。这是巴黎高科近200年来第一次通过与中国著名大学的直接合作，跨越法国学生必经的严格考试，直接接收中国的优秀毕业生。申请人必须得到所在大学的推荐，然后经过由5名法国教授组成的"巴黎高科选拔委员会"的笔试和面试，被录取的同学可申请法国政府、法国企业、法国学校以及中国政府奖学金。

3 巴黎高师与华东师范大学20世纪世纪80年代起就建立了交流关系。华东师范大学2002年正式签署与法国高师集团合作办学的协议。2002年11月，经教育部批准，华东师范大学与法国高师集团（巴黎高师、加香高师、里昂高师、文学与人文科学高师）正式启动了联合培养研究生合作办学项目。双方在数学、物理、化学、欧洲研究和生命科学等领域开始联合培养研究生。在教育部和上海市领导的支持下，这一项目获得了快速发展。

## 第五章 中国精英留法的历史背景与政策背景

材料评审与面试相结合的方式招生,在国际范围取得了较大的影响。

这种以两国大学和大学校集团合作促进学生培养的意义在于:一是紧密结合劳动力市场对有中法两国文化教育背景的高级技术管理人才的需求,得到工业企业界的欢迎,特别是法国企业开拓中国市场非常需要这些法国教育模式培养出来、又懂得两国语言、文化的人才;二是促进中国借鉴法国大学校的人才培养教学模式,提高法国教育理念与模式在中国的影响力;三是促进高层次留学人员的双向流动,加强对未来精英人才的影响,双方在高层次精英人才培养方面的合作将对未来两国政治、经济、文化关系产生长期的积极影响。

正是出于以上意义,中法两国政府认识到对精英培养的投入就是对未来的战略投入,因此对这些大学校和中国大学之间的合作项目给予了大力支持。两国政府不仅给予很多政策上的鼓励,在经费上也给予重点扶持,在合作框架下派出的留学生大部分能够得到中、法政府奖学金或企业提供的奖学金支持,使项目更加具有吸引力。

值得一提的是,鉴于大学校与工业企业界的密切联系,大学校与中国高校的合作也带有很多行业色彩,得到两国工业企业界的大力支持,为中法未来的经贸合作奠定坚实的人才基础。活跃在中国的法国企业不仅为大学生流动提供丰厚的奖学金,在中国市场的投资布局中也考虑到很多教育方面的因素。如航空航天人才的培养得到两国民航局的密切关注和支持,空客380生产装备线之所以选择落户天津也是考虑到位于天津的中国民航大学与法国航空航天大学校集团的合作密切,可以在双方联合培养的高质量人力资源中就近取材。

当然,法国大学校与中国的合作不仅限于学生的交流,而是深化到在中国本土合作设立学校,如北京的中央学校,天津的中欧航空航天工程师学校,上海的中法工程与管理学院(IFCIM),里昂管理学院在华东师范大学设立的分校园,巴黎高科也在酝酿准备成立上海第二所工程师学校。与单纯的学生交流往来相比,合作办学的形式更加符合中国本土的特点与需求,在当地

## 通往精英之路——法国大学校与中国留学生

教学节省了学生的学习成本，因而可以招生规模更大，让更多的中国学生受益。学校的存在也更为稳定，这些学校同时成为母校在中国的基地，更多的法国学生可以来华进行学习或实习，从而促进了中法学生、教师和教学资源的双向交流。

中国学生留法有着悠久的历史，不同时期和背景下的留法学人有着鲜明的时代特色。中法社会经济发展水平的差距造成高等教育发展水平的落差，对留学生的流动产生决定性影响。1960年法国高等教育进入大众化发展阶段时，中国高等教育濒临崩溃；1980年代法国高等教育开始经历第二次大众化高潮时，中国大学方兴未艾，优质高等教育资源极其匮乏，因此七八十年代初掀起了一个中国本科生和研究生公派赴法的小高潮。90年代末，法国高等教育规模趋于平稳，本国学生人数增长停滞甚至开始消退，高教资源出现过剩，需要通过接受外国留学生保持本国的高等教育规模稳定和扩大文化教育影响，而中国学生对高等教育的大众化要求和多样化要求不断提高，加之社会经济的发展和居民可支配收入增加，因而造成了1998年后中国大批自费留学生赴法。

中国以1999年高考扩招为标志正式进入高等教育大众化阶段，高等教育机构分类分工处于摸索阶段，随着国家提出建设创新型国家的目标，对高端人才需求日增。而法国高等教育机构分工明确，大学校与大学以及短期高等职业技术教育机构各司其职。大学校经过上百年的摸索实践，具有较成熟的精英教育模式和传统。这种需求和供给之间的契合又为两国合作培养精英人才提供了必要的条件。

虽然法国大学校接受中国留学生的历史可以追溯到19世纪[1]，但鉴于大学校封闭性和本土化的特点，过去接受外国留学生极其有限，中国学生非常

---

[1] 法国著名汉学家巴斯蒂（Marianne Bastid-Bruguière）梳理回顾了巴黎高师与中国的历史渊源，据她考证，巴黎高师曾于19世纪接纳了两名中国学生，他们是洋务运动中第三批福州船政生林振峰与郑守箴，在学时间为1886至1892年。二人所在一届学生的照片至今保存在巴黎高师的图书馆中。见 BASTID-BRUGUIERE Marianne（2000）. l'Ecole normale supérieure et la Chine [C]. Société des Amis de l'Ecole Normale Supérieure, Bulletin N. 216, avril–mai. pp.4–40.

## 第五章 中国精英留法的历史背景与政策背景

少见。而目前在大学校学习的中国学生数以千计，这个规模可以说创了历史纪录。从中国不同时期留学政策的梳理和法国吸引外国留学生政策的分析中我们也能够看出，近年来，大量中国留学生留学法国大学校并不是一个孤立和偶然的现象，其中除了中国经济发展和国力提高的因素外，主要是两国政府对高端人才培养的政策需求达到交汇点，创造了良好的政策背景。

精英培养领域的合作符合两国的长远利益，因此法国大学校与中国高校的合作得到两国政府支持，有的项目即政府直接牵线搭桥设立起来，两国政府不仅给予很多政策上的大力支持，在经费上也重点扶持。这种有利的宏观政策背景下，我们也就更好理解法国大学校为什么能够吸引越来越多的中国青年才俊，而学生在中法教育场域中流动也不仅仅是出于偶然的因素和个体的动机了。

# 第六章　个体背景与场域变迁

在中法两国政府合作进行精英培养的政策背景下，在法国大学校就学的中国留学生数量迅速增长。根据大学校委员会的统计数据，2001-2002 学年，在大学校注册的中国学生数量为 912 名，2003-2004 学年上升到 1 619 名。[1] 根据法国教育部的统计，2006-2007 学年，在法国大学校就学的中国学生数量超过 2 000 名，成为新的历史纪录。

数字的统计仅能看出规模的变化。而在这些数字后面，每一位中国学生都可能有着各自丰富多彩、激动人心的留学经历与体验。为了了解他们在法国接受精英培养的全过程，从本章起，我们将从宏观层面的历史、制度、政策背景分析过渡到微观层面的观察了解，如中国留学生的个体背景如何，群体特点是什么；他们如何通过地理和社会层面的流动进入法国大学校场域，又是怎样适应和经历这种特殊教育培养过程的；他们在校园社会关系中有什么样的体验和感受，是否能够实现文化和社会融入；大学校这种特殊的精英培养模式对他们影响如何，给他们增添了怎样的附加值，他们的预期走向和未来计划又是什么，等等。

---

1 Conférence des Grandes Ecoles ( 2005 ) . *Les grandes écoles et l'international* [R], Document de la Conférence des Grandes Ecoles.p.21.

# 第六章 个体背景与场域变迁

带着这些问题，从 2005 年 3 月到 2008 年 2 月，我们先后对 22 名在法国大学校就读或刚毕业的中国留学生进行了调查，其中男性 12 人，女性 10 人，年龄在 22 到 36 岁之间。16 人在中国大学本科毕业后即赴法，其余 6 人有 2-9 年的工作经验。他们就读于法国不同类型的公立或私立大学校，包括工程师学校、高等师范学校、政治学校、艺术学校、商校等。为了避免收集的信息过于分散和杂乱无章，我们选择了半开放型的访谈形式。并对每位留学生的访谈情况都做了详细记录并整理成文。为保护受访人隐私，本研究中受访人均用化名。

## 第一节 中国留法学生家庭背景、地理背景、流动经历分析

如前所述，大学校的封闭性引起了越来越多的社会批评。大学校也普遍意识到生源单一化会带来的不良后果，纷纷开辟针对中下阶层的特殊招生渠道，同时还制订积极的国际化战略，扩大招收外国留学生，尤其是来自新兴国家的留学生，从而增加生源的多元化和校园文化的多样性。正是在此背景下，法国大学校里的中国留学生近年来迅速增加。在调查中我们发现，中国留学生给法国大学校带去的不仅仅是文化的异质性，在家庭社会经济背景、地理背景、教育经历、流动经历等各方面，中国留学生与法国学生都有着很大的不同。

### 一、家庭社会背景

在访谈调查中，我们有意识地向受访人提出，希望了解他们的家庭出身和社会经济背景。22 名受访者均对父母职业给予了明确回答。由于中法两国的社会经济发展水平以及社会分层结构差异很大，为了保证可比性，我们采用了法国国家统计所（INSEE）有关社会职业类别的定义和分类标准，并将受访人父母的职业按照上述标准进行了分类。

**受访人父母职业**

| | 父亲职业 | 母亲职业 |
|---|---|---|
| 1 农业经营者 | 1 | 1 |
| 2 手工业者、商人与企业主 | 1 | |
| 3 干部与高级知识性职业 | 12 | 5 |
| 4 中间职业 | 2 | 1 |
| 5 职员 | 3 | 4 |
| 6 工人 | 1 | 6 |
| 7 退休者 | 2 | 4 |
| 8 无业人员 | | 1 |
| 共计 | 22 | 22 |

从上表可以看出，在这个很小的22名中国留法学生组成的样本中，有12名受访者的父亲是干部或从事高级知识性职业，母亲属于这一类别的有5名。母亲中的大部分都有或曾有过稳定的职业，仅有1人是从未工作过的家庭妇女。

在访谈中，大部分受访者认为，相对而言，中国学生的家庭背景更多样化一些。如在综合理工就读的秦自宇说：

　　法国学生的家庭大部分属于较高的社会阶层，如高官或者学术界的，有的polytechnicien（综合理工学校学生）已传承了好几代。中国同学的家庭背景更复杂，纯农民家庭出身的不到三成吧。

（秦自宇，综合理工学校）

与其他人通过对周围同学的观察结果相比，杨晨的亲身经历显然更有说服力。杨晨是访谈对象中唯一出身农民家庭的学生，他的家乡在离湖南长沙100多公里的一个县城，父母都是最普通的农民。他从那儿考上了同济大学。不过他表示说，自己的情况并不孤立。在描述自己的求学经历时，他说：

## 第六章 个体背景与场域变迁

对我的父母来说,留学几乎是不可思议的事情。我读初中时,他们觉得还可以,因为可以考中专,出来当个小学教师也挺好。后来我接着读高中读大学再留学,他们就不太理解了,老实讲家里也没有能力支付我的留学费用。……巴黎高科的中国留学生中有跟我一样家在农村的。当然,大部分留学生还是从大城市来的,父母所受的教育水平也高。来自中小城市和农村的,与来自大城市的家境较好的相比,大概是一半一半吧。

(杨晨,路桥学校)

从这段描述可以看出留学与一个普通中国家庭的遥远距离。可尽管如此,杨晨还是创造了一个在父母和当地人心目中的奇迹。他不但走出了乡村,走出了当地,更走出了中国。这样一种现象的出现,无疑是中国对外开放和社会发展的结果,为普通家庭走向世界提供了意外的机遇。此外,更重要的是,这类学生跳出了法国大学校的传统阶层来源,这种跨国教育也超越了法国大学校进行文化、社会再生产的传统过程,让我们看到跨文化场域教育流动对原有机制的冲击力。

### 二、地理背景与流动经历

从以下表格中可以看到,22名受访人原居住地(18岁入大学之前)分布于中国的11个省或直辖市。其中15人来自中国南方(长江以南的省份),7人来自北方(6人来自直辖市北京和天津,仅1人来自东北);17人来自东部,4人来自中部,1人来自西部的省份[1];9人来自直辖市,3人来自省会城市,10人来自其他地区;18人原来就读的大学在直辖市北京和上海,其余4人所在大学均为省会城市。

仅仅依据一个小规模的受访群体,似乎不太容易说明其居住地的集中

---

[1] 国家在制定经济发展规划时,将沿海地区、少数民族地区和不发达地区划分为东部、中部、西部三大经济带。东部地区包括12个省、市、自治区,它们是:北京、天津、上海、河北、辽宁、江苏、浙江、福建、山东、广东、广西、海南。中部地区包括9个省、自治区,它们是:山西、内蒙古、吉林、黑龙江、安徽、江西、河南、湖北、湖南。西部地区包括10个省、市、自治区,它们是:重庆、四川、贵州、云南、西藏、陕西、甘肃、青海、宁夏、新疆。

性。但我们仍然可以发现，受访人多来自经济比较发达的东部、南部沿海省份城市或直辖市，而且他们读大学本科所在的城市主要集中在北京和上海两个直辖市。

**受访人的地理背景**

| 受访人原居住地（大学之前）所在省市 | 直辖市或省会城市 | 受访人大学所在省市 | 直辖市或省会城市 |
|---|---|---|---|
| 北京 | 4 | 4 | 北京 | 15 | 15 |
| 上海 | 3 | 3 | 上海 | 3 | 3 |
| 天津 | 2 | 2 | | | |
| 四川（自贡） | 1 | | | | |
| 江苏（南京、苏州、常州） | 3 | 1 | 江苏（南京） | 2 | 2 |
| 浙江（绍兴） | 2 | | | | |
| 湖北（襄樊） | 1 | | 湖北（武汉） | 1 | 1 |
| 湖南（长沙、益阳） | 2 | 1 | | | |
| 福建（厦门） | 1 | | | | |
| 广东（惠州、深圳） | 2 | | | | |
| 吉林（长春） | 1 | 1 | | | |
| | | | 江西（南昌） | 1 | 1 |
| 共计 | 22 | 12 | | 22 | 22 |

大部分受访人在留学之前有过异地流动的经历。15人进入大学时离开了原居住地，考入了更大城市的高校，在赴法留学之前至少有4年异地求学独立生活的经历。11人有出国经历，有的是中学或大学期间到法国短期交流，有的是通过学校的交换项目到其他国家学习，有的是境外旅游。留学前有工作经历的几名受访人则有或长或短在国外访问的经历，其中两人曾在非洲国家工作达两年之久。

此外，在22名受访者中，有16人在中国大学本科毕业后即赴法，其他6人分别有2-9年的工作经历，他们中有公务员、外交官、教师、建筑设计师、职员、翻译等。

## 三、分析

通过以上调查统计可以看出,接受访谈的中国留学生大部分来自经济较发达的东南沿海省份,出身于物质和文化条件都比较优越的小康家庭,接受大学本科教育也多在优质高等教育资源相对集中的北京、上海等大城市。尽管如此,与大学校的法国学生相比,中国学生的异质性仍然相对明显,家庭出身、教育背景、地理背景趋于多样化,其地理流动经历、职业经历和社会经验也更加丰富。

这一差异让一些中国学生印象极为深刻。杨晨说:

我进学校的第一感觉就是一个黑人也没有。大多数同学从小就接受较好的教育和艺术文化培养,和普通人的生活有一些差别。在学校里一起活动一起玩的,也基本上是来自相同学校有相同教育背景的学生。

(杨晨,路桥学校)

北大毕业赴法留学的田瑜则敏感地注意到,法国大学校里学生群体的构成,恰恰反映出法国人对"社会等级"很在意。她在分析其中的原因时说:

Ponts(路桥学校)的学生大部分出身很好的家庭,通过他们的穿着、言谈举止就能感觉出来。……法国人的等级观念很重,中产家庭和中产家庭交往,他们的孩子交友也一样。进入大学校的学生,他们的父母可能都是从大学校毕业的,从一个阶层到另一个阶层比中国还要困难。总之他们很讲出身,一方面看家庭,一方面看学校。中国学生可以通过高考改变命运,大学(包括北大这样的国内一流大学)里各种人都有,比较多,比较杂。这可能和国家发展阶段有关。法国已发展了很多年,早就趋于稳定了。中国刚刚进入上升时期,人那么多,地方差异那么大,什么事情到了中国都会很复杂。

(田瑜,路桥学校)

事实上,在法国大学校这样的教育机构折射出的社会等级观念,无疑会给向往法国"平等"理想的中国留学生留下深刻的印象。中国传统社会虽然等级森严,但近代中国社会冲突动荡不断,社会成员在社会等级序列中的地位改变频繁。新中国成立后,原来的社会阶层结构被彻底颠覆。改革开放30多年来,受教育程度越来越成为社会成员争取社会地位的关键因素,阶层流动趋于开放、频繁。高考成为实现向中上阶层流动的重要途径。而教育机构尤其是高等教育机构,逐渐成为缩小阶层差异和促进社会分配均等化的重要工具。中国没有专门培养精英的大学,北大清华似乎具备这样的功能,但并没有严格意义上的划分。在中国的大学校园中,大学生们早已习惯身边有来自五湖四海和社会各个阶层的同龄人。

　　而法国随着社会经济长期成熟稳定的发展,社会阶层之间的垂直流动趋于减缓,占据统治地位的阶层为了保护自己的利益,在关键场域的权力争夺中取得了绝对优势,其中包括教育场域。布迪厄认为,在一个社会的发展过程中,教育机构不仅具有一般意义上的教化和传授知识的功能,它还是重新调整和配置个体(乃至家庭、阶层)的文化资本的过程,能够对文化资本的再生产起到关键乃至决定性作用,从而对社会空间结构的再生产施加重大影响。故此,教育机构尤其是那些具有核心意义的精英型的教育机构,"就成了人们为了垄断霸权位置而进行争夺的关键(un enjeu central des luttes pour le monopole des positions dominantes)"[1]。"教育再生产通过文化再生产实现了社会再生产的功能,也就是说,再生产了社会阶级关系,强化了——而不是消除了——文化资本的不平等分配。由此,教育系统将现存秩序合法化"[2]。

　　20世纪80年代以来,高等教育大众化导致综合性大学文凭贬值,而随

---

1　BOURDIEU Pierre(1989). *La noblesse d'état – grandes écoles et esprit de corps* [M]. Paris: Les éditions de Minuit, p.13. 中译文见 P. 布尔迪厄. 国家精英 [M]. 杨亚平译. 北京: 商务印书馆, 2004: 9.
2　朱国华. 权力的文化逻辑 [M]. 上海: 上海三联书店, 2004: 88–89.

## 第六章　个体背景与场域变迁

着法国经济增长放缓，就业市场的竞争愈加激烈。与一般的大学毕业生相比，劳动就业市场更加青睐经过严格遴选的大学校毕业生，其文凭含金量和教育吸引力进一步增强。进入大学校就相当于走上了一条通往成功的道路。大学校特别是知名大学校的毕业生更是拥有众多特权，往往一毕业就占据行政、经济、政治领域的重要岗位。大学校毕业生的成功表现，使得社会统治阶层和既得利益集团不愿放弃大学校这个实现社会地位提升的有效途径。

由于对学生实行才智与社会层面的双重遴选，法国大学校的学生家庭阶层趋于单一，接受精英教育的机会被社会精英阶层所把持，社会精英阶层的子女得以继续把持统治地位。大学校制度逐渐背离了原来的使命，不仅没有成为社会阶层流动和大众阶层社会地位提升（ascention sociale）的助推器，反而成为精英阶层进行社会再生产，使其统治地位合法化的工具。大学校的过于封闭不仅引起了越来越多的社会批评，而且其成员的同质性也不利于一个多元社会进步和发展的需求，影响了与社会阶层的互动。帕累托认为，统治阶级不仅要在数量上，更要在素质上由各个阶级的优秀分子重新构建，才能带来活力与朝气。如果精英循环缓慢或停止，就会影响社会平衡。大学校自身逐渐意识到了这一点，开始重视社会阶层的异质性和多样性，强调向社会各界和国际开放，主动采取措施进行自我调整。

就是在这个背景下，中国学生加入了法国大学校的学生群体。他们的加入，为单一的法国大学校校园带来了更多的异质性。这不仅仅是文化层面的异质性，留学生的家庭出身、流动经历和职业背景还带来了不同的视野、思考方式和价值观影响，为法国学生提供了接触世界、思想碰撞的机会，从而为培养国际型人才打下了基础。因此，对法国大学校来说，包括中国学生在内的外国留学生的到来，就好像为一个过于单一趋于固化保守的机制引入了新鲜元素，使其获得了新的活力，无论学生还是机构本身都从中受益。

从另一个角度来看，虽然法国大学校学生群体的单一性给中国学生带来了一定的心理冲击，但研究中我们发现，大部分受访人表示不会特别在意。他们认为重要的是自己的能力和水平，自我奋斗比家庭背景更为重要。正如以下这段话所展示的那样：

> 在法国这样一个社会福利比较好的国家，即使出身不好、经济条件不好，也有各种各样的补助，没有让人特别拼命努力的动力。但我的中国同学中有从农村里出来的女孩，你可以感受到她向上的动力特别强。这和中国的社会保障远不及法国有关。在国内，如果不努力，可能吃饭都成问题。而在这边，人们心态平和，不是那么有上进心，中国的学生可能更有上进心。
>
> （田瑜，路桥学校）

对中国留学生来说，不同的文化背景和社会阶层背景，可能会对融入法国大学校的生活带来一定的负面影响，但从另一方面来看，丰富的经历是人生的财富，也是精英培养的一部分。他们会更加珍惜进入大学校接受教育的机会，比法国学生表现出更强的"上进心"和更强烈的成功愿望。

## 第二节 中国学生的留法动机

通过上文的介绍，我们已经了解了法国高等教育的双轨制度，大学校在法国精英培养中的主导地位，以及大学校的独特性和多样性、传统积淀和改革发展趋势。近年来，随着高等教育国际化水平的不断提高，法国大学校也越来越注重在国际上宣传自己。但尽管如此，它们在中国的影响还是不大。

在对中国学生的访谈中，我们注意到，受访人对于法国大学校教育制度的认识相当有限。除有专业法语学习背景的学生表示"有所了解"或"知道一些"之外，大多受访人表示"从未接触过"或"印象很模糊"，不像对美国高等教育和大学那样耳熟能详。对所要就读的学校和有关文凭，大多是留学前通过老师、朋友、同学进行了解，或只知道名气大小，并不了解具体情况，掌握的信息极其有限。通过季康的叙述可以发现，相当一部分中国留学生赴

## 第六章　个体背景与场域变迁

法前,对法国大学校几乎不了解:

> 刚开始时,我对大学校完全不了解。法国的大学校,哪怕是一流的大学校,在国内的影响也很小。一说起法国,大家都只知道巴黎大学,根本不知道综合理工和巴黎矿校[1]。尤其是矿校这个名字,大家一听就以为是搞矿业的,其实根本不是这么回事。我对巴黎中央学校也是通过同学介绍才了解的。那个同学早来两年,我通过他才知道工程师文凭在法国挺值钱的,和国内的工程师不一样。
>
> (季康,巴黎中央学校)

对于很多中国留学生来说,最初进入法国大学校学习,纯属误打误撞、无心插柳。季康提出了一个非常重要的观点,即概念的跨文化差异,也就是说,在不同的语境中,一些看似相近的概念其实有着天壤之别。比如"大学校(Grande Ecole)"这一概念,在法国语境里指远远强过综合性大学的精英培养机构。但在汉语语境里理解的话,则完全不会引起中国学生的关注。有人还将其翻译为"高等专科学校"或"高等专业学校",更容易与国内的高等职业教育或高等专科教育机构相混淆。

在20世纪七八十年代改革开放初期,中国的留学人员以国家公派为主,机会少且资源极为有限,许多留法学生从进入大学到获得留学资格再到选派赴法,主要是被单位组织选择被动赴法,可供选择的机会不多,机遇性也很强,有时甚至颇具戏剧性。而我们通过访谈发现,如今留学法国大学校的中国学生更多是在权衡利弊后做出的一种主动选择。那么,在对法国大学校缺乏了解的情况下,是什么因素促使这些中国学生离开自己的亲人和故土,脱

---

[1] 巴黎矿校即国立巴黎高等矿业学校(École nationale supérieure des mines de Paris),是法国最著名的工程师学校之一,创办于1783年采矿业还属于最典型的高科技工业的时代,旨在培养"矿业人才的领袖"。然而随着岁月流逝、科技进步和社会转型,它培养矿业工程师的初衷逐渐演变,成为一所培养"通用型"(généraliste)工程师的多学科交叉的学校。见 http://zh.wikipedia.org/wiki/。

离熟悉的社会关系网络，主动选择到一个陌生的国度，在一个陌生的教育体制下继续完成学业呢？

对于人才在国际间流动或人才外流的现象，学者们曾尝试从国际、社会、民族、个人，亦或政治、经济、文化、心理等角度加以解释。20世纪六七十年代，以李（E.S.Lee）为代表的社会人口学家提出了一套人口迁移推拉理论。李认为，人口流动主要是四种因素综合作用的结果，即原住地因素、目的地因素、中间障碍因素和移民的个人因素。我们试运用推拉理论的模式来分析这个问题。

### 一、原住地因素

根据推拉理论的模式，原住地因素属于负因素，是留学动机中推的力量。在我们的调查中，受访人提到的留学原因主要有以下几点：

——国内本科生就业前景不好。由于中国高等教育向大众化发展，本科文凭贬值，大学毕业生不能完全就业。即使是名牌大学毕业生，能否只凭本科文凭找到待遇满意、发展潜力大的工作，很多人也显得信心不足。而海外留学可以取得层次更高、含金量更高的文凭，有利于以后的就业。

——考研竞争激烈，且教育质量普遍不高。本科毕业后，除了就业，还有一个选择就是读研究生。但很多受访人认为，国内研究生教育质量不高、竞争过于激烈、专业选择少，所以干脆放弃在国内读研而转向国外深造。

我当时没有想考研，有一些朋友在准备考研，觉得他们很辛苦，从早到晚都在教室里学习。我帮他们复印过资料，了解到真的是太辛苦了。在北大这样的好大学，要考上好的专业的研究生是相当难的，60%的名额都已经内定保送了。我们系这一届的同学有一半考研，四分之一找工作，四分之一出国。考研的基本上是考本校本专业，而出国可以申请很多学校，还可以改专业，选择度更大。可以说比起出国，考研的竞争更激烈，更辛苦。再说，我们学校有些研究生实在不怎么样。

（彭飞，国立高等先进技术学校）

## 第六章 个体背景与场域变迁

——受国内社会经济发展程度的限制，专业行业发展不规范或工作前景不乐观，也使得一些已有稳定工作的受访人选择留学深造。

大学毕业后，我到某省邮电规划设计院工作。其实，在国内当建筑师还是挺舒服的，但这个行业的现状有一些叫我很失望的东西。由于经济政治因素的制约，这个行业的规则不太完善，许多管理审查程序把人的创造力都束缚住了，作为一个建筑师不能最大限度地发挥能力。而且，我觉得一个建筑师最重要的是要有自豪感，但我却有一种挫折感，觉得自己没有尽到心力，想改变一下这种状况。我一直没有放弃读书的理想，想继续深造，但在原来的学校已经读了五年，再说国内读书氛围也不好，不能完全静下心来，所以就咬咬牙，出来见识一下。

（凌岚，雷恩建筑师学校）

通过以上的叙述，我们可以看出，当代中国改革与发展过程中的多重因素制约着原住地推力作用的综合形成。具体来说，至少包括以下三个层面，一是因高等教育体制变革而导致的整体培养质量下滑和就业竞争加剧。随着中国经济的进一步发展，以高等教育大众化为主导的改革势在必行，一方面使得大量青年人获得了接受大学教育的机会，另一方面又不可避免地导致大学毕业生数量增加、文凭贬值这一问题的出现。为了应对本科学历贬值的现实，在就业市场竞争中领先，人们所采取的策略就是去接受更多更好的教育，追求更高更好的文凭。但在高等教育扩招的大背景下，研究生教育也出现了发展迅猛但整体培养质量下滑的趋势，竞争变得益发激烈，而整体培养质量却不令人满意；二是我国的经济形势和由此带来的就业难。就业难虽然由"僧多粥少"引起，但说到底仍是经济发展所创造的就业机会不足的问题；三是社会制度的不完善所造成的。这是中国传统体制造成的长期问题，非一朝一夕可以解决。在受访人的叙述中，我们也应当看到，没有一个完全单向因素的强势作用力，各种因素往往联系在一起而形成合力作用。譬如在谈到国内行业规则不完备这一因素时,同时就会出现国外的拉力因素。

## 二、目的地因素

目的地因素属于正因素,构成了人才流动中拉的力量。吸引受访人到法国大学校留学的目的地因素包括以下几点:

### (一)法国语言、文化的魅力

首先,语言是很重要的因素。在我们所采访的留法学生中,文科生大多有学习法国语言的基础。学习一个国家的语言,就像打开了一扇窗户,有了了解这个国家的更多的便利和愿望。他们认为学了法语,到法国留学就成了自然而然的选择。在我们采访的工科生中,仅有1人曾在中学时代系统地学习法语。她表示,语言是她选择到法国留学的重要推动力:

我到法国留学的第一个原因是比较没有语言障碍。我是上外附中的,从初中开始第一外语就是法语。上大学后我有时还去法语系旁听法语课。因为当时学习压力挺大,所以我也不是一定要继续学法语,只是保持原有水平不下降。……因为学法语的关系,我对到法国留学的项目一直挺关心,对这方面的消息也零零碎碎地一直关注着。大二下学期,巴黎高科在北大有一个宣讲会,当时我就知道了这个项目,觉得比较好,符合我的想法,就一直关注着。到大四时,我参加了这个项目的考试。因为从初中就开始学法语,对面试什么的帮助挺大。如果我不会法语,也许就不会来了……

(田瑜,路桥学校)

即使从未学习过法语,工科背景的受访人也认为,在大多数人掌握英语的情况下,如果能讲一口流利的法语,就具备了别人没有的一个优势,也就多了一个机会,双语的竞争力无疑更强一些。而且比起其他小语种,法语的应用也更加广泛。如果在法国和其他小语种国家之间做选择,自然会选择法国。

## 第六章 个体背景与场域变迁

其次，法国在文化方面的魅力。不少受访人表示，中国的年轻人对美国文化比较熟悉，而法国是欧洲文化的代表，到法国留学可以开阔眼界，看看欧洲文化是怎么样的。而且，法国在数学、建筑、艺术等方面的特色、声望与优势，也是非常有吸引力的。

（二）法国大学校有特色，声望高，且学制短，文凭价值高，就业有保障

很多受访人表示，选择法国大学校是因为大学校的教学质量高，文凭含金量高，与企业联系紧密，在就业市场上很受欢迎。近年来，法国的大学校也越来越注意宣传自己。一些著名的大学校，如巴黎高科集团、巴黎政治学院等，都在中国设立了代表处，在合作院校定期举办宣传会，积极向中国高校介绍留学项目和集团院校的情况。这些宣传策略开始显出成效，法国最著名的大学校在中国高校的知名度不断提升。就读于国家行政学院、巴黎政治学院、综合理工学校、巴黎高师等学校的受访人均表示，选择这些院校，就是因为它们的国际声望，它们都是法国最顶尖的著名院校。

此外，受访者也承认，他们选择到法国留学，与法国工程师学校学制较短也有关系。这一点，特别对女生影响很大。我们采访的几位女生都表示，希望留学时间不要太长，以免耽误以后的婚姻家庭。与男生相比，她们在时间上更有紧迫感，希望个人生活和学业事业能够平衡发展。杨晨算了这么一笔账："法国工程师学校一般学制两年，而到美国主要是做研究，读博士需要5年……所以去美国的大部分是男生，多半是读计算机或化学专业的，女生读工科的本来就少，纯理科搞研究的更少。我们一个班25个人，女生很少。如果她们选择留学，也大多会选欧洲而不是美国。本科毕业已经22岁，再读5年时间确实太长了。女生当然需要考虑是否要花这么长时间来读书。而到法国只需两到三年的培训，可能更好一些。"虽然求学不应该计较功利，但海外求学需要支付的成本非常高昂，使得学生们不得不考虑"投入产出"的比例。所以，这样一种比较视域里的西方大国教育制度差异及其选择可能就体现出来了。至于女生基于更为现实的生存和发展的考虑，也是可以理解的。

（三）留学成本较低

与英美澳等国家相比，法国的学费还是比较低廉的。不管是大学还是大学校，对本国学生和留学生都一视同仁，采取统一的收费制度，并享受房屋、交通、医疗等各种补助。在最优秀的工程师学校，每年注册费不过四五百欧元，有的学校（如巴黎政治学院）还可以根据学生家庭收入减免学费。商校学费相对贵一些，但"性价比也很高"。我们采访的22名留学生中，15人有奖学金，再加上到企业实习的工资，基本上没有经济负担，可以衣食无忧地全身心投入学业之中。

从以上叙述中，我们可以看到拉力因素的作用非常之多，好像法国在方方面面都可以成为中国学生的理想选择目标，但实际上也不尽然。譬如语言问题，一方面我们承认，对于有法语学习经验和优势的学生来说，留学法国自然有吸引力；但从另一个方面来说，法语毕竟不是中国学生的第一外语，普及程度不会太高，学习难度比英语更大，所以对一个普通中国学生来说，如果要选择法国，法语本身就是一个难点和阻力。法国大学校制度虽然是一种精英教育的成功方式，但一般来说，中国学生不太容易了解法国大学校体制的特点，更谈不上在留法之前就深入了解这种特殊的高教体制。所以应该承认的是，外力的拉力作用并非绝对有效，还得通过内力的推动和中间因素的共同作用才能产生影响。

**三、中间障碍因素**

在访谈中我们注意到，有专业法语学习背景的受访人，特别是文科背景的学生通常会很快明确将法国作为留学目的国，而大部分工科学生在临近毕业准备材料时，往往会同时申请美国的学校，法国并不一定是他们的第一志愿目的国。他们更理想的留学地是英美国家，特别是美国。是什么因素促使他们最终选择了法国呢？

在22名受访者中，有20名是2002年以后赴法的，在谈到留法动机时，很多学生提到了"9·11"事件。很明显，"9·11"事件后，美国加强了对外国人出入境的管理，对外国留学生的监控更加严密，对留学签证的审核也更

## 第六章 个体背景与场域变迁

加严格。从 2002 年开始,美国政府公布了高科技敏感领域,限制外国人在这些领域学习和工作。[1] 赴美留学签证政策收紧,竞争激烈,对敏感学科的监控使热门专业更难申请到签证,更不用说还要申请奖学金。相比之下,在法国读书可以选择更好的专业,获得奖学金的概率也更大一些。所以,经过一番比较权衡后,这些中间障碍因素最后促使他们放弃其他国家而选择了法国。

我们的具体研究对象虽然是中国留法学生,但实际上不可能将问题只局限于中法双边视域之内。在对这个因素的分析中,我们有必要引入比较全面的维度,即全球化时代整体场域的作用。因为在一个全球化的时代,尤其是文化全球化的时代,整个世界场域是相通的。就此而言,对国际留学教育市场的承认和关注是必要的。在这样的背景下,我们可以更好地理解中国当代学生留学选择的整体考量。虽然美国作为世界霸权国和唯一的超级大国,在高等教育和学术方面仍旧占据中心位置,但高等教育留学市场竞争非常激烈,不仅澳大利亚等国将留学作为国家对外贸易的重要方面,欧洲传统强国(如英、法、德等)也很看重背后蕴藏的文化政治意义。欧洲的高等教育一体化进程不断推进,有力地促进了国际学生的流动。同时像法国这样的国家始终保持其特色,如法国大学校表现出不可忽视的吸引力,因此其竞争优势也在不断变化之中。

### 四、个人因素

通过访谈我们发现,个人因素的作用也是不可低估的。个人因素主要包括以下几点:

#### (一)家庭支持

我们的访谈对象大部分是独生子女,他们的父母并没有留学经历。很多受访人被问及父母对他们留学的态度时,用了"高兴""荣耀"这样的词。特

---

[1] 美国国际教育协会年度报告显示,2002-2003 年,中国大陆赴美留学人数增速放缓,在美国留学总人数为 64 757 人,较上年仅增长 2%。此外,2002 年 5 月,美国政府公布了 16 个高科技敏感领域,限制外国人在这些领域学习和工作,为此,联邦政府成立联合小组,重点监控 16 种敏感学科的海外交流计划,包括宇航、生物技术、机器人和先进电脑技术等,稽查重点是中国、俄罗斯和印度。见王文华.美政策变化对在美留学生产生影响[J].神州学人,2003,(7).

别是身为高知、教师、干部的父母，倾向于认为在全球化的时代，应该鼓励孩子多出去走走，有的还在经费上"鼎力支持"。

（二）社会关系圈子的影响

周围老师、同学和校友的影响也很重要。很多受访人最终选择赴法留学，就是受到了老师的影响。这些老师通常也有留法背景和经历，与法国院校保持密切的学术往来，很多学生或听从他们的建议，或直接被导师推荐到法国院校读书。我们的访谈对象中有 6 名清华的学生，其中 4 名在巴黎高师和综合理工学校就读。他们不约而同地都提到清华大学数学系文志英老师对他们留法的决定性影响：

都说清华是美国的预备学校，但实际上各个专业并不一样，像生物学的毕业生 80% 都出国了，数学系出国的传统上就很少。我本来没打算出国，是我的导师文老师推荐我到法国来的。文老师是巴黎十一大博士毕业的，现在在法国还有很多联系。因为法国的数学很强，他推荐了很多学生来法国读书。以前一般都推荐到巴黎高师，这一年不知怎么想到 X（综合理工学校）。有系主任推荐，我就来了。

（韩超，综合理工学校）

曾在法国大学校学习的校友也会发挥很重要的作用。除了直接的影响之外，他们通常还是可靠的信息来源和咨询对象。不少受访人提到，之所以产生到法国留学的想法，是因为师兄或师姐曾在某所学校学习过。

我到 X（综合理工学校）主要是受一个师兄的影响，他也是从 X 毕业的。学校之间的差异很大，网上的材料又看不清楚，没什么用。只有通过师兄，才能深入了解其中真正的情况。没在里面读过书的话，好多东西都不会知道。

（曾英林，综合理工学校）

以上材料说明,在留学过程中,信息的获取和渠道的适当,是促成留学可行性的关键因素。按理来说,清华大学学生赴美留学是主流,因为这所大学本身有着非常强烈的美国背景,最初就是通过美国退还的庚子赔款创办的。但因为老师、同学这样一些可靠、可信甚至可以依赖的因素,促使一些学生选择了留学法国。这些通过内部获取的实质性的可靠信息,可以被认为是这些学生做出留法选择的关键因素。

(三)性格因素

在22名受访人中,有15人上大学时离开了原居住地,考入其他城市的高校,在赴法留学之前至少有4年异地求学独立生活的经历。11名受访者有长期或短期出国的经历,表现出对异国文化、流动和旅行的极大兴趣,有好奇心和冒险精神,不愿在一个地方待的时间过长,希望到新的学校、新的城市甚至新的国家扩大自己的社会圈子和增长阅历,"看看外面的世界是怎样的"。肖君说:"我家在厦门,高考时可以考厦大,读一个好专业,毕业以后在厦门发展,也方便照顾爸妈。但是我跟爸妈讲,还是想出去走走看看,不想憋在小地方,没意思,所以考去了上海。上大学时从厦门到上海,与原来的环境完全不同,眼界宽阔了很多。如果到别的国家,视野还会扩大,所以还是需要到其他国家看看。当时选择出国留学也符合我的性格。"看来,远渡重洋的因子,早在肖君高中毕业之际就已经埋下了。离开父母,既是一种挑战,也是一种机遇的创造。从地方中心到全国中心再到欧洲中心,肖君完成的长途跋涉,其实也反映了她的生性(habitus)制约。而这种生性,是理解一个个体发展的某种核心部分。

## 第三节 中国学生的场域变迁

如前文所述,法国的综合性大学主要承担高等教育大众化的任务,大学校则保持小规模的精英教育模式。相对于综合性大学的"开放",大学校是一个"封闭的"世界,严格苛刻的遴选成为大学校入学必不可少且不能动摇的原则。在寻求国际化发展的同时,法国大学校并未对外国留学生降低门槛。

中国留学生虽然没有经过法国大学校传统的选拔渠道——预科班，但在他们所经历的教育过程中，竞争压力丝毫不亚于预科班。在从中国教育场域到法国大学校教育场域的变迁过程中，他们也经历了严格的遴选。

## 一、中国学生的教育经历

### （一）中等教育背景

法国的高中毕业生要通过竞争和选拔才能进入预科班，然后经过预科班两年甚至两年以上的苦学和准备，才能参加大学校入学考试。中国学生表面上只经历了高考这一个层次的遴选，但事实上，中国优质基础教育资源的集中，意味着学生从初中甚至小学就面临着一轮又一轮严格的选拔。在我们的研究中，所有受访者都是在原居住地接受的中等教育。在高考时，15名参加理科考试，6名参加文科考试，1名是艺术类考生。大部分人在中学阶段学习英语。实际上除了少数外国语学校或外语类大学的附中，一般中学都不具备系统学习法语的条件。只有1人因就读于外国语大学附中，才能从初中开始系统学习法语。"上海除了上外附中之外，像劲才、光明中学也开二外——法语课，是前几年刚开设的。附中的法语课已经有较长历史了，高中毕业时的法语水平，是一般大学法语专业二三年级的水平。上外附中选拔很严格，把初中的申请名额分给各个学校，从大约1 000名学生中选120名左右"。（田瑜）显然，这样一种中学层次的外语教育（不仅是法语）状况，对未来中国留学生走向世界时国别选择的"多彩多姿"，具有很大程度的制约作用。而且，我们的受访对象大部分就读于居住地的重点中学，有的是当地最好的中学。他们中有的得过奥林匹克数学或物理竞赛奖，有的被直接保送名牌大学，用受访人的话来形容，"在高中时代都是头戴光环的那种感觉"（田瑜）。不管是在外国语学校还是其他类型的重点中学，不管是来自北京上海还是外省的乡村，我们的受访人都在从小学、初中到高中的整个基础教育阶段，经历了重重选拔考试，是中国应试基础教育的胜出者。

### （二）大学教育背景

22位受访者在赴法前，几乎都在国内完成了至少4年的完整的本科教

第六章 个体背景与场域变迁

育[1]。他们就读的高校,都是高考中一本录取或提前录取的全国重点大学。攻读工程师学位的12名学生在国内就读一流的综合性大学,原来所学专业包括物理、数学、基础科学、土木工程、电子、环境科学、建筑学等,除1名外语学院附中毕业生外,其他人都没有学过法语。攻读商校或在IEP就读人文社会科学专业的8名受访者中,7人在外语类院校完成大学本科学业,其中6人为法语专业毕业,1人为英语专业毕业。

## 二、利用校际合作关系,通过学生所在学校保证学生质量

虽然国际化趋势要求法国大学校提升自身的国际影响,采取措施努力吸引优秀的外国留学生,但要保证学生质量,就不可能大规模对外招生。在校生动辄数万的中国大学对于仅有几百人的法国大学校来说,规模太大了。鉴于大学校传统的小规模和严格录取的原则,通过合作项目招取外国学生是比较稳妥有效的方式。合作项目对候选人的学校、单位都有所要求,有一套比较严格的遴选程序,通常是某个院校集团内部的学生或某些单位的人员才有资格报考,或必须经学校或单位推荐,再经双方组织的严格考试进行筛选,在经费上通常有奖学金的保证。

在22名受访人中,12人是通过合作项目赴法国大学校深造的。其中有政府合作项目,如法国国家行政学院项目。这一项目已经运行多年,由中国人事部统一推荐选派和管理,法国驻华使馆组织考试,录取人员可以获得法国政府奖学金,并以中国国家公派留学生的身份赴国家行政学院学习。该项目专门面向政府公务员,入选者大部分是外交部的干部,不属于普通的学生交流项目,而具有很强的政治意义。前任中国驻法国大使孔泉就是1984年赴国家行政学院进修的第一位中国学生。

除了政府项目之外,更多受访人是通过校际合作项目来法的。在工程师学校攻读工程师文凭的10名学生中,9人是通过如巴黎高科集团与中国9

---

[1] 只有在巴黎高师就读的一名学生没有拿到国内大学的本科毕业证就赴法留学,因为高师在国外只招收二年级学生。

所大学的合作项目（即"9+9"项目）赴法留学的。肖君在访谈中，详细描述了她是如何被这个旨在共同培养工程师的项目吸引赴法的：

  我是通过巴黎高科项目过来的。记得大四时，班主任开会说外事处有这么一个项目，你们可以报名。我在复旦 BBS 上寻找以前走过这个项目的人，向他们咨询。前几届的师兄师姐还有这边的老师，已慢慢形成一个体系，老生可以向新生介绍情况。……ENGREF（国立林业、水和环境工程学校）的情况比较特殊，很少招中国学生，每年只招一两个，以前也没有在复旦招过。要是没有这个项目，我是肯定不会到这个学校来的。我们那一届来了 70 多人，复旦就有 10 个。当时很忐忑不安，现在和其他学校的同学沟通交流多起来了，也知道一些情况了。同济大学通过这个项目来法国的学生最多，他们和法国、德国合作这个项目的时间很长，已经成体系有规模了。这个项目也叫"9+9"，其实在法国已经有 11 所学校，国内还是 9 所大学，定向性很强，只在这 9 所大学的几个专业招生，主要是为了保证学生质量，慢慢地就形成了一个传承体系，师兄师姐可以给下面的新生提供一些经验、看法、建议。

（肖君，国家林业、水和环境工程学校）

  巴黎高科项目于 2000 年开始运作时，吸引力并不大，因为当时国内了解法国大学校教育的人寥寥无几。在启动的第一年，仅有十几名中国学生被录取，其中还有几人最后放弃大学校优厚的奖学金改赴美国。这一情况刺激了巴黎高科成员校最高管理层，在接下来的几年里逐渐加大了对中国的宣传力度。由于中国学生在巴黎高科各大工程研究生学校中的优良表现和优异成绩，"50 名中国工程师"项目受到了中法两国政府和企业界的充分肯定。同时，随着巴黎高科自我宣传力度的增大、中国留学生数量的增加以及口耳相传的影响，巴黎高科在中国优秀大学生中开始有了一定的名气，成为中国优秀毕业生留学深造的又一重要目标，其有限招生名额的竞争程度逐年递增。

## 第六章 个体背景与场域变迁

目前每年招生人数已上升至 70 人左右。

类似巴黎高科的合作项目还有中央学校"4+4"项目、UT-INSA 项目、N+i 工程师项目等，均采用网络招生和管理的模式。这些项目的成功运作与双方政府的积极推动有较大关系，通过这些项目被录取的学生都能申请到中国或法国政府的奖学金。

**三、通过考试实施对个体的遴选**

中国留学生来法的渠道无外乎以下几种：商业中介、政府或校际合作项目、自行联系。在对法国高等教育制度不甚了解且尚未熟练掌握法语的情况下，相当一部分自费留学生，特别是在大学、语言学校及私立学校就读的中国留学生通过商业中介公司的渠道来法留学。相比之下，通过中介来到法国大学校就读的学生非常少。在我们采访的 22 人中，有 9 人是自行联系赴法的，仅有 1 人是通过中介公司来法的。但不管通过项目还是自己联系，进入大学校的学生都要经过严格的遴选考试。

一些著名的大学校（如国家行政学院、巴黎政治学院等）开始独立在华组织专门的考试，一般由法国驻华使馆或总领馆组织，由该校在中国工作的校友充当临时考官。工程师学校和商校则多采用联考的形式。著名的五校联考是由法国 5 所顶尖商校[1]联合发起的，从 20 世纪 90 年代初开始登陆中国大陆。五校联考由巴黎工商会负责组织协调，规模比较大，面向社会招生，对考生原所在学校没有什么要求。以 4 所中央学校和巴黎高科为代表的工程师学校集团从 1999 年开始组织专门面向中国学生的考试，每年定期派出一个考试团，在合作院校所在的几个城市巡回访问。

校际交流项目下的学生首先要经过原所在学校或单位的选拔，学校根据学生成绩和各方面表现推荐他们认为合适的人选。

---

1 五所商校为：HEC（每年招收中国学生 10 人左右）、ESCP（每年招收中国学生 20 人左右）、EM-Lyon（每年招收中国学生 20 人左右）、CERAM 与 ESSEC，其中 ESSEC2004 年后开始单独招生。

2004年9月底10月初，可能是国庆长假的那几天，网站上发布了这个项目的通知。这个项目要求学校推荐，学校会推荐大部分上海的可以保研的学生。但为了不影响研究生的录取，学校会让你选择，要么报这个项目，要么保研，一般是学习成绩各专业排名前5%的人才能报这个项目。我们学校是这样，不知道别的学校如何。清华北大出国机会更多，可能去美国的多一些。倒不是其他人没有资格报，但老师会给你一些建议，成绩不太好的学生报这个项目风险比较大，不如去保研。

（杨晨，路桥学校）

根据受访人的介绍，法国大学校专门面向外国学生的考试主要包括各个专业的笔试和面试，用法文或英文进行，主要注重对学生的基础知识和学习能力的考察。相比较改革开放初中国学生获得留学机会是"范进中举"式的欣喜若狂，这个时代的留学选拔已经有了太多的机会和可能。在应试教育制度下身经百战的中国学生对选拔考试虽然重视，但也已经能够以平常心对待。至于具体的考试内容，受访人普遍认为不是很难，但很具有学校的特色。与中国高校的考试相比，法国大学校考试的组织更为灵活，注重思想的演绎和分析，注重平时的积累，很难事先准备。

考试的时候发很多的卷子，厚厚的一叠，都是英文的，数学、物理、化学、生物的内容都有，但不是特别难。老师会告诉你选感兴趣的科目做，我做了数学、物理、力学、电学的题目。因为数学要有90分，所以我花了功夫认真地做，考试前还专门找美国的一些英文课本复习了一下。笔试成绩通过了再面试。其实考试的内容不难，最看重的还是在校的成绩，另外就是面试中看你做这个选择的思路是否清楚。在我们那一届，上海考场大概有120人左右，后来20多名被录取了。

（杨晨，路桥学校）

## 第六章　个体背景与场域变迁

为了节约成本，大部分大学校在华组织专门面向中国留学生的考试，仅有1所学校例外，即巴黎高师。该校每年面向世界各国的留学生组织一次考试，从全世界报名的学生中初选30人左右到巴黎参加考试，由学校帮助办理签证手续，报销部分机票费用并提供免费的食宿。在高师学习的中国留学生李研回忆了他参加考试时的情景：

第一天是考笔试，一共考了7个小时。上午4个小时，要求从理科6门专业里选两门专业来考，其中一个作为主专业，是你以后要学的专业，一个是副专业。4个小时3道题目，主专业做前两道题，副专业做后两道题。考试题目出得很好，把档次拉开了，不像国内高考，一张卷子一大把的人考满分，没有什么意义。下午3个小时考试，是根据某个科学杂志上的材料写评论性文章。我们那一年提供了一段法国数学家关于几何的哲学性论述，让写评论。

第一天考完以后非常累，大家就出去玩了。三四天后是口试，主专业和副专业都要口试，每个1小时左右。口试蛮有意思的，国内还没有这样的考试。给题目，看你当场的反应，是真正的能力考试。老师不会刻意考验或为难学生，而是通过提问与启发，帮助学生建立某一个观念或探索某一个领域的方法。如果做不出来，老师会给你提示，引导你。对我来说倒也不是特别难，题目都做出来了，可能和我以前上奥数有点关系。

（李研，巴黎高师）

李研的描述虽然轻描淡写，但可以看出，巴黎高师的考试还是相当紧张和严格的，重在考察学生的层次和能力。能够通过这种世界范围的选拔和考试，也无怪乎他会自信地认为，"高师的外国学生比法国学生强"。

# 第七章　教育体验与生活经历

总的来讲，尽管法国大学校体制特殊，培养目标、教学内容、教学环节、教学特点和教学方式等与国内有很大不同，且中国学生在语言方面存在困难和障碍，但由于中国学生有着扎实的学术功底和良好的综合素质，再加上个人努力和学校的帮助，都较好地实现了学业上的融入。一方面，他们很快理解了大学校的教学目标，充分利用其丰富的教学资源，在重新整合原有知识结构的基础上，不断吸取新的养分调整自身，逐渐达到了大学校的期望和新环境的要求，取得了较好的学习成绩。另一方面，他们采取积极适应的策略，熟悉学校的各种规则，接受大学校提供的服务，并与教师、其他学生和行政管理人员和睦相处，较好地融入了学校内部的社会关系网络。

## 第一节　教育体验

在各种内部、外部因素的综合作用下，经过严格的遴选，中国学生终于跨入了大学校的场域。经历最初的适应和过渡阶段之后，中国留学生开始了按部就班的正式学习。他们发现，无论是培养目标、教学内容还是教学方式，法国大学校与国内高校都有诸多不同，与他们的想象也有很大出入。

### 一、培养通用型人才的教育目标

第一批大学校成立之初，是为国家和军队培养工程师和技术军官，所以

## 第七章 教育体验与生活经历

人们通常认为其培养目标是高水平的专业技术人才。但在大学校就读的中国留学生入学后很快发现，与致力于培养专业人才的中国大多数高等学校相比，通用型（多面性）人才（généraliste）才是法国大学校的培养目标[1]，最优秀的大学校尤其如此。用季康的话来说，就是"国内高校不管是教学还是其他都仅仅局限于技术，专业技术能力要求很高。法国大学校鼓励学生不仅要成为技术人才，还要成为管理人才。……他们对工程师的定义是负责人，不仅要有技术，要掌握整个生产程序，还是管理人员，最后还要把产品推销出去。他们培养的是généraliste"。这里所说的通用型人才，是能够担任高层次责任的管理者。他们既是工程师，也是高级干部、企业负责人和高官，而不仅仅是只能从事某一种职业的生产技术人员。

事实证明，从一流大学校毕业出来的学生，掌握了法国几乎所有行业的公立和私立部门的最高领导权。如果不了解大学校的人才培养目标，则很难解释为何在法国，某个领域的专家和技术人员能够领导如此广泛的国民生产部门和几乎所有的经济技术领域。只有大学校培养出来的通用型人才，才能游刃有余地从一个部门过渡到另一个部门，而不拘泥于某个专门的技术领域和领导岗位。如果教育背景过于专业，反而会局限他在多种领域里的流动，影响其获得更高层次的领导岗位。在法国，越是一流的大学校越强调这一点，其教育内容的专业化也就越低。通常情况下，一名从精英团出来的优秀大学校毕业生在原有专业领域工作 2-4 年后，就会申请外派（détachement）或借调到其他部门（mise en disponibilité），继而占据一系列机构的领导岗位，其活动领域可能与他在学校的理论学习和专业实习没有任何关系。雄心勃勃的精英们还想方设法地将他们的权力扩展到尽可能广泛的领域。对他们来说，"专业化"反而带有某种贬义，他们甚至不愿意从事某种技术性的工作。

---

1 巴黎高师的情况比较特殊，以培养教学和科研人员为主，鉴于大学校的多样性，本节所叙述的内容以大多数工程师学校和商校为主。

## 二、宽口径的教学内容

通用型人才的培养目标，决定了大学校对教学内容的定位是实用的通用型教育（formation généraliste pragmatique）。这里的通用型教育（généraliste），并不是普通意义上与职业教育相对应的通识教育（liberal education），而是与专才教育相对应的，职业性、功利性但教学内容专业化有限的教育。

以工程师大学校为例，从高中毕业到获得工程师文凭的5年中（预科班2年，大学校3年），学生要用3-4年时间学习基础理论课程，包括数学、物理、化学等，因此法国工程师具有的学科基础，与我国理科学生所具有的基础相当。在工程师学校的最后一年，学校会根据自己的学科优势，开设若干专业方向的课程供学生自由选择。这些专业方向一般按大类设置，与我国高校开设的专业方向选修课相比，在课程设置和讲授方法上均有很大不同[1]。在法国公认的顶级工程师大学校——综合理工学校，尤其强调基础知识的全面和扎实，要求学生系统接受数学、物理、化学等科目的科学培训。学校基本不开设专业课，应用性的专业课程甚至需要到其他学校去学习。曾英林和陈成给我们描绘了法国大学校具体的课程设置情况：

$X^2$的课程实际是4年。第一年叫tronc commun（公共模块），主要是军训、社会实习和基础课；第二年是比较完整的一年，需要在8个不同专业和实验课共9门课程中选6门来学习。这些课程是数学、物理、应用数学、化学、生物、力学、计算机、经济和实验课，所有的课程都和数学有关。X所有的课程都是理论课，没有应用课……；第三年是专业课……但"专业"的概念和国内有很大不同，前者宽，后者窄。这一年的课程比前面的专业性强一些，但还是无法直接应用；第四年，除了去Corps（精

---

1 北京航空航天大学，法国中央理工大学调研报告．透视与借鉴——国外著名高等学校调研报告[M]．北京：高等教育出版社，2008：171．
2 综合理工学校的简称。

英团）的学生之外，其他学生要选择去一个学校，如 Mines（巴黎矿业学校）、Ponts（路桥学校）、Telecom（高等电信学校）或综合性大学等，接受与实际工作有关的专业教育。……这个叫 école d'application（应用学校）。X 培养出来的都是 généraliste（通用型人才）。

（曾英林，综合理工学校）

经常是一节课的内容，国内要上一学期。……基础理论方面的东西都要给你。就好像一只手，各个骨骼结构和全部的框架都要你知道，与未来专业的接口都给你准备好。

（陈成，综合理工学校）

实际上，不仅工程师学校如此，其他大学校也是这个模式。在巴黎政治学院，学生不管选择什么专业，都要上经济、国际关系和政治哲学这三门共同的主课。国家行政学院的课程设置更为庞杂，公务员职务所要涉及的行政管理、法律、经济、国际关系、社会问题等内容无所不包。此外，不管是哪种类型的大学校，除了本学科的课程外，都会给学生提供很多人文和社会科学方面的课程和活动。通过这些课程，学生可以更好地了解这个世界，了解自己，认识和学习如何与他人相处。

宽口径的教学内容帮助学生打下宽广而扎实的学科基础，了解掌握不同领域的基本概念和重要技术问题，为未来的发展做好准备。更重要的是，在职业生涯尚未开始的准备阶段，就培养学生具备宏观宽阔的视野，使他们无论选择哪个专业、未来从事什么职业，都能对世界、对个人潜力有全面的认识。

### 三、实用型的教学特色

通才教育（formation généraliste pragmatique）的另一层含义是实用性。实用性并不意味着专业化，不是劳动力市场需要什么样的技能，大学校就培养这方面的人才。如果是这样，大学校就与一般的技术学院或职业学校无异了。实用性表现在注重对综合素质、实践能力与动手能力的培养，包括解决实际问题的能力、从业的适应能力、处理各种人际关系的能力、考虑问题的综合视野等。

从受访中国留学生对课程的描述中,我们还可以看出,大学校的课程设置都很广泛,给学生提供很大的选择范围,同时还安排了大量的项目、活动、实习等培养基本素质与能力的教学环节,尽可能地给学生接触不同专业和工作领域提供机会。

清华大学毕业后到巴黎中央学校深造的中国留学生季康认为,国内工程教育与法国大学校工程教育最大的不同,就是"国内重理论,大学校重实践"。

> 清华的教学以老师讲述理论为主。清华的学生,哪怕是低年级的,理论水平都没问题。国内辨别你会不会的标准就是考试、出题、标准答案,是非常技术性的……不管是教学还是其他,都仅仅局限于技术。而法国鼓励你不仅要成为一个技术人员,更要成为一个管理人员。你要上来说,不管对错,只要你说服了大家,大家就认为你是对的。……考试评估的方式经常是做一个 projet(项目),并且要上来介绍这个 projet。一般介绍还不行,还要讲得让大家感兴趣,外行内行都能听懂。……三年级的课程设置中有金融、项目管理、逻辑,也有研究方向,让学生选。比如我选的管理方向,接触管理方面的东西就更多,如怎么说服人、怎么谈判等等。金融方向的则计算的东西比较多。在清华接触的知识没有这么多,从一年级开始专业性就很强,其他专业的知识接触不到,好处是理论知识底子很扎实,但是一到做项目,需要向外行人推销时,法国学生的优势就凸显出来了,和做纯技术的不一样……
>
> (季康,巴黎中央学校)

从这段描述中,我们可以清楚地看到国内一流名校与法国大学校的差距所在。相比较清华的重理论取向,法国大学校无疑更具有重视"实战性"的特点。但如果仅仅将此特点归纳为理论 – 实践的二元对立,也就太过轻视了大学校的优势。其实,它是在实践导向的基础上强调理论 – 实践的相互交融,

## 第七章 教育体验与生活经历

尤其是在实践中对理论的运用和检验。这一特点也可以通过大学校的课程安排看出来。出于实用性的要求,大学校的教学内容安排灵活,与现实世界和当代时事紧密相连,追求现实关注,且经常变化和更新。

> 我们学校的教学内容每年都在变,就像一个企业,哪点不对明年就变就调整。课程设置经常变,虽然我不觉得一定很好,但是它的中心思想、明确目标,就是教学内容要有助于学生找到工作。至于这种设置是否真的有用,还要看学生自己的感受。教学内容都是 d'actualité(时事性的),全是反映实际问题的。具体上课时,老师要讲教学提纲,让学生知道现实世界中大家都在讲什么、关注什么。上了这样的课,你就会知道,在现实中什么问题是最重要的。比如,欧盟每年的政策改革焦点问题都不一样,在 science po 巴黎政治学院上课就能体现出来。国内课本都是一样的,而这里没有固定的教材。
>
> (周思,巴黎政治学院)

从这段叙述中,我们可以看出大学校课程设计的灵活性以及与时俱进。也就是说,学生可以通过随形势变化不断调整的课程内容,对即将进入的工作世界有充分的认知和准备。这样的做法显然符合"市场需求"。当然,从另一个方面来说,突出实用性的教学内容对授课教师的实践经验有较高的要求,鼓励教师的个性发挥,没有统一的教科书,教同一门课程的教师教学内容可以完全不同。

> 老师让你做的东西,他至少已做过十遍了,是他非常非常熟悉的东西。他出的题,都是在工作中真正做过的东西,只是稍微简化和修改了一下,对学生的每一个问题每一个细节都能回答。而国内的题目主要来自教科书,比如把美国一本教材上的题目修改一下就用过来。这里的教科书少,老师讲的都是他们工作过的 projet(项目),他们只是教一个框架,告

诉你从头到尾是怎么做的。国内的教学是搭模块，很系统的一块一块的，最后垒成一个金字塔。法国这边是一个故事，各个环节大概讲一遍，具体的技术工作细节都在实习中学，他们学到的东西比我们更加实用。

（杨晨，路桥学校）

从这段叙述中，我们可以发现法国大学校教师的一个明显特点，就是他们的学术位置与职业位置的两栖特征。教师将自己的实战经验提炼后，使之进入教学，进入课堂。这样一种实践过程，使教师在教学过程中能够胸有成竹、挥洒自如，也能在学生刨根问底的穷追不舍中应对有方、从容不迫。在这样的教学中，教师与学生之间辩驳问难的真正乐趣才可能实现。

### 四、重视实践与动手能力的教学方式

受访的中国学生们普遍认为，在国内传统的课堂教学中，学生们习惯于被动接受老师给予的东西，举一反三的意识和解决现实工作生活中实际问题的能力较差。而法国大学校实施实用的通才教育，目的在于培养学生具有较高的综合素质和较强的实践动手能力。但这种素质和能力不是通过上课就能够获得的，只有通过实践性的教学方式和精心设计组织的活动、项目的落实才能实现。很多受访学生特别提到了大学校"项目活动"（projet）和"实习"（stage）在教学中的重要作用。

除了更多地采用阅读、小组讨论、实验室工作、参观企业、设计等方式帮助学生提高动手能力之外，很多大学校还在教学培养中安排大量的"项目活动课程"，培养学生解决实际问题的能力[1]。

项目活动课程的运行过程，不是简单地完成一份作业或写一篇论文，而是对一个学生知识与能量及整体协调性力量的调动，是能力调动的一个过程，是对以书本知识为主的学生的整体性的一种挑战。这就要求项目参与者必须全面锻炼自己的各种能力，绝对不能简单地从理论到理论，而必须将理

---

[1] 详见第三章第三节中通才教育与实用教育相结合的教学特点。

## 第七章 教育体验与生活经历

论知识与实践经验相结合，处理好合作、团队精神、社会资源、单位需求等不同因素之间的关系，努力取得较好的结果。这样一种项目的成果得到了参与者的高度评价，对完全未经历过这种教学方式的中国留学生来说更是如此。不少受访人谈到，对法国大学校教学方面体会最深的就是"项目活动课程"，他们对这种教学方式很认同。在国立林业、水和环境工程学校（ENGREF）就读的肖君说，项目活动课程是该校最主要的教学学习方式。她描述了自己参加项目实践的情况：

国内高校也要求理论联系实际，但实际做项目，至少要硕士研究生第二年第三年才开始。在这里，做项目就是 travaux de groupe d'éléves（学生集体作业），是最主要的教学学习方式。大部分项目是外面委托的，包括政府机构、工会、产业联合体等等，都会委托科研机构、高校做项目，并支付一定的报酬。委托学校做项目既可以培养学生，也可以降低成本，同时质量能够得到保障，因为都是由名校老师来指导的。

举一个具体的例子。我们曾做过一个关于法国食品糖类添加剂的调查类型的项目，要对有关行业的生产、运输、消费整个过程，还有人文因素影响进行分析研究。工作方式是这样的：学校由一个老师负责，委托方派一个代表，同学自愿报名参加。团队组成后，大家先开会，讨论怎么做这个项目，委托方代表陈述他们的期待，我们则询问对方最关注哪些问题，然后收集一些基本资料和信息，把调查的大方向定下来。在这个过程中，学校老师主要起指导监督的作用。一个星期后再开会，告诉委托方需要提供的信息，包括什么信息不应该公开、什么人要采访、补充意见是什么等等，然后就约定时间开始采访。我们找了 INRA（国家农业研究所）、工业联合会等很多组织的人进行采访，然后做 compte-rendu（报告），讨论，寻找突破口。总的程序就是这样：澄清问题－查找文献－见人访谈，用了3周时间，然后用2周写出书面报告，再提交给负责老师。最后，所有的小组在结题后都要做 presentation（陈述），委托方和被采访人也来听,他们还会加入特别有益的信息和建议。……我们不学习基础课程,学校认为你应该已经具备必要的基础知识了,在这个前提下,学生带着知识来实现 projet(项目),所以一开始就被推到最前沿。在学校,做得不满意的地方会得到老师的帮助,工作后就可以独立完成项目了。这就是学校的教学目标。

(肖君,国立林业、水和环境工程学校)

以上这段话除了对法国大学校的实习模式进行详细描述之外,还包括一个有趣的比较,就是中国的大学也同样强调"理论联系实际"这个原则,但给学生的印象似乎是名不符实,因为要到研究生学习的后期阶段才勉强付诸实施。可见,在中国的培养模式中,并非没有注意到这个问题,只不过限于操作能力和实际可能,这个环节相对滞后,且效果不甚令人满意。

肖君的叙述让我们注意到,法国大学校教学模式的优越性不仅仅是对实践性的高度重视,更重要的是将"理论 – 实践 – 理论"有机联系起来的整体性设计。走入实践程序的学生团组是经过理论学习的,而实践的最后环节是为了提交报告,从而再升华为理论。在这个过程里,通过若干对元素的相互作用,即"理论 – 实践"二元关系、"学校导师 – 企业导师"二元关系、"实践调查 – 文献查找"二元关系,以问题意识形成线索,通过与不同相关群体、实践的密切互动(包括书面报告、口头报告等),最后提交一份符合要求的报告。应该说,这是一种充分调动各种因素,尤其是提高学生主观能动性的教学方式。

学校有很多非学术化的联系。专业课主要由学校自己的老师承担,但不是 conférence(讲课)而是做项目,基本上都是外面委托的项目,比如有些地方政府直接委托学校做环境可持续发展计划项目,并支付相应报酬,学校有了经费就组织学生旅游、参观。可以这样说,上届的学生越努力,下届的学生就越有机会出去玩,形成了比较好的良性循环。当然,也

## 第七章 教育体验与生活经历

有一些商业气息在里面。

（肖君，国立林业、水和环境工程学校）

通过肖君的叙述，可以看出法国大学校有建构"利益关系"网络的自觉意识，将社会需求与学校发展结合起来，形成了一种具有生机的"教学循环"系统，使社会能从对学校的投入中获得收益和回报，同时学生也可以获得更多的机会去接触社会、赢得机会。

此外，大学校在培养中还采取了典型的"逐鸭入水"策略。按道理说，人员培训好之后才能投入使用，但考虑到鸭子本身就有会游泳的天性，所以不必事先对鸭子进行充足的培训，只须教会它最基本的适应性知识，就可将其带入水环境，让它在浮游的过程中学会和提高自己的游泳技能。

实习是帮助学生了解认识现实社会的重要方式，是沟通大学校与职业界的重要纽带，也是培养学生动手能力的另一条重要渠道。法国大学校十分重视实习，将实习作为培养过程中的关键环节。刚开始时，大学校的实习仅仅是要求学生熟悉企业环境，不仅时间短，与教学内容也没有什么联系。近些年来，大学校的必修课逐渐减少，而学生到企业的实习工作不断增加，时间延长，种类增多，有的大学校甚至在就学期间安排几个阶段的实习。

根据中国留学生的描述，我们大致可以把大学校的实习分为几种类型。首先是"工人实习"，一般安排在刚入学时，目的是了解最基层的工作情况，体恤社会下层民众的情感和人生艰辛。对这一点，中国留学生感触颇深：

法国学生刚刚入学时，还没有开始学习就会安排一个月的实习，有点像国内的军工实习。学生是真的到餐馆端盘子，到超市点货，或者送pizza，也有的去NGO组织（非政府组织）工作一个月，都是由学校组织的。大学校学生毕业后都是从事高层管理工作的，这种工人实习是他们了解社会底层的机会。

（杨晨，路桥学校）

其次是3-4个月的短实习，可以是观察性的，熟悉情况，增加对企业状况的了解，也可以是主动实践性的。还有半年以上的长实习，基本接近于未来的工作。

最优秀的学生进入精英团，在巴黎矿业学校、路桥学校或高等电信学校继续学习两年。在这些专业性较强的学校，精英团的培养计划会更加重视实习，而不是专业课程的学习。在巴黎矿业学校，精英团学生的大部分时间是在不同领域的企事业单位作为实习生度过的。不要小看这些实习，它们比专业学习更能让学生熟悉高层决策环境，同时在真正就业之前，为学生提供接触不同领域岗位工作的机会。

## 第二节 教学关系与校园社会关系

除了教育过程中的教学内容、教学方法、培养目的、培养效果等，校园社会关系也是中国留学生在法国大学校教育体验的一部分。特别是与教师和同学的关系，会对他们的学习融入效果、学习策略与学业表现产生较大影响。

### 一、师生关系

（一）小规模的优势：师生比高，服务到位

法国大学校规模小，招取名额有限，学校固定教师的队伍虽然不是很庞大，但如果加上外聘教师、教研人员、行政管理人员，师生比远远高于法国综合性大学与中国高校的平均水平。例如，中央学校集团五所学校共有工程师系列学生6 500名，博士研究生650名，教师有650名全职人员，260名全职研究人员和2 000多名来自职界的兼职教师。巴黎高等师范学校只有900名正式学生，900名旁听生，但有教师900人，师生比达到1：2。而我国目前

## 第七章 教育体验与生活经历

全国高校的师生比平均约为 1∶17,[1] 实际上,某些学校某些热门专业师生比更低。据报道,2004 年广东全日制普通高校师生比为 1∶29.35,如加上成教学生,师生比则高达 1∶43.92。[2] 受访人普遍表示,法国大学校较高的师生比有利于导师和学生充分交流,师生间更易建立起亲切、平等的关系,老师更易于对学生进行个性化引导,学生也有机会更深入地了解各专业。

由于大学校学生人数少,除了师生比高,其他各种资源都相对很丰富,包括行政管理、后勤服务等。学校能够提供非常人性化的服务,为外国学生排忧解难。中国留学生毫不掩饰他们对大学校的满意度:

> 我对学校挺满意的,各个服务部门都很注重效率,对外国学生的态度也很好。学校有专门负责国际学生管理的办公室,已经运行多年,很有经验,已经是成套成规律的东西。我们在出发之前就收到了很多信息,比如,他们会多次提醒外国学生,办 titre de séjour(居住证)需要什么材料,接我们的预约日期,订房间什么的,包括需不需要床单被褥等等细节……
>
> (冯琳,高等经济商业学院)

> 刚到时,有学校专门负责外国学生的老师接待,介绍学校,帮助我们办注册手续什么的,蛮好的。ponts(路桥学校)有接待外国学生的经验和传统。系里的老师也都很好,第一个月不熟悉,老有问题去问他们,他们都会很耐心地帮助解答,也蛮好的。
>
> (田瑜,路桥学校)

我们的受访人一到法国就开始享受大学校体制的优越性。由于没有对比,他们也许并未意识到自己是中国留学生中最享有特权的。在综合性大学

---

[1] 2008 年全国普通高等教育本专科在校生 2021.02 万人,教职工 205.10 万人,其中专任教师 123.75 万人,生师比为 17.23∶1。见教育部. 2008 年全国教育事业发展统计公报 [EB/OL]. http://www.moe.edu.cn/edoas/website18/34/info1247820433389334.htm.

[2] 邹琳, 郭若萍, 张仪良. 高校频扩招老师不够用 广东师生比远高于全国 [N]. 南方都市报, 2004-12-28.

就读的学生就没有这么好的运气了。综合性大学学生众多，人满为患，行政管理差强人意，后勤服务不到位，校方和教师对学生个体的引导匮乏，对外国留学生也不会有特殊的关照。再加上中国学生的语言障碍、信息闭塞，无论是学习还是生活都要走不少弯路，要克服很大的困难才能步入正轨。相比之下，大学校是一个安全的保护壳，接触的信息和人都是经过过滤和筛选的，给习惯了有组织的大学校园生活的中国留学生提供了足够的安全感和归属感，让他们不必单枪匹马地暴露在一个陌生的环境之中。大学校提供的行政和后勤服务，也让他们不必担忧外界的各种行政障碍，可以集中时间和精力做该做的事情。

（二）师生更加平等，较少利害关系

几乎所有受访者都觉得，法国大学校的老师们对学生态度很好，有问题都会得到很耐心地回答，课下可以发 E-mail，可以约见和谈话。按照他们的说法，大学校师生之间"只要相互尊重，不必毕恭毕敬，是比较纯粹的师生关系"。

学生和老师的交流比较少，但是没有等级感，都挺平等的。这里老师的责任是把他知道的东西教给学生，解答疑问。我们有问题要问时，他们都很耐心地解答。中国学生多多少少有一些语言障碍，希望老师能推荐英文教材，所有老师的态度都很好。学生和老师之间也没有什么利益关系。不像在国内，学生需要和老师搞好关系，对推荐就业、保研什么的有好处。

（田瑜，路桥学校）

田瑜在这里有感而发，提出了一个"利益关系"的问题。老师和学生之间的关系究竟是什么，的确值得追问。中国的大学导师所承担的似乎过于沉重，除了传道、授业、解惑之外，还要操心学生的考研、读博，甚至未来就业门路的安排。而在法国大学校，我们可以看到一种更单纯、明确界定的师生关系，这不但有利于老师从教学之外的沉重职责中摆脱出来，而且有利于学

## 第七章　教育体验与生活经历

生对老师的尊重。

不仅如此,一些受访人进一步认为,在法国大学校的老师与学生之间,等级关系不像国内那么分明。有人甚至对这种平等的关系感到惊讶:

> 这边老师与学生的等级观念比国内淡。我第一次见 Grimm 先生的时候是他给我面试,结果进了门他帮我脱大衣,让我觉得受宠若惊。……玩闹的时候,学生还会给老师灌酒。要在国内,谁要灌老师酒就是活腻了,你还想不想及格啊?!
>
> （季康,巴黎中央学校）

这样的表述,体现出一种理想的师生关系,值得回味。因为只有人格上的完全平等,才能使师生共享学术自由的境界。这种自由,在教师是研究与教学的自由,在学生自然是学习的自由。

### (三)个人主动才能争取特殊关照

尽管大学校教育资源丰富,师生关系平等,但大部分教师从职业界聘请而来,有的甚至只承担几个小时的课程,人数众多,流动频繁。刚开始时,一些中国留学生不适应这种状况,感到有很多在职工作人员在参与教学:

> 我们的老师走马灯一样的换,前后有三四十个。与其说是老师,倒不如说他们是高级公务员。他们的职业就是高级官员,到 ENA（国家行政学院）上课是他们作为公务员的份内工作,上课时也主要是介绍自己的工作经验。ENA 一个固定老师也没有,可能只有一个体育老师是固定的。老师与学生的关系,比如辅导什么的,几乎没有。
>
> （佟军,国家行政学院）

这种情况并不仅仅限于国家行政学院。其他大学校的教师队伍也都是由两类人员构成:一小部分是固定的全职教师,属于公务员编制,既要从事教学也要从事科研；另外很大一部分是临时教师（professeurs vacataires）。临时教师都来自职业界的兼职人员，有职业经验，了解企业的需求，通常还是老校友，熟悉学校和学生的情况。他们只从事教学工作，流动性很大。20世纪60年代以前，大学校的教师队伍基本上是由这些临时教师构成的。即便是现在，职业界人士在大学校的教学中也承担了相当多的工作量。例如在巴黎中央学校，专职教师仅70名，来自各企业的职界人士（professionnels）则有850人[1]。这些兼职教师在教学中带来了职界的最新信息，传授职场工作经验，引导帮助学生规划未来职业发展，是保证大学校与职界来往交流的最基本的要素。

　　外聘教师的优点是增强了教育内容与实际职业工作环境的联系，缺点是教师与学生接触的时间有限，与学生缺乏互动。这一点在商校体现得似乎更加明显。几位在商校就读的受访人认为，学校的师生关系不如国内亲近。在这种情况下，个人是否主动非常重要，与教师的关系要靠学生自己经营。

　　受访人认为，法国大学校的老师对外国学生和法国学生基本能够一视同仁，同等对待。有的受访人因为语言障碍与老师交流较少，有的则因为勤奋刻苦非常突出，反而因为其外国学生的身份引起老师的注意，得到更多的关照。在建筑学校就读的凌岚虽然法语基础较差，但其主动认真的学习态度赢得了导师的注意与欣赏，给了她很多额外的帮助。

　　我和老师关系很好。我给他的印象是，语言虽然不好，但非常认真。每次上课时，我都坐在离他最近的地方，因为离远了听不清楚。他评改作业的时候，我也总是在他的左右近旁，即使不在我也要拖着凳子尽可能靠近他，这样能听得清楚一些。这样引起了他的注意，开始帮助我。他知道我的语言不好，所以对别的同学的作业，他通常只是说说也就算了，而对

---

[1] 北京航空航天大学，法国中央理工大学调研报告．透视与借鉴——国外著名高等学校调研报告 [M]．北京：高等教育出版社，2008：169-190．

我的作业，他每次都会专门写下来，经常都是一两页，对我非常有用。老师如果对学生上心了，你就能得到更多的帮助。我想，他主要是觉得我很想学。后来，我到他的事务所实习。开会或是讨论时，他仍然会特别叫我坐在离他最近的地方，让我很不好意思。有的学生不来上课，也不尊重老师，他不高兴，当然不会让你过。

（凌岚，雷恩建筑师学校）

## 二、学生关系

（一）大学校学生素质高，国际化程度高

受访人普遍认为，自己就读的大学校学生素质普遍较高，因为都是经过预科班和严格的考试遴选出来的，无论智力水平还是综合素质都能得到保障。而与国内高校的学生相比，法国大学校学生的家庭背景、教育背景更为同质一些。在巴黎高师就读的李研这样评价自己学校的学生：

好学校之所以能成为好学校，并不在于老师好、课程安排好，当然这也很重要，最主要的是学生好。在巴黎高师，全法国最好的学生集中在一块，学生之间就能学到很多东西。清华、北大也是这样，学生之间的交流非常重要。……但清华这种综合性大学实在太大了，人比较多样，藏龙卧虎，什么人都有，差别还是挺大的，差的人也挺差的。高考能考进来的并不代表他就能在这个地方很好地生存发展。高师的人则更同质一些。……我感觉高师的外国同学比法国同学强，考试排名都比较靠前。中国学生也都不错，普遍质量较高。我们毕竟是从全世界范围招考来的。

（李研，巴黎高师）

受访人认为大学校学生的国际化程度很高，以下统计数字证实了这一点。根据大学校委员会对180所成员校所做的调查，2005—2006学年在这些学校就读的外国学生来自147个国家，共计26 667名。外国留学生在工程师学校的比例占 17.93%，在商校比例为 23.2%，在其他专业学校为 9.5%。[1]

同时，有的学生也观察到，大学校的国际学生所来自的地区和国家还是比较集中的，欧美学生占大多数，非洲学生在大学校很少见。譬如，虽然路桥学校的学生来自 50 多个不同的国家，外国学生占 30%，但在该校就读的杨晨在访谈中提到：

你问到法国第一印象是什么？我进学校的第一感觉就是一个黑人也没有……

（杨晨，路桥学校）

2001-2003 年在巴黎政治学院就读的金颖观察到：

我们那一年有 6 个中国学生。现在外国学生越来越多，三分之一是外国学生，其中欧盟学生最多，三分之二来自德国。美国学生也多，南美也有，亚洲黄皮肤的学生没多少。非洲学生特别少，即使有也是北非马格里布国家的，黑人极少。学校说要 démocratiser（民主化），其实仍然是个白人学校。

（金颖，巴黎政治学院）

在留学生来源地区和国别方面，大学校委员会有一个详细的统计，与中国受访学生的印象和感觉略有出入。统计显示，2005-2006 学年在 180 所大学校所接受的外国留学生中，欧洲学生最多（31%），其次是非洲（29%），特别是马格里布地区（21%），然后是亚太与美洲地区。究其原因，是因为欧洲国家中法国大学校传统的合作伙伴较多，且地理位置相邻，语言、文化风俗

---

[1] Conférence des Grandes Ecoles. Les étudiants étrangers dans les grandes écoles, résultats de l'enquête CGE portant sur l'année 2005-2006 [EB/OL]. http://www.cge.org.fr.

## 第七章 教育体验与生活经历

习惯相似，再加上欧洲高等教育制度一体化进程的推进，使很多欧洲国家学生选择到法国大学校短期或长期就读。如2006年，在大学校就读的德国学生达1 600名，西班牙学生为1 588名，分别占全部外国学生的6%。而马格里布法语国家曾为法国殖民地，法国的教育、文化传统对当地影响很大，且没有语言障碍。长期以来，当地精英和特权阶层就有将子女送到法国深造的传统，因此非洲国家特别是北非国家的留学生比例（21%）保持着较高水平，也就不足为奇了。而撒哈拉以南地区的西非、中非即非洲国家，尽管也曾是法国殖民地，但由于社会经济发展水平的制约，学业水平和家庭财力都能够达到法国大学校要求的学生数量有限，仅占留学生总数的8%，且近年来呈下降趋势。

**180所大学校外国留学生数量**

| 地区 | | 外国学生数量 | | | |
|---|---|---|---|---|---|
| | | 2003-2004学年 | | 2005-2006学年 | |
| | | 数目 | 百分比 | 数目 | 百分比 |
| 非洲 | 北非马格里布地区 | 5296 | 21% | 5560 | 21% |
| | 撒哈拉以南地区 | 2443 | 10% | 2124 | 8% |
| | 共计 | 7739 | 31% | 7684 | 29% |
| 美洲 | 北美 | 1600 | 6% | 1793 | 7% |
| | 拉丁美洲及南美洲 | 2318 | 9% | 2447 | 9% |
| | 共计 | 3918 | 15% | 4240 | 16% |
| 亚太 | 中东 | 1516 | 6% | 1585 | 6% |
| | 东亚 | 3491 | 14% | 4692 | 18% |
| | 共计 | 5007 | 20% | 6277 | 24% |
| 欧洲 | 中东欧 | 1978 | 8% | 2247 | 8% |
| | 西欧 | 6400 | 26% | 6219 | 23% |
| | 共计 | 8378 | 34% | 8466 | 31% |
| 共计 | | 25042 | | 26667 | |

资料来源：CGE. Les étudiants etrangers dans les grandes ecoles, resultats de l'enquete CGE portant sur l'annee 2005–2006 [EB/OL]. http://www.cge.org.fr。

值得一提的是，近年来，亚洲地区在大学校就读的留学生数量增长很快，如2003-2005年两年间增加了1 200多名，其中中国留学生增加800余名，印度和越南留学生分别增加近 200 名。此外，巴西、俄罗斯等经济发展较快的新兴国家在大学校就读的留学生数量也都有不同幅度的增长。

这些数字的变化，说明法国大学校的精英国际化战略，以及在地区、国别的侧重方面是符合法国外交思路的，即保持在价值观念相近、利益相近的传统欧洲国家的影响，保持在北非原法属殖民地的影响，同时发挥在亚洲等地区新兴国家中的影响，特别重视在亚洲和其他新兴国家培养亲法派，以大学校模式培养这些国家未来的精英。

（二）课上关系

在被问到与法国同学的关系时，受访人的回答大多是"一般"或"不错"，很少有"非常亲密"或"非常糟糕"。大部分受访人认为，与法国同学的关系主要局限在课堂和学习过程中，课余和生活中就没有什么联系了。

大学校中几个学生合作做项目或做作业的形式非常普遍。中国学生开始时都不太适应，不知道如何寻找合作伙伴，也不太好意思主动去找别人。但他们渐渐明白，这样的集体项目如果不能和别人很好合作，就拿不到一个好的分数。这种小组学习方式逼着他们必须加入法国学生的团队。

法国人非常独立，如果不主动去找别人，或者是他们以前和你合作过，知道你在某些方面比较强，否则他们是不会主动来找你的。因为 projet（项目）本身也很难，他们自己也觉得挺难的，有挑战性，更愿意找能力强的合作伙伴。我开始不知道，第一个 projet 完全是自己做的，只能勉强通过。老师对外国学生也不会特别关照。后来，我就主动找别人。我们毕竟是大学本科毕业，知道该怎么做。再后来，慢慢开始有人来找我。……后来，我也交了一些朋友，都是因为合作做 projet、见面比较多的。我会跟他们了解清楚课程结构。有 projet 也会跟他们事先讲，看能不能一起做……

（杨晨，路桥学校）

## 第七章 教育体验与生活经历

在大学校就读的中国学生基本上在国内已经本科毕业,有比较系统完整的知识结构,到法国后插班进入二年级,比同班的法国同学大一两岁,有的受访人甚至有几年的工作经验。但他们感到,法国学生成熟进步得非常快。由于语言障碍,他们在做集体项目时,甚至在整个学业过程中,与法国同学合作的话,能得到他们的很多帮助。

研究阶段和别人的合作比较多,设计阶段就得自己做了。有两个 workshop(工作组),必须两个人一起做。开始上课时我听不懂,经过努力后,我的总评分是 15.5 分,毕业时在我们班排第 2 名。如果没有法国朋友的帮助,我的学业都不一定能完成,因为语言的障碍太大了,是我力所难及的。我的优势是有工作经历,有想法可以通过图纸表达出来,但是论文必须请法国同学帮忙修改。他们对我非常好,经常主动问需不需要帮助,讨论的时候也会耐心听我讲。出于读博士的考虑,我的毕业论文题目设计得很大,写了 300 页。我的法国同学每天晚上来我家,扎扎实实地改了一个月,最后说语言不是很 parfait(完美),但是 compréhensible(可以理解的)了。我对他们真是非常感谢,他们好多人像车轮一样轮流来帮我。

(凌岚,雷恩建筑师学校)

### (三)课外关系

在中国的大学校园里,同窗四年会形成非常亲密的学友关系。除了一起上课学习,还生活在一起。4-6 人共用一个寝室,一起用餐、外出、运动,可以做到形影不离,无话不谈。而法国的大学校多实行学分制、选课制,没有固定的班级,也没有相对封闭的校园。一门课好多人一起上,一下课就全都离开了。这种情况下,不容易与其他同学建立联系,建立后也不容易巩固下来。我们的受访人与法国同学的关系多局限在课堂上,课后就没有什么联系了。

总的来说,法国人不是太 fidele(忠诚)。中国人只要曾经相识,朋友关系可以维持很久，没事还会想着聚一聚。在法国经常只是一起做事，事情做完了也就结束了，下一件事情再重新开始。所以，我的法国朋友也就四五个。通常是做一个 projet（项目）会认识一些人，一个学期下来四五个 projet，成为朋友的是一些对中国感兴趣或特别热情的。我们和亚洲人、西班牙人、非洲同学反而更容易成为朋友。不过越到后来，如二三年级后，朋友会越来越多，主要原因是法国的这些小朋友们成熟起来了。和我们大一、大二的时候一样，他们刚从 prepa（预科班）出来时，知道的东西也不多，对中国一点不了解，后来慢慢学的东西多了，学校里又经常有这样的 conférence（讲座），自然也就增长见识成熟起来，也就越来越开放，开始对中国感兴趣了。

（杨晨，路桥学校）

在与法国同学的课外关系方面，中国留学生总的评价是不如与其他国家同学的关系好。他们觉得，虽然法国同学"彬彬有礼，人蛮好的"（田瑜），但是"是很 diplomatique（外交的）式的友好，不亲密，见面只是习惯性的 bonjour, salut（你好）就完了"（周思），反而和国际学生的交流更顺畅一些，或许是因为外国人之间有共同的难题、更多的共同活动空间、更多的共同语言吧。

我们有专门的法语课，法国学生不会来上法语课，只有老师是法国人。一上这课就一起批评法国人，所以上课最开心，也不用准备。

（金颖，巴黎政治学院）

这其中当然有语言障碍的缘故。特别是对工程师学校的学生来说，学习法语才几个月，表达和理解都有困难，专业课勉强可以跟上，深入交流却有很大困难。但法语基础很好的受访人也觉得，很难与法国同学进行比较深的交往。有些人认为，这是因为法国学生都是从预科班出来的，有着共同克服困难的经历,有自己的小圈子,不太愿意接纳他人。比较严厉的批评是认为他们"骄傲","不够开放,偏见多","自我感觉太好,不太能够吸收其他的东西",很"冷漠",对外国学生"漠视,不感兴趣"。开始希望多与法国同学交往的受访人说,这一点是他们没有想到的。愿意与他们接近的是少数"年纪比较大的"、"说中文的"、"特别热情的"、"喜欢中国文化,对中国感兴趣的"和"外省"的学生,这让他们感到"有点失望"。

(四)中国学生之间的关系

中国学生之间的关系又是怎样呢?首先是在陌生的异文化环境中寻找友谊,寻找心理支持。金颖认为,与中国学生在一起更舒服、更自在,关系最好、最信任的人仍然是中国朋友。

就我个人来说,在最好的法国朋友和最好的中国朋友之间,最信任的肯定还是中国人。我认识的法国朋友很多,但要好的仍然是中国人。法国人的 philosophie(哲学)是,最好的朋友(包括男女朋友)在一起有 plaisir(快乐)、bonheur(幸福)、on s'entente(相处融洽),中国人不是这样。我们最好的朋友要相濡以沫,我们从小受到的教育就是患难见真情,好朋友要在最困难、最关键的时候出手相助。

(金颖,巴黎政治学院)

其次是**分工合作,互相帮助,传递经验**。魏露露认为,在大学校就读的中国学生之间利益是共同的,比国内少了竞争压力,在很多方面都可以互相帮助、资源共享。

大家有着共同的利益,没有你毕业我就毕不了业的情况,而且在国外大家都比较孤单,所以抱团,很亲切,像自己家里人一样。其他国家的学生下课后,如果你有问题问他,最多花 5 分钟跟你说说话,然后就忙着去赶别的课程,再也找不到人了。中国人不一样。我们联系很密切,互相帮助，没有什么矛盾……无论谁借到好的笔记就大家共享，特别有合作精神。只要有不懂的地方，一打电话大家都会帮助你。

（魏露露，巴黎政治学院）

值得注意的是，尽管中国学生进入法国大学校就读的时间不长，人数也不算多，但由于有很多共同点，凝聚力较强。有些学校的学生自发组织了学生团体，创建网站，将个人之间的关系扩展延续为跨专业、跨届的联系，与后来甚至还在国内有意就读大学校的学生共享信息，传递经验。这些学生团体经常组织一些群体活动，或者参与学校和社区的文化活动，以展示中国的形象，传播中国的语言和文化。

上面学生的经验也积累下来了。我们是巴黎高科最初的几届毕业生，后来大多继续读博士。至于如何实习，如何找工作，都是我们自己摸索的。后面几届来了，就可以把这些经验体会传递给他们……

（全远征，国立高等电讯学校）

由于中法两国在语言文化、价值观念等方面差距较远，出于心理的需要、互助的动机，中国学生与其他国家留学生相比更有凝聚力，给人的印象是经常在一起，负面效果则是有时会影响与法国同学之间的交往。

## 第三节 学习策略与学业表现

法国大学校与国内高校有着不同的教学方式、教学特点和校园社会关系。在风格迥异的教育环境下，中国留学生采取了什么样的学习策略，又有什么样的学业表现呢？

**一、中国学生的学习策略**

在最开始的阶段，有些人觉得语言是一个很大的问题。"开始根本听不懂课,当了小半年的哑巴,写出的东西让法国同学头疼"(肖君)。"永远像隔着一层纸。有时即使听懂了,关键之处、转折的地方还是模模糊糊的"(杨晨)。他们甚至觉得自己是旁观者,强烈感受到自己作为外国学生的身份。

他们应对的策略首先是加倍地勤奋刻苦,比法国学生多花两倍到三倍的时间看一本书,牺牲娱乐和休息的时间,"清心寡欲"地认真读书。大约半年到一年之后,这种情况才慢慢好起来,可以跟上课,可以与法国同学合作并讨论问题,顺畅交流,笔头上足以应付作业与考试。

国内大学的教学方式是比较单调的,一般是教师授课、学生听讲的"一言堂"和"大课堂"。与此相比,法国大学校的课堂虽然也比较传统,大课(cour magistral)和基础理论课以教师集中传授为主,但研讨课(séminaire)、习题课多一些,也更多地强调互动和学生的参与。无论是工程师学校还是商校、政治学院,大学校的教学都鼓励学生参与,鼓励说话。在商校和政治学院就读的学生提到他们经常做"exposé"或"présentation"(陈述),工程师学校经济管理方面的课程也常常要求学生做exposé,这种方式可以锻炼他们的口头表达能力,培养学生的批判精神和社会交往能力。由于大学校规模比较小,小课堂的讨论课也允许学生频繁提问。不少受访人都注意到法国的教师喜欢学生提问,欣赏学生挑战权威,培养批判精神。为了适应这一点,他们逼着自己克服羞怯感,多提问题,主动出击。

法国学生喜欢提问,什么都要问为什么?他们从小就训练这种习惯,一种critique(批判性)的习惯,大部分老师都欣赏这样的学生。在国内一般都是上大课,几十个学生,在课堂上提问的很少,下课后才涌到老师那儿问问题。这里都是小课堂,讨论式的上课,每个人都有机会有时间提问。国内高校的课堂学生很多,哪怕每个人只提一个问题,老师的课也没法讲。第一次实习(在通用电器)时我不太敢提问题,另外一个实习生进步很快,我就不如他,就因为我问得不多。这次习惯了,每天都要提几十个问题。刚开始觉得提的问题要特别好才敢提,现在没什么问题时也能找出问题来，确实这样能学到很多东西。我们学校有个学生特别牛，在课堂上提很多问题，和他一起上课时，学到的大部分东西都是因为他提的问题带出来的，连老师都回答不出来，因为一般不会从那个角度想问题。我们学校有的学生真是挺厉害的。

（彭飞，国立高等先进技术学校）

面对语言表达上的劣势，中国学生比在国内上大学时更加主动地与教师沟通，积极适应教师的要求，寻求特别的关照。并且放低姿态和同学沟通，主动出击寻找合作伙伴，不怕麻烦别人，有事早做打算。杨晨在这一点上做得非常好：

自己的策略嘛，比如说开始考试时我经常看不懂题目，就会让老师解释一下这个题目。题目一般都很长，是围绕一个题目问很多问题，不像国内和美国的标准化考试题目很短。考试2个小时，我要看懂题目会花去很长时间，所以就让老师解释，很快明白他的要求。……做projet（项目）的时候，如果不能和别人很好地合作是做不好的……我就主动去找别人……跟他们了解清楚课程结构。有projet（项目）也会跟他们事先讲，看能不能一起做。

（杨晨，路桥学校）

学校也采取了一些措施帮助外国学生融入课业。例如在就学前组织法语强化学习，在整个就学过程中专门面向外国学生开设法国语言文化课，在课程设置中加入专门单元，让外国学生熟悉学校的教学风格和考试特点，或者对外国学生进行更有针对性的辅导。

像外国学生上语言课，语言老师会拿试卷来给我们看，让我们了解法国学校教学考试是怎样的风格。还开设别的课程，让读文科、法律的外国

第七章　教育体验与生活经历

学生一起上课。有的课比如数学，因为各国高校的教学内容不一样，学校长期接待外国学生有了很多经验，知道外国学生在这方面可能欠缺一些，就会把你安排在考试出题目的老师班里去听课，老师讲课复习时更有针对性，通过考试就容易得多。

（杨晨，路桥学校）

## 二、中国学生的学业表现

### （一）学习压力

我们的受访人感到，在国内大学读书时有很大的压力。因为各种资源都有限，大城市好的工作岗位供不应求，就业时竞争非常激烈，对在校的学习成绩有很高的要求。法国的大学校反而出乎他们的意料，虽然入学遴选严格，要求预科班学生承受很重的学习压力，而一旦入学就可以放松下来。"进了大学校，竞争就淡了"（季康）。有人觉得法国大学校有点像20年前中国大学的状况，严进宽出，进了大学校就好像进了保险箱，学生基本上都能拿到文凭，从大学校毕业后也能比较容易地找到工作。

在综合理工学校、国家行政学院等少数学校，学生以后的工作岗位和前途由在学期间的排名决定。除此之外，大部分大学校的竞争气氛并不是很强烈，很多大学校根本没有排名，大家的考试成绩都不公开。"没有什么竞争的气氛，大家都是来学东西的，拿到文凭凭本事找工作。大家的成绩也从来不比，不公开，都是保密的，你的成绩别人不知道，也不会关心别人的成绩，不存在竞争这个概念"（彭飞）。他们观察到，"大学校里玩的气氛还是很浓的。一个星期有三四天晚上都有soiree（晚会）。这与他们在prepa（预科班）阶段压力太大有关系，进了大学校就轻松一些，反正不用担心找不到工作"（全远征）。

与法国学生相比，中国学生更加用功。中国学生给自己的压力比较大，但并不是竞争方面的压力。很多时候他们并不把自己同法国人放在一起竞争，反而得到很多帮助。他们的压力大多来自于对新环境的不适应。大学校课程进度比国内快得多,教学方式不同,内容量很大,以及语言的问题等,都需要努力去适应。

第一年压力很大,主要是心理上的,不知道自己能不能拿下学位。第二年心理压力小一些,不像开始那么害怕了,考试也都能过,但课程还是很紧,作业很多,总是挺忙的,总的来说没有什么娱乐时间。

(魏露露,巴黎政治学院)

有时压力也来自对自我的挑战。曾在建筑师学校就读的凌岚认为,"压力是自己给的,不是外界给的"。1974年出生的她很有紧迫感:

压力来自我的年龄。法国同学也很用功,每次做rendu(报告)都非常认真,质量很高,听老师点评的时候蛮紧张的。我的心态好,更敢做一些,把想做的东西表达出来。老师有时会觉得我的想法难以实现,建议我不要在这件事上花这么多的时间和精力。我不是追求一个很高的分数,压力是自己给的,不是外界给的。我的时间不多,希望在有限的时间学到最多的东西。这让我很辛苦,但如果不这样也学不到什么东西。应付一个rendu不难,混过去是很容易的。或许是我年龄比较大的缘故⋯⋯

(凌岚,雷恩建筑师学校)

(二)学业表现

克服语言等方面的障碍后,中国留学生逐渐进入状态,并能够开始欣赏法国大学校这种特殊的教育体制。杨晨认为,从知识结构来讲,要适应法国的教学方式和要求还是比较容易的。

从中国来的学生学的都是中国的一套模式,从理论基础到应用,学得比法国学生系统,但不像他们那么深入。其实不需要挖空心思采取什么策

## 第七章 教育体验与生活经历

略来补这个差,要做的就是把这些能力重新组织一下,按照他们的方式做事情。所以是方式方法的改变,而不是能力的变化。

(杨晨,路桥学校)

总的来说,在大学校就读的中国学生学业成绩方面可以说是比较成功的。在我们的访谈对象中,大部分学生成绩在班里属于中等或中上等,获得毕业文凭没有什么问题。其中还不乏佼佼者,如秦自宇在综合理工当届500名学生中排名第22位,凌岚在雷恩建筑师学校毕业成绩全班排名第二,金颖出色完成巴黎政治学院和巴黎二大学业两年后就通过了法国律师资格考试。

当时很紧张,老怕过不了。我这个人考试之前总是很紧张,吃不下睡不着,还呕吐,其实这是自信心不足的表现。事实上,很多时候中国学生比法国学生强,同事们也说中国学生都挺棒的,尤其是在 finance(金融)、mathématique(数学)方面……10门考试考了一个月,考试总成绩是全班第三名。

(金颖,巴黎政治学院)

对法国大学校外国留学生的失败率没有量化的研究。在我们的调查中,中国学生在大学校都有较好的学习成绩,除了因为他们基础扎实、勤奋刻苦努力,能适应学习的强度之外,也得益于大学校小规模的优势、丰富的教学资源和灵活高效的教学组织方式。受访人认为,"大学校创造成功的环境,是想方设法帮助学生成功的"(杨晨)。的确如此。从入学开始,学生就可以借助项目组织找到直接可靠的渠道,获得比较全面的信息,制订好自己的计划。在学习过程中,大学校针对留学生提供信息引导咨询服务和教学辅导。调查显示,外国学生在法国综合性大学的学习状况不佳,失败率高,原因主要是学业融入不够。可见学业融入对于学生的学习成绩会产生关键性的影响。

### 三、学业融入与归属感的培养

留学生学业的成功与学生在新的教育体制下学业融入的程度密切相关。拉罗斯（LAROSE Simon）与洛依（Roland ROY）认为，对教育体制的融入有三种类型或三个维度：一是学业融入，学生自己进行调整以满足教师的期望和环境的要求；二是学生对学校内部社会关系网络的融入，涉及学生与教师、同学、行政管理人员之间的关系；三是指学生对机构的归属感和通晓机构的各种规则信息，能够享受其提供的服务[1]。受访者认为，他们对学业的融入，也确实是按照以上三个维度随着时间不断渐进的：首先是听懂课，能够顺利完成学业，其次是与同学教师有较好的关系，最后是会使用学校的各种资源，产生对学校的归属感和荣誉感。

大学校创立之初，目的是在各个领域为国家培养有专业能力的精英领导人才，培养为国家和社会服务的"精英"，如综合理工的校训是"为了祖国、科学和荣誉"。这种教育目的决定了在大学校这个熔炉里，学校要赋予学生许多相同的品质，使其毕业后从事共同的事业，即为国服务。大学校在培养学生的归属感和荣誉感方面的确有独到之处。

思想、价值观念的灌输体现在教学之中。在大学校的教师队伍中，很多是来自职业界的兼职教师，其中绝大多数又都是大学校的老校友。这些兼职教师和校友们在教学中除了传递实用知识，另一个重要作用就是言传身授，为下一代精英做榜样。约翰·阿姆斯特朗（ARMSTRONG John）在对国立行政学院的研究中指出，"到学校来任教的教师是校方精心挑选的，选择的标准不仅基于其行政管理知识，更重要的是他向学生灌输精英管理价值观和影响人的能力"[2]。许多被邀请回学校任教的校友比在校学生仅年长十岁左右，相

---

1 LAROSE Simon, et Roland ROY（1993）. *Modélisation de l'intégration aux études collégiales des facteurs de réussite scolaire chez les nouveaux arrivants à risque*[R]. Sainte-Foy, Cégep de Sainte-Foy. p.25.
2 John A. Armstrong（1973）. *The European administrative elite*[M]. Princeton: Princeton University Press. pp. 196-197. 转引自 N. SULEIMAN Ezra（1979）. *Les élites en France Grands corps et grandes écoles*[M]. Editions du Seuil, pour la traduction française.p.124.

## 第七章　教育体验与生活经历

似年龄的参照样板会激发他们的上进心，觉得成功指日可待。对于年轻的学生来说，榜样的力量是无穷的。这些校友不仅是传递知识的兼职教师，更是一个成功的样板，甚至他的行为举止、衣着风度、思想方法、行文风格、词汇表达，都是学生模仿的对象。另外值得注意的是，这些校友来自各个部门的工作岗位，这也给学生以信心，告诉他们不要将未来的发展拘泥在某个专门领域，在所有的行业领域都能取得成功。总之，自从经过严格的选拔跨入大学校这个高门槛后，未来一代与前辈之间的接触和互动再也没有间断过。精英队伍的补充与更新换代，是以这样独特的方式精心维持和延续下去的。

　　大学校除了在教学中灌输共同的思想和价值观，在课下的活动和生活中也注意培养归属感。其实这种归属感从预科班就开始了："大家都是通过重重选拔考试、克服各种障碍，才得以进入某所大学校，有着一致的学习目标和共同的教育经历。不少大学校有条件为学生提供校园内的集体宿舍，大家同吃、同住、同学习、同娱乐，浸淫于历史悠久的校园文化中，结下了深厚的同窗友谊。学生首先要学的就是为国家尽责和提携校友。作为寄宿生，他们几乎所有的时间都在这个封闭的环境度过，时时对上级、学长和前辈的行为举止耳濡目染，故而这种'综合理工精神'是不难灌输的。这也解释了为什么综合理工的毕业生有如此强的凝聚力，对母校、对校友、对统治阶层如此忠心耿耿。"[1]大学校有足够的条件为学生提供丰富的课外娱乐活动、体育活动，俱乐部、校友会、校友基金等组织进一步促进了学生之间的交流与互动，增强了学生对集体的归属感。学校的名气、校友的社会影响以及所有能够享受的特权，又使学生产生强烈的自豪感。正如杨晨所描述的那样，中国留学生在日常生活和学习中也能感受到这种氛围：

　　ENPC（路桥学校）总的来说气氛环境非常好，大家的归属感、荣誉

---

[1] N. SULEIMAN Ezra（1979）. *Les élites en France Grands corps et grandes écoles*[M]. Editions du Seuil, pour la traduction française. pp.122–123.

感非常强。一群学生出去玩,在路上一起唱校歌,也就是在学校内部流传的歌。我们还发过一本书,是200年来校友们写的流传下来的歌,大部分带有点色情。还有针对一些女生的名字写的歌,如charlotte(夏洛特)、marie(玛丽)什么的。因为人数少,大家也好组织起一些活动,总之很强调荣誉感和归属感。课后大家会一起吃饭,一边喝咖啡,一边聊天,气氛很好。学校里还有各种俱乐部,如高尔夫球俱乐部,cuisine(烹饪),喝烈酒,抽雪茄,吸大麻[1],还有和其他学校的各种竞赛,如划船,centrale(中央学校)组织的铁人三项比赛等。因为住在一起,时不时地大家就把桌子摆出来一起吃饭。

(杨晨,路桥学校)

由此可见,大学校在教学过程、课外活动甚至生活方式中,向学生灌输共同的情感和意志。事实上,这种影响不仅反映在就学过程中,而且贯穿于职业发展的整个阶段。很多学校还有校外辅导员(parrain)、校内学长(tuteur)与新生结对子的制度,让本校毕业生向后辈学生介绍学习经验,在代际之间架起一道沟通的桥梁。活跃的老校友们对母校怀有深厚的感情,愿意在力所能及的条件下支持学校的发展、扶持年轻一代。大学校毕业生无论是实习、找工作,还是在晋升的关键时刻,都能得到校友的大力帮助。对大学校的归属感超越了时间的限制,这种强大的校友关系为大学校毕业生未来的职业发展建立起了有效的人际通道。

## 第四节 生活体验

从学习经历上来看,就读大学校的中国留学生通过可靠渠道获得全面准确的信息,借助项目组织或学校网络关系很快熟悉了新的环境,大学校丰富

---

[1] 在我国吸大麻是违法行为,但在一些西方国家是允许的。——编者注

## 第七章 教育体验与生活经历

的教学资源和高效灵活的运转方式为他们提供良好的学习条件，从而为学业融入打下良好的基础。不仅如此，就读大学校的中国学生的生活环境和生活条件也比普通综合大学的中国留学生要好得多。我们在访谈中重点考察了中国留学生的经济条件、居住环境和课外娱乐方式，并与普通大学进行了一些比较。

### 一、经济条件——决定性因素

在法国公立大学校学习的费用与中国大学的学费对比差别不大，但如果算上生活费，仍然是一笔很大的开支。以巴黎中央学校工程师专业为例，根据学校教务处较准确的估计，包括学费、社会保险、食宿及各种杂费在内，就读10个月的全部开销为5 000至6 400欧元。对于一个中等收入的中国普通家庭来说，在法国留学的成本费用还是相当高的。在巴黎高师就读的李研特别提到，他们这一届因巴黎高师只有10个奖学金名额，在考试中排名十一的另一位中国学生虽然也取得了入学资格，但因"不想给家里太大的经济压力"最终放弃了。由此可见，从经济角度上讲，如果没有奖学金的支持，靠自费就读法国大学校并不是一件很容易的事。

在我们采访的22名学生中，15名有奖学金支持，在工程师学校就读的11名学生中10人有奖学金。我们了解到，凡是通过政府支持的项目赴大学校就读的学生基本上都能获取奖学金且减免学费。如中法合作培养工程师的两个重点项目——巴黎高科"9+9"项目和中央学校集团"4+4"项目，交流学生均有中国政府奖学金[1]、法国政府奖学金（埃菲尔奖学金[2]）、企业奖学金和就读学校提供的奖学金[3]，金额从每个月500–1 500欧元不等，基本上能够满足生活所需，学生不必担心钱的问题。有的条件还很不错，学生还能有比较宽裕的零用钱，除了基本的学习生活开销，还可以参加社会文体活动，甚

---

1 中国政府奖学金由国家留学基金管理委员会负责管理，奖学金包括一次往返国际旅费、在华法语培训费用及每月1 100欧元的补助。奖学金生须与基金委签合同，承诺按期回国。
2 埃菲尔奖学金包括一次往返国际旅费、在法10周法语培训费用约1 800欧元及每月1 200欧元的补助，享受埃菲尔奖学金的学生同时享受免学费待遇。
3 如巴黎综合理工校友基金会提供的奖学金。

至寄回国一部分，补贴家用。

奖学金生的身份不仅意味着学习生活费用得到保障，还给他们带来了其他一些特权，如奖学金生有在国际大学城和大学校园里的优先住宿权，保险、居住证等行政手续有专人负责，可以免费享受图书馆服务等。此外，他们还可以像其他自费生一样，根据家庭收入情况申请住房补助和交通补助等。

在22名受访人中，7名没有奖学金完全靠自费，他们的留学经费来源主要是父母资助或以前工作期间的个人储蓄，进入实习阶段后还会有一些实习工资。因为就读的学校声望和专业都不错，找到一个较好的实习工作不是很困难，工资一般是正式员工的1/3。这一点比在综合性大学就读的自费生好很多。很多中国留学生因学校牌子不响，专业不实用，法语又不好，找不到合适的实习位置，只能打一些零工，如给人看看小孩、做做清洁等，不但收入有限，还花费很多时间和精力，影响了学业。相比之下，大学校的中国学生即使没有奖学金，经济情况也要好得多，基本上不必为生计担忧，可以把精力完全集中在学业上。

**二、作为文化语境的居住环境**

对于外国留学生来说，找到合适而便宜的住房是一个绝对的难题，特别是在巴黎这样的大城市。在法国的中国自费留学生一般都有多次搬家的经历。但在受访群体中，住房似乎并不是一个很大的困难。22名受访人中的15名在读期间住在学生宿舍（有的学生已经毕业或正要离校，访谈时他们已经不住在学校宿舍了），特别是在商校和工程师学校就读的受访人全部住在校园宿舍或国际大学城里。调查者参观了综合理工、巴黎高师、巴黎中央学校、高等经济商业学院及国际大学城的留学生宿舍。大学校校园里的宿舍条件很好，有单人房间、公共卫生间和厨房，上课就餐都很方便。条件更好一些的房间里有单独的盥洗室和厨房，宽敞的公共活动空间，文体娱乐和健身设施。国际大学城的社区管理则更为完善，有银行、邮局、警察局的办公点、图书馆、绿地、咖啡厅、食堂和餐馆，为学生之间的交流提供了便利条件。

大学校的校内住宿制度也省却了社会住宿的许多麻烦，有利于学生将更多的时间和精力集中在学习上,减少外界的干扰。此外,相对集中的居住方式为学生创造了更多彼此交流的机会,在日常生活和学习中培养同窗之情,有利于培养集体认同感和群体意识。这种住宿方式还便于学生感受学校独特的学术和文化氛围,从生活方式上影响学生的思想方式,使其更好地融入学校生活。

在校园住宿唯一的不便是与社会相对隔绝,因为很多大学校的校园都在远离城市中心的郊区,如综合理工学校的校园坐落在距离巴黎市中心约30分钟车程的帕莱佐(Palaiseau),整个校区占地180公顷,其中120公顷为绿色植物所覆盖。因校园地势较高,中国学生戏称自己住在"山上",到镇上采购日用品都需要"下山"。校园设施非常齐全。学生生活区占地1 600平方米,许多房间被开设成为自由活动的场所,让学生们可以尽情地享受艺术、文化和娱乐活动。但住在自成一体的校园中,除了周末,外国学生便没有接触外界的机会,特别是与周围普通老百姓很少交流,不利于他们了解法国社会,很难自然地融入到周围的社会生活中去。

### 三、课外娱乐活动的文化意义

在前一章中,我们较为详细地描述了大学校中国学生的学习经历和学业表现。可以看出,我们的受访人都非常刻苦用功,把大部分时间和精力投入到紧张的学习之中。除了学习之外,在课外时间(包括周末、假期),为了放松身心,也为了充实自身,很多受访人会进行一些探索性的文化活动,如参观、游览,或到其他城市、地区甚至欧洲其他国家旅游等。

假期会出去玩,逛街,参观博物馆,和朋友聚会。要融入法国社会,学习外的生活也很重要。可以去了解他们的历史、文化;也可以逛逛街,了解了解时尚流行的东西;看看各种品牌,也是一种视觉上的享受。如果认识几个法国朋友就更好了……

(冯琳,高等经济商业学院)

作为一名年轻的艺术家,在巴黎音乐师范学校就读的袁玮莹更是将文化体验放在同知识学习和艺术实践同等重要的地位:

> 我一到巴黎,博物馆、展览、大小街道,凡是书本上知道的都去过了,还看了很多演出,以歌剧为主,也有话剧,连迪厅都去过了。这里的文化产业很发达,文化设施太丰富了,选择太多了。
>
> (袁玮莹,巴黎音乐师范学校)

在校园里,体育活动是主要的休闲方式。大学校一般都有完备的体育设施。如综合理工学校的校园中,在相当大的土地上修建了设施齐全的露天体育场所,包括足球场、橄榄球场、网球场、田径场、高尔夫球场等,帆板和划船运动则可以在校园内的湖上进行。

此外,中国留学生也会偶尔参与学校里法国学生的一些集体联谊和社团活动。尽管大学校的社团生活很丰富,但由于语言交流、活动本身形式以及年龄等问题,大部分受访人只尝试性地参与过,满足一下好奇心后,就不太感兴趣了。

> 别的活动偶尔参加一下。像他们的 soirée(晚会),我参加过一次,之后就不太参加了。这里的 soirée 都是先喝酒再跳舞,我不是太感兴趣。学生会组织过旅游,正巧赶上别的事情,我没有参加。上学期看到学生会竞选,挺好玩的。分了三个队,每个队都拿出浑身解数吸引选票。有的队在那几天免费送早饭,有的队在学校摆摊子中午可以去那儿吃东西。他们都做了 DV 宣传自己,很有意思。
>
> (田瑜,路桥学校)

他们和国内的玩法也不一样,大多是颓废地玩。比如有大麻俱乐部,十几个人一起跑到荷兰去吸大麻。有时组织 soirée(晚会),把整个学校布置得像舞厅一样,用大巴把别的学校的学生接过来。学校本身只有两三百人,晚会会有两三千人来。我还算去努力交流的,有时候会参加他们的 soirée。我们五个人里只有我会去,其他人都不会去。

(杨晨,路桥学校)

相比之下,中国同学之间的联谊活动更加频繁一些。除了相熟的中国学生、校友之间频繁的个人交往外,有些大学校还组织了中国学生会,如巴黎高科的中国校友会(AFCP)就是由在巴黎高科各个学校学习的中国学生组建的学生组织,还有路桥学校(ESCP)、高等经济商业学院(ESSEC)、巴黎高等商业学校(ESCP-EAP)的中国学生会等。他们创建自己的网站,不定期地组织一些联谊活动,介绍中国文化,促进中法交流,为中国毕业生提供就业信息。我们的一名受访者在从大学校毕业后,还曾经担任巴黎学联主席、全法学生与学者联席会主席的职务。

## 第五节 社会融入

如果我们按照布迪厄的理论将法国大学校视为一个场域,那么从调查中可以看出,中国留学生个体进入到这个场域后,积极熟悉规则,自我调整和适应,基本能够融入其中,他们对大学校或多或少都产生了一定的归属感和荣誉感,优越的学习环境和较好的生活条件也使他们很快适应了大学校生活。然而,在社会这个大环境中,他们是否也能够找到自己的位置,产生认同意识,产生对这个社会文化圈子的归属感?在文化价值观念方面,他们是否也得到规训,产生强烈的认同感呢?这就不仅仅是学习经历和校园体验的问题了。在本节,我们将从社会和文化层面,考察中国留学生的社会融入问题。

**一、受访者对社会融入的理解**

有的受访人认为,社会融入首先涉及客观的层面,要求个体满足一定的社会条件,才能参与社会生活。"社会融入,首先是在这个社会有一份职业,有一份工作,如果只是一个学生,就还只是一个旁观者。要被社会所承认,需要你为这个社会做一份贡献。一个 salarie actif（在职工作的人）就是融入的一种表现，说明你找到社会上的一个立足点，找到了自己的位置，找到一个工作说明你的能力，有被公司需要的才能……"（冯琳，高等经济商业学院）。

但有的受访人体会到融入的另一个层面是主观的情感，是对一个群体的归属感，是一种心理感受。"我觉得融入主要是心里的态度，待在这里方便吗？寂寞吗？开心吗？如果不寂寞、能够开心生活，就是融入。在这里，我的思想上不会焦虑，这一点算是融入了。但是我的朋友主要是在学校学习时交的朋友，生活上没有交朋友，在这里街上看到的都是老人。这样的融入我还需要一点时间，朋友圈子要再扩大。从心里的态度来说，问问自己是不是孤独、fermé（封闭），别人会忘记你吗？空闲的时候别人找你玩吗？这些我都没有问题"（杨晨，路桥学校）。

还有受访人认为，社会融入是一个相互的互动过程，既取决于个人，也取决于接纳个人的社会。"融入分很多层次，应该是双方面的，即你是否有融入的想法，法国社会是否愿意接纳你。我觉得法国人对移民很谨慎，相当一部分法国人还是挺保守、挺封闭的。法兰西民族应该有怀旧情结吧，过去那么辉煌，对拿破仑戴高乐很崇拜，有怀旧情绪的民族都比较保守、谨慎。当然也得看个人。融入这个团体一个是看你自己，一个是看你接触的人。受教育高的人容易接受人，拿 smic（最低工资）的工人则受媒体的影响更大。他们没了工作，企业 delocalisé（外迁）了，不会欢迎外来的人，从世界经济一体化中得到利益的人就会欢迎人"（冯琳，高等经济商业学院）。

通过以上征引，我们可以看到，即使是在人数有限的受访者内部，对于融入这一概念也是"仁者见仁，智者见智"，很难统一在一个系统的概念之下。或许在这个问题上，肖君说得比较实在："现在谈融入为时过早，只能说可以平心静气地交流，没有十年八年的时间不能说融入。"毕竟，融入是一个长期的过程，需要很多时间去打磨。但无论如何，融入至少是关系到个体发展的关键性因素，每一个留学生都必须认真面对，对那些未来想在留学国进一步居留和发展的人来说就更是如此。

## 二、社会融入的状态

在访谈中我们感到，中国学生在法国社会融入的状态并不理想。很多学生觉得自己在学习方面融入得比较好，能够得心应手。但是在社会融入方面做得不够，与法国人交流不够，对法国社会和文化了解得不够。究其原因，是一部分受访者只将留学法国看作求学路程中的一段，主观上没有把融入法国社会作为目标。与学业相比，社会融入并不是他们优先考虑的问题。

应该说我学习上的融入比较好，生活上并不想太融入进去，像他们的 soirée（晚会）什么的不愿参加，主要是生活方式不一样，除了考试学习之外的东西都不太适应，和教育成长背景也有关系。我觉得 22 岁就定型了，主观上不太愿意改变自己的习惯。但是也挺想了解法国社会和法国人的，学生会竞选和 soirée 也会去看一看，如果不感兴趣，就不想太勉强自己。其他中国学生跟我差不多，少数偏西方人性格的除外，我是属于偏东方人的。

（田瑜，路桥学校）

确实，对于文化背景与传统习惯完全不同的"异乡人"来说，要想一下子适应这种完全"异质性"的文化氛围和交往方式，确实不是一件易事，难怪多数人都会选择"回避"的策略。这不仅是一种"人生地不熟"的暂时状态，更是一种"文化冲突"的对峙性表现。我们采访的在巴黎高师和综合理工学校就读，希望以后从事科研工作的几位学生也是如此。用他们自己的话来说，他们在法期间"清心寡欲，与世隔绝"，在学业上有着骄人的成绩，但与学校之外的法国社会、教师同学之外的法国人几乎不发生关系，他们对法国社会和法国人不是特别感兴趣，而更关心中国的事情。

为什么非要融入进去呢？像我们这样，相当于读了两个国家的本科，对两边了解都更多，以后还可能到其他国家去深造或发展。有没有必要为了法国的特点而改变我们的东西,这个问题需要考虑……

(全远征,国立高等电信学校)

这种态度,表达的不仅是一种个体的应对策略和思考,更是一种潜在的文化态度和立场,话语中隐含着"我是中国人,我们有自己的文化传统"的自豪。可如果进一步追问的话,似乎也混杂了来自于实践的诸多挫折因素的考量和自我保护的色彩。譬如有一部分受访者希望自己能够更好地融入法国社会,更多地了解法国社会和法国人,但感到周围的环境和人太冷漠,自己的努力没有得到回报,有挫败感。魏露露即是如此。

连美国人或讲英语的学生都不可能真正融入这个社会,虽然我们学校经常听到一堆一堆的人在一块儿讲英语。我们中国人更是这样,上课都坐在一起。原来我也想多接触一下法国人,吃饭的时候还专门去和他们坐在一起,结果那人就打个招呼,一顿饭连一句话也不说。我的努力老是失败,以后也没有接触的信心了。我在这儿有很多同学工作很多年了,周末聚会仍然是中国同学的聚会,和中国人在一起。总的感觉是法国人不太喜欢中国人。……我在这儿的第一年心理压力大,交往又很不顺利,对这个社会甚至有一些抵触感,第二年才习惯和适应了一些,能品味出这里的确是好地方。但我的家不在这里,我是要回家的。

(魏露露,巴黎政治学院)

应该说,这种心态更加真实与实在,因为它展现出留学生在法国教育场域里真正遭遇的那种挫折感。比较"民族文化自豪感"固然有些让人泄气,可毕竟它道出了问题的本质所在。在我们的访谈对象中,觉得自己开始融入社会的,多是已经从工程师学校和商校毕业的学生。他们通过实习、就业,有了一份能够安身立命的稳定收入,在社会关系网中找到了自己的位置,开始融入法国的社会生活。但即使是这样,他们也认为真正融入到法国社会中是很不容易的。在法国一家大银行任职的全远征觉得，自己与法国人的交流限于技术层面，"按照企业的规章可以做得很好，但是潜规则不了解，有很多东西做不到，也不一定愿意去做，因为我们不认同他们，他们也不认同我们"。秦自宇一针见血地指出，很多中国人在职场上遭遇"玻璃天花板"，就是因为"在社会层面上，中国人永远做不过法国人，那是一种联系很广泛的网。而且法国社会中的规则，中国人不熟悉也不会利用。我觉得我们了解法国浅。对我们来说，法国就像一条很浅的小溪在静静流淌，而中国是一条波涛汹涌的大河，深不见底，指不定什么时候就有机会冒出来"。这样一种描述，其实更有利于我们做进一步的深层次分析，因为这涉及文化层面和传统的东西，个体经验中其实面临的是两种文化传统的"交锋"，对于自己生长其中的"母国文化"和主要的"异质文化"，这其中的张力究竟该如何把握，是摆在留学生面前的一个主要难题。

### 三、影响中国学生融入法国社会的因素

#### （一）客观因素

既然融入是一个取决于个人与社会双方的互动过程，那么影响中国学生社会融入的原因也应该从两个方面来分析。

首先从接待方的角度，受访人有的认为他们希望融入的社会包括整个大环境存在着排斥的力量，法国社会对移民的接纳度低，法国人比较保守，对中国人存在偏见。

我觉得法国人对移民很谨慎，相当一部分法国人还是挺保守挺封闭的。法兰西民族应该有怀旧情结吧，过去怎么辉煌，对拿破仑戴高乐很崇拜，有怀旧情绪的民族都比较保守、谨慎。当然也得看个人。融入这个团体一个是看你自己，一个是看你接触的人。受教育高的人容易接受人，拿 smic（最低工资）的工人则受媒体的影响更大。他们没了工作，企业 delocalisé（外迁）了，不会欢迎外来的人，从世界经济一体化中得到利益的人就会欢迎人。我和实习工作的人一起聊天，他告诉我说并不是所有

的人都会像他那样接受中国人，有的法国人说起中国人还很反感。我说去13区吃饭，一部分法国人会说13区很乱的、有小偷，另一部分法国人会马上反驳说香榭丽舍也有小偷。13区在法国人心目中形象很差，但也说明一部分法国人对中国人的看法是负面的，而另一部分人则比较客观。我当然会认为一部分法国人比较好接触。像我不太擅长于说服人，想告诉他们中国人怎么怎么好，也不知道该如何说。和我接触的当地人，多是对外国人包括中国人都比较友好的人群，有的人则多多少少有一些歧视，看你穿得比较好就问是日本人还是中国台湾人。大多数人认为中国产品廉价，质量差。我遇到一个态度很差的营业员，一个同事买的皮带坏了去换，他说中国货就这样。

（冯琳，高等经济商业学院）

应该说，这段话基本反映了事实，就是中国人在法国的形象问题。总体来说，这样一种形象的形成是一个长期积累的过程，非一蹴而就，更非短时期可以改变。还是魏莉说得好："本身有语言的问题，也有文化差异的原因，人家也不是特别诚心非把你拉进这个圈子。法国人认为，再怎样你也是外国人。你的法语再好，人家也认为你是法语说得好的中国人。"

大的社会环境如此，大学校小的客观环境对外来者的接纳程度也会相对有限。本来大学校就有一定的封闭性，大多数学生的家庭出身为上流阶层，不少学生几代人都是大学校的校友。对于这些在大学校教育场域占据统治地位并有着绝对优势的成员来说，并不希望有外来者"侵入"，更何况是宗教信仰、意识形态、文化价值观念，甚至语言沟通都有障碍的外国人。此外，大学校除了在教学中灌输统一的思想和价值观，在课后的活动和生活中也注意培养归属感，而且这种归属感的培养从预科班就开始了，大家都是通过重重选拔考试克服各种障碍才得以进入某所大学校，有着一致的学习目标和共同的教育经历。对于没有经过预科班和传统选拔考试、完全通过另一种途径入学的中国留学生来说，显然无法分享这种共同的情感和默契。曾在巴黎政治学

## 第七章 教育体验与生活经历

院就读的金颖强烈地感到这种隔阂：

> Sciences-po（巴黎政治学院）的学生都是 prepa（预科班）的死党，不容易打进去。他们第一年第二年也很难，淘汰率有 10%，都是克服困难凝聚起来的。他们有的学生是开车来开车走，跟外国人说话连眼睛都不愿意看着你，对外国学生很漠视，indifférent（无所谓）。他不是歧视，就是漠视。他不会主动帮你，当然如果你去求他，他也不会拒绝，但对你就是不感兴趣。在他们眼里，只有美国和欧洲……
>
> （金颖，巴黎政治学院）

因此，尽管中国学生成绩优秀，适应性强，与大学校的法国教师与学生也能够做到和睦相处，维持礼貌、友好的关系，但因没有共同的教育经历，加上语言、文化上的隔阂，很难更深入地融入到周围法国学生的小圈子和大学校的特殊关系网络中去。

此外，还应该注意到，传统大学校学生毕业后主要有两条出路：一是进入企事业单位担任高级管理和技术人员，这条就业途径对大学校的外国留学生是敞开的；二是进入公共行政管理部门或政府部门担任高级公务员。一些从创建之初就为国家培养技术官僚的大学校，如国家行政学院、综合理工学校等，它们的毕业生绝大部分会走这条道路。由于招生途径、国籍的限制，这条道路（包括精英团）对中国学生是封闭的。也就是说，大学校与法国国家政治生活相通的一部分场域，中国学生是根本没有条件进入的。

（二）主观因素

从外来者（nouveaux arrivants）个体的角度，影响社会融入的因素更为复杂，包括文化因素、意识形态、经济因素、个人因素等。其中文化因素是影响中国学生在法国的人际交往和社会融入的重要因素。

对法国接受外国留学生的研究表明，外国学生到了接待国，经常会感到

"文化冲击"。所谓"文化冲击",指的是"由于失去了自己熟悉的社会交往信号和符号,对于对方的社会符号不熟悉,而在心理上产生的深度焦虑症"。波尔金杰(A. Bolzinger)[1]认为,由于文化冲击的强弱和明显程度往往与家乡文化和东道主文化的差异大小成正比,所以对有些外国学生来说,文化冲击仅仅造成极其轻微的影响,而对另一些学生却会导致严重的心理危机。纳瓦罗(G. Pnon Navarro)[2]在研究中观察到,由于文化距离较近,拉美裔留学生能够很好地适应法国大学的生活,甚至比马格里布国家说法语的留学生更容易融入法国社会。无论与拉丁文化还是与原法国殖民地北非文化相比,中国文化离法国文化的距离更远。[3]

这种文化因素是如何影响中国留学生的社会融入?我们的调查对象又是怎么体会到这种文化距离的?教育文化学者将文化传统区分为四个组成部分:价值体系、知识经验、思维方式、语言符号。价值体系和思维方式主要体现为隐性文化,知识经验和语言符号主要体现为显性文化。四者在实际的文化传统运行过程中处于交叉、融合的状态,彼此之间不同地位、不同基质的区别也客观存在。[4]知识经验、语言符号从内容到形式都处于不断的变动之中,而价值规范和思维方式则表现出极强的历史继承性,深深扎根于民众的思想观念和行为之中。价值规范和思维方式作为文化中根深蒂固的东西,在长期的传递过程中,会自觉不自觉地由"表层结构"转向"深层结构",成为控制人的思想观念、思维方式的强有力的工具。

我们在这里借用以上分类,分析文化因素对留学生社会融入的影响。从受访人的感受看来,这四个层次的因素都在起作用。

---

1 BOLZIN GER A. (1974). *Note sur la psychopathologie des étudiants étrangers* [J], *Bulletin de psychologie*, N° 16–17, pp. 883–887.
2 PINON NAVARRO G. (1988). *L'adaptation des étudiants étrangers en France : le cas des étudiants latino-américains de l'Université Paris 8* [D]. Mémoire de DEA, Université Paris 8.p.122.
3 COULON Alain, PALVANDI Saeed (2003). *Les Etudiants étrangers en France, l'Etat des savoirs*[R], Rapport pour l'observatoire national de la vie étudiante (OVE), mars. p.36.
4 郑金洲. 教育文化学 [M]. 北京:人民教育出版社, 2000:106.

## 第七章 教育体验与生活经历

### 1. 语言符号

语言是影响中国学生社会融入的第一道障碍。很多受访人来法国之前只学了两三个月的法语,在刚开始的阶段,听课尚且困难,更不要说表达喜怒哀乐、融入社会生活了。有的人认为语言障碍(特别是口语)影响了自己与法国同学的交往,只能做到一般相处,处不到像中国那样的朋友。有的人觉得"和法国人交流没有营养。他们是强势一方,我语言不好,表达不出自己的思想,不是平等的交流。而和中国朋友在一起可以深入交谈,从中学到东西,获得乐趣"(肖君)。不过,这样的选择似乎只能得到中国留学生设身处地的理解同情。他们认为,"如果在中国,一个人中文说得磕磕巴巴,我也不会老是和他在一起,所以也很好理解(对方的心理)。如果用英文的话,我想我会交到更多的朋友"(秦自宇,综合理工学校)。

法语比较好、已经工作的人仍然能感到这种障碍:

比如我们不能说法国笑话,有时会心一笑是最有效的交流方式,但我们很难做到。我们懂文言文,但是不懂拉丁文。这和我们的外语教学有关。国内普通的外语教学完全是应用性教学,学不到文化层面的知识,不像他们学拉丁语。他们经常来一句,掉掉书袋,让你很恼火。我们说得再好,也只是地道而已,达不到文化的高度。况且我们讲法语,他们觉得像五岁小孩一样。

(全远征,国立高等电信学校)

在这里,我们对于语言问题的讨论,其实已经远远超过一般意义上的语言沟通障碍层面。语言本来就是文化承载的符号,它所蕴含的远不是简单的表意。双方之间的交流,其实重要的并非语言本身,而是语言所包含的内容甚至思想。这里所要追究的,显然是更深层次的一些东西。

### 2. 知识经验与风俗习惯

文化是个人从所属社会中得到的东西的总和,因此,一种文化中的知识、经验、习俗、习惯，需要一个人从出生就开始学习、凝聚和积淀。正如受访者彭飞在博客中写道："人不论男男女女，都不仅仅是他们自身；他们也是自己出生的乡土，学步的农场或城市公寓，儿时玩的游戏，私下听来的山海经，吃的饭食，上的学校，关心的运动，吟哦的诗章，信仰的上帝。这一切东西把他们造成现在这样，而这些东西都不是道听途说就可以了解的，非得要和那些人生活过。"这段话形象地说明，要了解一个国家的文化、一个国家的人，必须要长时间地亲身经历和亲身接触。

受访人普遍感到自己对法国社会文化了解不多，积累不够，有关知识经验的缺乏影响了社会交往。他们跟法国人聊天时往往没有共同的话题，说不到一块儿去，不像和自己国家的人，什么都能很轻松地谈下去。"在 party（晚会）上，话题说不到一块去。为什么他说话用这种方式，他的口气为什么变了，为什么这个东西好玩，你觉得好玩的东西他们为什么又不觉得，等等。大的活动还好一些。比如在 cocktail（鸡尾酒会），可以随便说说，反正都是半熟半不熟的人。反而是在越小范围的朋友之间，比如生日聚会上，越不知道要干什么。越熟的人之间，你想让他高兴，他可能感觉不到；他觉得对你好，你又不觉得"（周思，巴黎政治学院）。这是一种跨文化交流的障碍，就是难以迅速寻找到对话双方间的共同兴趣。

除了找不到话题的尴尬，知识经验的缺乏也使他们在朋友交往和社会活动中总是处于被动的位置。"跟在国内上大学时不一样，不是自己的语言、文化，对他们熟悉的人也不了解，组织 festival（艺术节）请来名人，连名字我都不知道。也不可能提出可行性建议，就只是跟着。表决也跟着，没有主动权"（金颖，巴黎政治学院）。

课堂之外的一些文化娱乐活动，如晚会、出游等，是发展友谊、了解和融入法国社会的机会，但风俗习惯的不同使受访人不能有效地利用这些机会。很多学生在访谈中，不约而同地提到对法国人在晚会上的玩乐方式感到特别不适应，不喜欢。

## 第七章　教育体验与生活经历

我是比较保守的，像他们开 soirée（晚会）的气氛我就不太喜欢。我主张朋友之间是应该有界限的。可是像他们的 soirée 就是玩闹、喝酒，喝高了就做一些中国学生不太能接受的游戏，没有界限了。

（季康，巴黎中央学校）

知识经验、语言符号是显性的文化因素，从内容到形式都处于不断的变动之中。随着时间的推移，知识经验可以积累，法语可以不断进步，这都有利于消除社会融入的障碍。有的学生说，刚开始的时候对法国青年人热衷的流行文化不了解，聊天的时候插不进去，因为他们会谈一些正在放映的电视剧电影什么的，但随着时间的推移，原来是空白的知识和经验慢慢积累起来，聊天的时候就可以发表自己的看法，周围的人也会对他们的看法感兴趣。

相比之下，价值规范和思维方式则是隐性的文化因素，表现出极强的历史继承性，深深扎根于个人的思想观念和行为之中。即使在法国生活多年，也很难适应这种差异性，最多是从刚开始的冲突惊讶，到可以接受可以理解，但不会身体力行。

### 3. 价值规范

在中国文化传统的价值取向构成中，始终把谋求人与自然、他人和社会的和谐统一作为人生理想的主旋律。反映在教育上，就是反对受教育者的独立意志和锐意进取，注意培养人的群体意识、顺情诚敬意识等。[1] 而在西方传统文化的价值取向中，特别强调人的独立自主和进取精神，提倡个人意识，以突出自我为中心。

他们是很独立的，十八九岁就开始独立打工，自己挣学费，不靠父母。中国父母为子女呕心沥血，做什么都行。中国老人愿意和子女在一起。我奶奶要是一个人生活简直不可想象，我爷爷奶奶不是在我爸妈家就是在

---

[1] 郑金洲. 教育文化学 [M]. 北京：人民教育出版社，2000：108.

姑姑叔叔家。而在这里，老人越独立越好，独立说明自己还年轻。他们就圣诞节在一起，大多时候分开住，人与人之间分得很清楚，包括子女和爸妈之间。对此我不是特别理解。我认为这太奇怪、太淡漠了。

（金颖，巴黎政治学院）

在访谈中，几乎每个人都提到法国人的"自我意识"特别强，与国内培养的"集体群体"和"和谐"意识形成鲜明的对比。在日常语言的表达中，法国人的主语经常是"我"，而中国人经常说"我们"。一位同学在访谈时说："在他们的心目中，人是可以作为个体单独存在的。但对我来说，我只能存在于周围的社会关系之中。如果没有这个社会网络，我也就不是我了。"（冯琳，高等经济商业学院）

有一次与法国同学合作搞前期研究，我多做了一些工作。按理说如果你的合作对象做了更多的工作，你应该高兴才是，因为你省了力气，但他们不是。虽然我们私下关系不错，互相佩服，但是他认为工作应该是partager（分配）的，不能完全是你的。这个反映了他们自己的东西是分得比较开的，不想和别人混在一起。中国人喜欢ensemble（在一起）、和谐，法国人自我的感觉更强一些。

（凌岚，雷恩建筑师学校）

有些受访人认为，这种"自我意识"和"个人主义"有时有"自私"的嫌疑。"中国人团体感强，总会让步一些，迁就别人。法国人是绝对不会迁就人的，游戏规则都是他们定"。这种差异往往隐性存在于人们的思想和行为举止中，不至于产生严重的冲突和矛盾，也不会表现在表面上。就像很多同学说的那样，"有时没法理解他们，不知道他们在想什么"，只有通过日常生活学习亲身经历的小事与交往的细节，才能体会到这种差异。

杨晨意识到这点是刚到法国不久，在与法国同学的聊天中感觉到的：

## 第七章 教育体验与生活经历

他们非常独立，不管是学生、老师还是工作人员，他们会觉得你也应该是一个独立的人。比如我们三个人一起聊天，都是同班同学，一起做习题，开始的时候中国学生语言都不好，聊天时听不懂也说不出，他们两个法国人可以一直讲，2个小时都不跟你说一句话，不瞟你一眼。我开始很不明白，现在也不是特别明白他们是怎么想的。不过现在我对他们的方式可以接受，或许他们是觉得不跟你讲话是因为你不愿意说话，是尊重你。中国人不这样。三个人在一起聊天的话，肯定想方设法找同样的话题，把它变成三个人的交流而不是两个人的交流。如果语言上有问题，也一定很愿意帮你解释一下，让你参与进来。法国人是绝对不会这样做的。

（杨晨，路桥学校）

金颖是在小组学习的过程中领教了法国同学的"个人主义"：

相对而言，他们更"个人"一些。中国人做 projet collectif（集体项目）很认真，要熬夜就一起熬，他们不是这样。即使你跟他们约好了，她也可能打个电话说要和男朋友去看电影，不来了。在我们看来，这是不是理由的理由，还不如说你妈病了。但他们就这样。第二天凌晨，你还在睡觉，她已经把她该做的那部分用 E-MAIL 传过来了，也不管你第二天作 exposé（陈述）是不是需要准备。我们一般都是先写好，排练一下。他们不用，都是 exposé spondané（临时陈述）。这些都需要适应。文化差距的确很大很不同，但没有到闹矛盾的地步，就接受了。

（金颖，巴黎政治学院）

法国人非常注重人作为个体的神圣权利，认为必须尊重和保障这种权利。他们不能理解在中国人中非常普遍的集体主义观念和爱国主义情绪。在中国人的心目中，"家"的观念非常重要，国家是大家，集体是小家，没有国就没有家，没有家就没有人，为了"大家"的利益可以牺牲个人的权利。

中国人在一个单位工作，有一种家的感觉，同事都很熟悉，下班还会聚在一起去吃饭。法国人绝对不会这样，他们的交往方式也很少去别人家串门什么的。可能这也是法国企业在中国做得不好的原因，他们不理解中国人的思维，不知道怎么管理中国的员工。中国女孩子可以在街上穿一双很坳脚的皮鞋，到公司里会马上换一双家里穿的拖鞋，而法国人在街上穿着随便，到了公司马上换正式的服装和鞋子。

（杨晨，路桥学校）

4. 思维方式

思维方式是人脑对各种信息进行分析、综合、比较、抽象和系统化、具体化等的方式。受儒家思想影响，华夏文化中形成了中庸、和谐、合一的思维方式，儒学文化的理想是达到心灵和谐，没有强烈的内心紧张或心灵不安全感，所培养的人少批判精神，注重在彼此的"合"中求最佳的"中庸"效果。西方人则是二元论的思维方式，二元冲突，非此即彼。

法国人的思维是 absolu（绝对的），中国人是 relatif（相对的）。法国人如果认为他的方案好，就一定要做到底，要 convaincre les autres（说服其他人），imposer aux autres（强加给其他人）；而中国人觉得要更多去适应，去和其他人交流，从对方的角度来看问题。所以我会让他们看我的 CV（履历）和 lettre de motivation（申请书），听取他们的意见……中国人很实际，看问题先要问问有什么用；法国人思维更加直接，更注重逻辑关系。中国人思维转很多弯，一个问题要考虑很多方面，而且注意感性、经验，如果没有经验，就觉得做不了。法国人认为只要这个计划好，没有经验也是可以做好的。

（冯琳，高等经济商业学院）

我们采访的很多学生都说自己很少与周围的人起冲突，他们不喜欢冲

## 第七章　教育体验与生活经历

突，不喜欢争论，在公共场所甚至课堂上也较少发表自己的意见。他们经常说中国人重面子，其实这个面子既是看中自己的面子，也是给他人留有余地。相比之下，在日常生活和学习中，他们感到法国人太直接，太直白，没有中国人之间的委婉与含蓄。

我不太喜欢法国人，他们容易让人失望，因为他们太实际了。反而是中国人讲义气，重感情，理想化浪漫化的东西比法国人多。法国人太个人中心主义，实际利益追求太直接。他们总是说得很好听，比如去超市买一送一，拿错了，要求退两块钱，这很正常，但他们连两分钱都要求超市退还。我们会觉得不好意思，拿错就算了嘛，但这在他们很正常。有时觉得他们太直白，朋友之间这样多没劲。

（周思，巴黎政治学院）

虽然不喜欢冲突和矛盾，我们的受访人对法国人的自信和批判精神还是欣赏佩服的。他们认为，批判与辩论能够使思想在冲突、对立和碰撞中得到充实和发展。

我有一个中国同学，她的上课老师很有挑衅性，专门挑中国的刺，她很受不了，上课经常发言反驳老师，这门课也根本不打算过了，结果反而老师最后给她很高的分。他们喜欢这种面对面的交锋和思想的冲撞，而不一定非得达成一致，就看你敢不敢发言参与辩论。

（魏露露，巴黎政治学院）

### （三）其他因素

除了文化因素之外，影响中国学生社会融入的还有经济因素。参加社会交往，出席文化活动，如吃饭、喝酒、晚会、出游、旅行等，都得建立在经济实力的基础上，无法支付这些费用也就失去融入社会的机会。应该说与自费留学生相比，就读大学校的受访人很多都有奖学金资助，在这方面还是比较宽裕的。

此外个人因素也很重要，包括个性、年龄、性别、在法时间长短等。从性格上来看，开朗自信的人容易接纳别人，较容易适应外向的社会交往活动；性格敏感内向的人更倾向于自我保护，将自己封闭在小圈子里。从性别来看，几位受访人都认为女生比男生更容易融入社会。她们解释说："中国学生交往不够主动，老是希望别人来找你。女孩子更好融入一些，因为法国男孩子会来找你，发出邀请，你只要说 oui ou non（是或不是）就行了。男孩子就得主动去找别人，总不能指望法国女孩子主动来找你吧。法国人很个人中心主义，很难为别人做什么。"（金颖，巴黎政治学院）

### 三、社会融入策略

对于社会融入来说，一方面整体的大背景会起到重要的制约作用，我们毕竟不能脱离大环境而生存，另一方面个体的生性和努力也并非不重要，个体的主观能动性还是要尽可能发挥。为了克服诸多困难，更好地进行社会融入，中国留学生所采取的策略首先是观察，多听多看，多了解多学习，通过观察获得更准确的认识，了解周围法国人的行为方式。如电视节目是他们观察了解法国社会的一个重要窗口。

其次是多参加学习之外的活动，如运动、喝酒、聚会、看电影、参观博物馆等。他们认为要想融入法国社会，学习之外的活动比课堂上的交往更重要。通过这些活动，"可以更好地了解他们的历史、文化。哪怕是逛街，也可以了解他们时尚流行的东西和各种品牌，也算是一种视觉上的认识"（冯琳）。凌岚说："和好朋友是一起玩出来的感情。"有的受访人认为，住在大学校校园里的学生宿舍虽然方便学习，但校园通常在市郊，离巴黎远，了解巴黎的生活少，再加上国际学生经常在一起，和法国学生交流不多，对融入法国社会不是一个有利的因素，所以还要跳出学校这个小圈子，才能更多地了解社会。

不少受访人还提到，会有意识地调整自己的心理，用更加开放的态度，

## 第七章　教育体验与生活经历

去努力接受法国文化中好的地方,从对方的角度看问题,"更多地去适应他们的习惯,在坚持原来自己做人原则的条件下,更多地交流,理解他们"(肖君)。我们注意到,哪怕是在访谈中,受访人都会自觉不自觉地进行换位思考。比如秦自宇一边抱怨他的法国同学不愿和外国同学交往,一边反思自己如果处在他们的位置会怎么样。他说:"如果在中国,一个人中文说得磕磕巴巴,我也不会老是和他在一起,所以也很好理解(对方的心理)。如果用英文的话,我想我会交到更多的朋友。"经过换位思考,他觉得对方的态度是"可以理解"和"正常的",对他们的敌意和抱怨也就减弱了。

凌岚在总结自己的社会融入经验时认为,主动自信的态度和良好开放的心态比行动上的策略更加重要:

> 要融入法国人的圈子,必须要有接纳的心态,才能融入其中。我在学校比较受欢迎,他们对我感兴趣,对中国感兴趣,因为我有中国人的自信,不停地向他们推销中国好的东西,让他们感兴趣,想通过我来了解中国文化。这可能就是我比较受欢迎的原因。要有付出,不付出就不可能要求别人对你怎样,交朋友也要将心比心。他们有的愿意学中文,我就教他们一点中文。我询问他们事情,他们也会很耐心地讲解,次数多了就会成为朋友。我会参加他们的晚会,一起吃饭,一起打球,又交到更多的朋友。不要觉得你跟别人不一样,很特殊。我觉得自己是中国人,很自豪,有很多好的东西可以跟别人分享。精神状态也很重要,如果你热心会赢得朋友,很多朋友都是在大学课上认识的,如果你感到失败,精神低迷,别人也不会对你感兴趣。

(凌岚,雷恩建筑师学校)

在社会融入中,文化差异和民族观念虽然是很重要的因素,但融入主体本身的定位和融入意识也很关键。完全拒绝融入固然不是最佳选择,而丧失自身的原有主体性恐怕也非上策。实际上,我们通过一些著名华人的法国成功之路，或许能得到比较好的启示。譬如，程抱一之所以当选为法兰西学院院士、成为黑头发黄皮肤的"不朽者"，就是因为他的融入成功。他不是简单地"打入"对方的圈子，而是和法国第一流的知识精英建立起了非常密切的关系和互动。他所凭借的是自身的中国文化资源优势、对法国学术奥妙的理解，以及由此产生的极重要的"对话"。所以任何因素都不是绝对的，关键在于我们作为中国人，一方面要积极理解和深入异文化场域，同时不忘自身的民族文化本位。只有"汲取"与"送去"并行的策略，才可能真正赢得对方的尊重，达到真正的"有创造性"的融入。像凌岚这样的留学生意识到了这一点，提出"体验和分享"，显然是聪明的做法。

# 第八章　生性变化与未来规划

## 第一节　生性变化

我们所采访的中国留学生在法国的学习时间从几个月到几年不等，他们所经历的不仅仅是一种单纯经验的增加和丰富，还有更深的文化层面的碰撞与抉择。因此，受访者感到"虽然留学时间短，但密度大，经历了不少事，有了很多收获。与国内的同学相比，自我感觉有很多变化"（田瑜）。

的确，留学经历本身就是一笔宝贵的人生财富。几乎所有的受访人都认为，留学法国大学校的经历给他们带来很多正面的影响，具体表现在以下几个方面。

### 一、能力锻炼与视野开拓

在法国社会中与法国人近距离接触，对法国的文化、企业和人有了直观立体的了解，使得这些年轻的中国留学生知道了如何与他们打交道。按照魏莉的说法是：

知道与外国人该怎么打交道。以前在国内呆着，没法想象外国人是怎么想的，现在了解了，其实他们并不比我们聪明多少，法国人笨的也有好多，他们也就是一般人，要把他们当作一般人来对待。

（魏莉，欧洲管理学院）

"外国人"是一个非常宽泛的概念，法国人可以归之为西方人的范畴，与亚洲人、非洲人等相区分。中国人对西方的认识多是美化的，留学的经历让这些年轻人认识了一个真实的西方社会和西方人，克服了对别人盲目美化的心理，增加了自信。或许，他们可以在客观了解别人（首先是法国人）的同时更好地认识自己，"清楚自己的优缺点，知道自己什么事能办成，什么事情办不成"（周思）。

在留法过程中，留学生们各方面的能力都得到了锻炼。大部分受访人是"80后"，是中国改革开放后的城市独生子女一代，在国内处于比较舒适的生活环境，是父母精心照料和宠爱的对象。在国外这样一个特殊环境下，遇到大小问题都要自己考虑自己解决。很多受访者认为，自己比以前更加独立了。季康说："（留学在外）事情都得自己做，没有人能帮你，哪怕认识人也全都靠自己，不能靠家里的关系。"周思承认说："以前我有独生子女的毛病，什么事都要问爸妈。留学是让人快速长大的方式，因为什么都要靠自己去解决。如果老是遇到同一个问题，就说明是自己的问题，不是别人的问题……。"魏莉则感到，留学几年以来，"整个人独立了，可以一个人生活，也能自己养活自己。现在去人生地不熟的地方，我也可以适应环境生存下来"。所有这些感受都表现了留学生们对自身"独立性"的肯定和自豪。

此外，按照有些人的说法，留学法国，学习本身反而不是最重要的，开阔眼界才是最大的收获，因为见多识广，考虑问题也就更加全面了。至于学业，有的受访人觉得自己越学越觉得不够，也要有意识地多接触不同专业不同背景的人，增加自己在不同领域的知识，而原来在国内是不会想到这一点的。

同样是求学，为什么留学会导致如此大的观念差别？留学生们认为：首先，异国求学可拓宽获取信息的渠道，开阔视野。其次，与国际学生接触交往，让他们感到"世界和我们紧密相连，以前不关心的事现在离我很近"（蒋力）。视野放宽增加了他们的自信，以前想不到或不敢想的，现在敢想敢做。秦自宇说："来法国以后觉得眼界开阔了，过去想不到做不到的，现在都可以去做。我想利用这学期的实习到印度去看看，因为在法国人心目中，印度和

第八章　生性变化与未来规划

中国是两个新兴国家，我很想去看看那里到底怎么样。我正在联系 SAINT GOPAIN[1]（圣戈班集团），联系好了就去孟买。我还想去联合国实习，可以去总部，也可以去其他机构，像设在缅甸的亚太经济中心、罗马的人道主义援助中心，还有粮农组织等，除了人权中心我不想去，其他部门都可以申请。去联合国实习没有工资，但我的奖学金应该可以承担，就算是花钱长见识吧。我很想去总部，据说除了安南所在的那一层楼不让进，其他的地方都可以去。这在国内是没法想象的。听说综合理工的学生在那儿很受欢迎，申请难度不是太高，我明年可能会去。"

肖君说得更明确："（留学后）视野不同了。出国前还在想，我出国干嘛？能干嘛？怎么才能成功？现在觉得世界无限广大，北美、澳洲、亚洲都有我的同学。只要努力去做，什么都可能实现。我们这代人可以用更加全球化的眼光，看待全球化世界未来的发展。"

## 二、专业进步与职业发展

开阔视野的确是留学的重要收获之一。很多同学认为，不管能不能拿到文凭，在国外的生活经历都是一笔财富。然而，留学一次，除了增长见识之外，积累专业技能、获得更好的职业发展机会，无疑是直接的功利目的。在第六章中，我们分析了留学生们之所以选择法国大学校，是因为教学质量高，文凭含金量高，与企业联系紧密，在就业市场上很受欢迎。从学习效果看，大学校的确比综合性大学给留学生增添了更多的附加值。

首先，在知名大学校读书，师从知名导师，可以提高专业起点。通过在大学校的学习，不但获得了普通高等教育同样可以提供的知识获取平台，提升了自己在专业领域的水平和层次，而且大学校本身所具备的社会声望与学术资源还能为学生提供难以想象的便利条件，追随名校名师，迅速走到学科最前沿，使个体在走向成功的道路上"如虎添翼"。诚如在巴黎高师就读的受访

---

1　总部设在法国的圣戈班集团是世界工业集团百强之一，以生产、加工并销售房屋、建筑领域的高技术材料为主。该集团在全球 59 个国家均设有生产企业，在世界各地拥有 1 400 多家子公司，全球员工 200 000 人，其中 2/3 在法国以外的地区工作。见 http://www.saint-gobain.com.cn。

人所说:"这边最大的优势是学校名气大,规模小,每个人都配老师,你选的导师好,研究方向定了,一下就能走到学科的最前沿去。"(李研)

其次,大学校的实用性、就业导向以及与职界密切的联系,帮助留学生从懵懂的工作理想中找到现实的职业取向,有了更为清晰的职业计划和人生发展方向。更重要的是,大学校所提供的法国社会制度安排的可能性与高平台,使得留法学生在本质上改变了自身的生活轨迹,进入了一种特殊而快捷的社会地位提升通道(voie d'ascension sociale)。如果说这个经历对于年龄大一些、有工作经验的受访人属于"充电"和"锦上添花",不会过多地改变他们生活和事业的发展方向,那么对于那些没有工作经历、更年轻一点的留学生来说,这种经历已经改变或者正在改变他们的生活轨迹。

国内每所学校都有人才培养模式和方向。我们那一届正好政治局常委刚选出来,其中清华毕业的很多,所以同学之间谈这个问题的也比较多,想以后从政什么的,当时清华也有研究生毕业当县长助理的。我原来想做做研究,或者考公务员进政府部门。我本科毕业设计做的是代建制的题目,即政府要修路,找公司做技术、预算方面的运作方案。到这边以后,我转变了观念,对原来的课题也多了解了一些,但没有原来设计的那么复杂。这边的工程师学校是培养企业管理者,学校课程培养完全是为以后工作做准备的,不像国内理论专业性强,毕业设计也是研究性质的。以前我没有去企业的想法,现在就是准备在企业里干,与布依格公司已经签了CDI(长期工作合同)。

(季康,巴黎中央学校)

在大学校的学习和实习经历还扩展了留学生在职业生涯发展中的国际视野,为职业选择机会提供了多重可能。譬如,田瑜在大学校学习金融工程专业,这使她有可能在竞争激烈的国际金融领域谋取一个好的职位。

第八章　生性变化与未来规划

（我）找到一份很适合的实习工作，有了自己的职业规划，可以说前景很看好。……我的专业是金融工程，是在资本市场做金融的衍生产品，如债券期货、数字模型等。这些要在非常成熟的资本市场才有，北京上海现在还没有，在香港才能用到这个专业。如果从国内毕业去香港做这个专业是非常难的，几乎不可能，而我从法国派去香港就不一样了。我的实习实际上就是这样。如果我在国内，没来巴黎高科，就不会有这么好的实习机会。国内就业压力大，比较好的岗位竞争特别激烈。我这样做也算是"曲线救国"。

（田瑜，路桥学校）

大学校的学习经历还给中国留学生带来了特殊的社会关系资本。对这一点，中国政府部门派出的在职进修人员体会更加深刻。如我国人事部每年派出外交部等部委的公务员到法国国家行政学院（ENA）进修，虽然法国公务员的职位本身对外国留学生并不开放，但他们的法国同窗毕业后，大部分会进入法国政府部门担任高级公务员。对于今后长期与法国打交道的外交官或其他政府官员来说，这种青年时代的同窗友谊和大学校其他人际关系资源，无疑具有重要的价值。

### 三、精英意识与社会认同

随着中国高等教育的大众化，20世纪90年代以前大学生"天之骄子"的形象已经不复存在。在大学校就读的中国留学生虽然大多数是名校毕业，如我们所采访的22人都是国内重点大学的优秀学生，许多人从中学开始就是同龄人中的佼佼者，但他们在进入法国大学校之前，并不认为自己是精英。他们对自己的学识、能力很肯定，但对今后的职业发展，并没有很强的信心，所以才选择留学，增加自己在就业市场的竞争力。

大学校通过严格的选拔保证学生拥有作为精英的智力和能力，在培养的过程中又通过精英教学模式和精英理念的灌输培养强化他们的精英心理。在大学校的中国留学生由于自身的努力，学习成绩优秀，学业表现突出，给了他们更多的自信。而周围法国同学自恃甚高的态度，也给了他们潜移默化的影响。尤其是大学校的培养模式和创造成功的氛围，让他们有了明确的精英身份意识。

　　实际上，法国社会通过大学校这一特殊的高等教育制度安排，实现了"社会身份、地位再生产"。相对于大学作为普通高等教育机构的宽进严出，大学校的入学遴选机制非常严格。进入这一场域学生数量的多少与产出效益的高低成反比。也就是说，大学校文凭的含金量比大学文凭要高得多，大学校毕业的学生比一般大学的毕业生自然而然地获得更多的文化与社会资本，享有更多特权，往往一毕业就占据行政、经济、政治领域的重要岗位。对于中国留学生而言，本来没有这个期待，而一旦进入这个体制，便很正常地从中获益，通过大学校走上一条通往成功的道路。

　　法国的精英学校真的是把你作为一个精英来培养。首先把你的基础打得很牢。……第二是给你机会，让你通过实习去做一些事情。很多事你本来不会做的，但只要你讲得出为什么想做，有一套自圆其说的想法，他们就给你机会去做；第三是很多人为你提供服务。只要你有计划，他们就提供平台，想方设法帮你做，把你的潜力充分发挥出来。

（杨晨，路桥学校）

　　艾兹拉·苏雷曼（Ezra N. Suleiman）认为，民主社会精英的统治要长期持续下去，必须有两个条件，一是作为精英的自我意识和对自己掌握统治权合法性的信心，二是有巩固的社会基础，即社会各阶层对精英统治的接受，以及对统治权合法性的承认。前者属于精英的自我形象的树立，后者属于外界对这种形象的接受。法国整个社会对大学校毕业生精英身份的认同程度是相当高的。从受访者的感受中我们可以看出，这种认同或承认，并不因为中国留学生的外国人身份而受到影响。这种社会认同增加了中国留学生的自我精英意识，同时为他们立足于法国社会，为他们的职业发展都打下良好

第八章　生性变化与未来规划

的基础。

　　社会对大学校毕业生的眼光也不一样。X（综合理工学校）的学生如果穿着军装走在路上，会有人主动跟你打招呼。我那次去警察局，办事的人一看我是 X 毕业的，态度马上就变了，很明显能感觉出来，有点刮目相看的意思。X 的中国学生办这些手续都很顺利，没有被拒的。

（曾英林，综合理工学校）

　　实习时老板带着我在公司里参观，员工们都觉得很奇怪，怎么是一个中国学生到这里？老板只介绍了一句，说是 télécom（国立高等电信学校）的学生，大家都不吭声了。后来和一些法国朋友聊天，他们关心地问我是哪个学校的，有没有找到工作，我说我是 télécom 的，他们马上也不说话了。实习和工作的时候，他们觉得你能行，你能做到，你就是能行了。我们是从这个体制过来的，很占便宜，是受益者。

（全远征，国立高等电信学校）

　　熊彼得认为，阶级现象最重要的特征之一，就是一个阶级成员的行为心理与另一个阶层成员不同；同阶层成员的关系更为密切，彼此更好理解、合作，对世界的看法建立在相似的视角上[1]。因此，大学校也有助于形成一个精英的群体观念。大学校学生自我意识上的共同点，使得他们之间的关系愈加紧密，并共享许多潜在的优势资源。譬如，大学校的昔日校友占据了法国社会中政治、经济、文化、教育等各个场域相当重要的地位，这样一种"社会网络"的存在，实际上提供了宝贵的社会关系与人脉资源，关键在于大学校的学生能否充分意识、充分发挥和利用。

**四、自我身份的重新定义 —— 做一个放眼世界的中国人**

　　文化人类学家认为，社会文化的许多方面、生活方式的延续是通过"濡

---

1　SCHUMPETER Joseph（1984）. *Impérialisme et classes sociales* [M]. Paris: Flammarion. p.162.

化"(enculturation)¹过程来保持的。教育是一种高级的濡化活动,将社会群体的价值规范和思想观念有意识地传递给下一代。在同一种文化环境成长、受到同一种教育模式熏陶出来的个体,无论价值观念还是行为方式都存在很多共性。虽然在同一种文化中,个体之间的行为不一定完全一致,但一旦个体离开自己所属的文化,其所属文化的类型性就会表现得尤为突出。"特别是当自己的文化与另一文化相遇时,个体能够更加强烈地感受到自己文化的一些特殊属性。当个体与自己文化的人们相处时,一般不太容易感受到彼此价值观念的共同性,而一旦个体置身于异文化之中,便会强烈地感受到两种文化之间的异质性,从而对自己文化的特性产生前所未有的深刻理解"²。

可见,我们认识自身,往往需要通过借助"他者"的参照。所谓"不识庐山真面目,只缘身在此山中",说的就是这样一个道理。二者离开一段距离,反而能够更好地对比学习。对于留学生来说,一方面留学异国的经历使得他们自我民族身份的意识得到了觉醒,另一方面,通过这样一种异地相处,他也必然反思自己的"安身立命"之本,往往可以更好地回归母国文化,发现中国群体的特质,甚至由此强化自己作为中国人的身份意识和自豪感。金颖已在法国生活了几年,有一个法国男友,并认为自己能够较好适应法国的社会文化生活。她在审视自己的内心时发现:

其实我还是挺"中国"的,在这里更意识到自己内心不一样。在中国,环境熟悉,周围的人都跟你差不多。而在这里,中国的 identité(身份)更强烈。要是现在有人给我一个法国的 identité(身份)或 nationalité(国籍),我都不要。当然,与国内的人比,我现在有点西方化,眼界更开

---

1 濡化是部分有意识、部分无意识的学习过程,靠老一代指示、引导并强迫年轻一代接受传统的思想和行为方式。主要以老一代掌握在手的奖惩儿童的手段为基础,教育每一代人不仅重复前一代的行为,而且奖励与自己濡化过程相适应的行为,并惩罚(至少是不奖励)与自身濡化过程不相适应的行为。正是濡化的过程使得社会文化、生活方式代代趋同,表现出一定的连贯性。见郑金洲. 教育文化学 [M]. 北京:人民教育出版社,2000:112.
2 陈向明. 旅居者和"外国人"——留美中国学生跨文化人际交往研究 [M]. 长沙:湖南教育出版社,1998:376.

## 第八章 生性变化与未来规划

一些,长大了,经历了很多有意思的事情,但我内心还是很"中国"的。

(金颖,巴黎政治学院)

在我们的访谈中,很多同学都觉得,事实上在国外生活更能激发爱国情绪,更多地关心中国发生的事情。在社会交往中与法国人在意识形态、价值观念方面的冲突,使他们作为中国人的民族认同感得以增强和加深,特别是遇到对中国人的歪曲和偏见时,他们都会感到非常愤怒。体会到更多的民族认同感和自豪感,往往是留学生留学过程的另一大收获。这样一种判断,不是亲历者很难有切身体会。

与此同时,这代留学生因为成长环境宽松,其留学经历使他们的生活和思想更加开放,所以在气度上更加宽容,更开放,更能接受其他不同的观念和思维方式,有兴趣并有能力去了解不同背景、不同文化的人,并吸收双方优点加以融合。如果说教育促成了文化积淀、塑造了民族性格、形成了相应的社会心理结构,那么留学则是一种特殊的社会化过程,使青年个体接触到了崭新的文化资源,而且这种文化资源相当强势,甚至可以挑战其原有的母国文化系统。在某种意义上,我们甚至可以认为这一过程能够塑就一个新人。所谓文化的"涵化"(anculturation)[1],可以做这样的理解。

我更懂法国人了,知道他们的 fonctionnement(运转方式),他们什么时候会有什么反应。但我自己内心是特别"中国人"的,在这边更加

---

[1] 涵化,指不同文化的个人组成的群体因持久的相互集中的接触,而相互适应、借用,结果造成一方或双方原有的文化模式发生大规模的文化变迁。涵化在很大程度上取决于文化差异的程度;接触的环境、条件、频率和深度;接触的相对地位,即谁是主要的,谁是次要的;是相互作用的,还是非相互作用的。涵化过程中可能出现以下情形:一是代换,即新的文化特质或文化丛取代了原有的文化特质或文化丛,并发挥相同的功效,产生了最小的结构变化,如服饰代换;二是附加,即新的文化特质无法取代旧的文化特质,只能依附于原有的文化特质;三是综摄,指新旧文化混合在一起,形成新的体系;四是退化,即在文化接触之后,失去原有的文化特质,但没有新的文化可以取代它;五是创造,指涵化过程中产生出新的文化特质,以满足变化的需要;六是抗拒,即变迁的规模太大,速度太快,以至于大多数人无法接受,而引起抗拒和反抗。见郑金洲. 教育文化学 [M]. 北京:人民教育出版社,2000:124.

affirmer cette identité（肯定了这个身份），但这个 identité（身份）并没有影响我吸收法国人好的东西。我非常欣赏他们的批判精神，他们的自信心，敢于 défendre ma position（维护他们的立场）。这是他们与生俱来的，那么我也这样。我再也不是三四年前的我了，长大了。

（金颖，巴黎政治学院）

这其中还包括对过度民族情绪的反思。有的同学感到，过去的爱国有一点"狭隘的民族主义"的感觉，是没有说服力的爱国，希望能够更加理性地看待爱国这一问题，寻找更理性更有效的方式捍卫自己的民族尊严。他们甚至希望用较为宏大的"世界公民"意识进行自觉的思考。这是相当难能可贵的。

（我）现在更有国际化的感觉，不把自己非得当成中国人的代表，非得让人说我们中国人怎么怎么着，更把自己当一个国际人。刚来的时候，一听人家批评中国人，自己的民族感情就起来了，现在也听一听、分析分析。法国人把 nationalisme（民族主义）看作消极的东西，觉得我们没有分清民族主义和爱国主义，他们要更平一点，不高也不低。如果这样想，心态就会平和一些。他们有一种接受批评的能力，如果别人骂他们，笑笑也就过去了，你越批评他们，他们越觉得你行。即使爱国，也不能马上感情冲动，气上去了，说话语气也不一样了。不能那样，那样就有点可笑，人家还没怎么着呢。不如像他们那样。……在这边时间越长，我感到自己越"中国"。越来越觉得自己是传统的，越来越认识自己，民族感也不那么片面了，但自我认同感更强了。不能只想别人说中国什么都好，那就完了，中国人应该知道自己国家有什么问题，应该向什么地方发展，前景如何。如果别人提出中国的什么问题，应该思考怎么解释，对自己的国家有一个更理性更全面的看法。

（周思，巴黎政治学院）

做中国人和做国际人其实并不矛盾，这两种倾向或感觉是同时的。杨晨

第八章 生性变化与未来规划

很形象地把狭义的中国人和国际人以及两者转变发展的过程作了一个比喻，希望自己通过这个艰难的过程，成为一个放眼世界的中国人：

> 现在我更有"世界公民"的意识。在反复的对比中，我发现了中国文化的特质和中国人群体这种东西。在国内就像一个舒适的环境，如果说中国是一个池塘，我就像一条鱼，自在地在水里游。因为太自在了，有时都感觉不到水的存在。然后鱼上岸了，会感到呼吸紧张，很难受很窒息。但是在岸上待久了，鱼可以变成两栖，适应岸上和水里的生活。蜕变过程中也许会感到窒息，这个过程是很艰难的。所以，如果能回到水里，我会很开心。但是在年轻时，我更愿意变成一只青蛙。
> 
> （杨晨，路桥学校）

综上所述，不管是身份的重新定位，还是精英意识的培养、视野的拓宽、职业发展方向的确立，留学生们的客观能力、知识结构与主观自我认识都发生了变化。其实，这种变化指向的是一个更深层次的问题，即留学经历使他们的生性出现了变化。增长见识、开阔眼界，乃至在思想上更多元，都是一种生性的迁变。这种生性的迁变实际上反映了留学行为本身给人带来的重大变化，说到底，它是一种因为"异文化碰撞"的二元相峙造成的生性变化。当然，作为场域中人的留学生本身不可能意识到这样的问题，更不可能用这种理论化的语言来阐述。生性的变化、文化资本的积累，为未来场域的变迁打下了基础，对未来场域之间的流动有着重要的影响，也为他们成为更加宽容更加开放的世界公民打下了良好的基础。

## 第二节 未来的场域流动意向

总的来说，中国留法学生在大学校场域中收获了足够的文化资本，对其未来发展相当有利，受访人对此也有所意识，因此在对未来的计划中充满自信。具体表现可以从两方面来得到证明，一是职业选择，二是国别流动去向。

虽然我们采访的中国留学生还处于在学或实习阶段，但鉴于大学校类型明确的定位以及教育培养的专业化和明显的就业导向，他们对未来的理想职业已经有了较清晰的勾勒。这些理想职业包括：工程师、大型企业高管、金融分析师、律师、科研人员、教师、公务员等。少数受访人提出希望能够自己创业，开办独立的咨询公司。在第二章中，我们分析认为大学校主要培养的是高官、工程师、商人和教师等四类精英，可见中国留学生的职业理想符合大学校的培养目标。

与职业理想的趋同性相比，他们对理想的事业发展地或者说意向中的国别去向则更为复杂一些。在本节中，我们尝试对中国留学生的国别流动计划和影响因素进行分析。

### 一、在国外继续深造与就业

希望留在国外的学生有继续深造和立即就业两种计划，继续深造多是短期计划，就业则有中短期和中长期两种打算。值得注意的是，他们理想的就业地并非法国一国。在不少访谈对象的未来计划中，颇有"大丈夫志在四方"的豪迈之情。

（一）短期计划——继续深造

从短期计划来看，部分受访者希望从大学校毕业后能够继续深造。大学校传统的学制一般是两年，可以取得相当于硕士学位的文凭，如果选择教育和科研方向，则还需要攻读博士学位。这是大学与大学校之间的分工使然。我们在采访中遇到的巴黎高师或综合理工学校的一些中国留学生出于个人的兴趣，希望今后能够进行科研和教学工作，他们多计划在法国或其他国家的大学继续深造，攻读博士学位。

有的同学已经在大学注册。如巴黎高师与法国其他大学、研究机构有着良好的互补性合作关系，多数高师学生都会同时在大学注册，继续攻读博士学位。学校的教师委员会帮助学生选题，指导学生进入大学的相关学科及实验室攻读博士学位。如在巴黎高师读数学的李研"计划跟着巴黎七大的导师,读完硕士后就到七大注册博士,读完博士后再看"。他说自己所热爱的数学"毕竟不是能直接应用到实际生活中的学科,不能直接和实际接轨,属于纯研究性质,完全是精神上的工作,以后也许会去做教师从事研究工作"。有人建议他去读一些金融方面的东西,可能更好找工作,但他显然对研究工作更感兴趣。巴黎高师这样"另类"的大学校为他实现自己的愿望提供了优越的条件。

(二)中短期打算——在法国就业

不少同学虽然不打算继续深造,但并不准备毕业后马上回国,他们更倾向于毕业后在法国工作一段时间。可以说,在国外就业是他们人生计划的中短期目标。

持有大学校文凭的中国留学生在法国有着较好的就业环境和职业发展前景。首先,大学校文凭能够得到法国企业的普遍承认,其价值和品牌远远优于综合性大学的文凭。尤其是工程师学校的毕业生能够在相当广泛的工程技术领域施展才华,倍受企业界和公共机构的欢迎。其次,法国的就业市场存在着对优秀中国留学生的客观需求。尤其是近年来,法国企业在中国的投资不断增长,中法经贸往来日益频繁。[1] 法国的公司企业越来越重视与中国的关系,希望开发中国市场,并以在中国设立分支机构为荣。对于那些大型企业和跨国公司来讲,要开拓、维系这种关系,需要有中法两国双文化背景和良好职业能力的人员。这样,在大学校模式中培养出来、熟悉中法两国社会经济文化环境的中国学生就有了很大优势。中国学生的文化背景符合法国企业希望打开中国市场的战略需求,更加有利于中国学生在法国的就业。尤其是从商校、工程师学校毕业的中国留学生,通过实习、校友网络,能较容易地找到较好的工作。

---

[1] 据中国海关总署统计,2008年中法双边贸易额为389.44亿美元,同比增长15.7%。其中我国出口233.04亿美元,同比增长14.6%,进口156.40亿。法国在华投资主要集中在能源、汽车、化工、轻工、食品等领域,大部分为生产性企业。截至2008年底,法国在华投资项目3 738个,实际投资金额88.59亿美元,在欧盟国家列第四位。2008年,法在华投资项目199个,实际投入5.9亿美元,同比增长17.2%。见中华人民外交部网站http://www.fmp rc.gov.cn。

此外，近年来法国政府颁布并实施的吸引外国优秀人才的移民政策，为外国高素质人才在法国居留和就业提供了政策保障。与英美等国相比，法国过去无论在吸引人才的力度还是开放领域的广度上都处于落后地位。随着人才竞争的迅速升级，法国政府意识到了这个问题，近年来积极采取措施改变局面。2006年7月24日颁布的新移民法，是自1980年以来对法国移民政策的第13次改革。过去法国政府忌讳把接纳外国优秀人才与"移民"这个敏感话题联系在一起，而新的移民法打破了这一禁忌，确立了"选择性移民"在法国的合法性[1]。不仅现在的非欧盟国家高水平的学生、研究人员、企业家、艺术家等可获得政府发放的"优秀人才居留证"，已经居住在法国、符合条件的外国人也可以向当地警察局提出申请，把现有居留证换为"优秀人才居留证"。新移民法还规定，对已获得硕士或硕士以上文凭的外国留学生给予六个月的临时居留许可，如果被聘用或得到聘用承诺，则可以取得工作居住证继续留在法国。2007年，法国再一次修改移民法，给赴法留学的外国学生更多利好条件，一些出类拔萃的留学人员甚至可能获得法国公民待遇。

从大学校毕业并找到稳定工作的中国留学生不仅能够得益于新移民政策，还得益于大学校校友的权力关系网络，在办理各种居留手续时一路绿灯，进出法国和在法国居留工作时更加便利。曾英林说："2004年，我有个师姐工卡办不下来，后来是通过X（综合理工学校）校友网络把事情办成的，完全是校友运作的，是一个校友做部长秘书，后来这个案子到了部长那里，很快就把事情解决了。从这以后，巴黎高科的中国学生办工卡顺利多了。"他甚至认为，新移民政策的通过，也是因为工业产业领域的校友对国家政策的积极影响。

此外，尽管近年来国内经济建设成就巨大，人民生活水平显著提高，但西方国家的国民收入总额和人均国民收入还是远远高于国内。特别对于没

---

[1] 安延. 大众与精英之间的选择——法国最新留学政策解读[R]. 驻法使馆教育处调研，2007.

## 第八章 生性变化与未来规划

有工作经验刚刚步入职场的大学毕业生,在法国就业的工资待遇远远高于国内。全远征算了这样一笔账:"在国内企业就职,月工资 5 000 人民币,年收入 6 万人民币。而在法资企业,大学校刚毕业的工程师年薪最低 3.5 万欧元。因此,如果中国留学生以前没有工作经验,第一份工作最好在法国找。"显然,从经济角度上讲,留在法国就业更能够给他们带来较好的生活环境和较高的待遇,使自己的职业生涯有一个较高的起点。

除了与经济相关的工作机会、报酬、生活条件外,受访人还非常看重在法国或其他国家工作的经验和国际化的职业发展环境。例如从工程师学校毕业的受访人认为,"法国工程师文凭要发挥出高质量,必须先在法国工作两三年。有了在法国工作的基础,回国时才能既带技术又有管理经验"(肖君)。从商校毕业的受访人也认为,"如果直接回国,法国商校文凭作用并不大,因为国内了解法国大学校和文凭的人还很少,而法国企业更认同,所以在这儿更有价值。在法国找一个工作做几年再回去比较好,能体现出文凭的价值"(于鹏)。于鹏认真分析了大学校中国留学生的优劣势和今后可能发挥的作用:

我们的优势是对这边的大公司、跨国企业的运营模式很了解,有行业经验。国内公司企业的运营模式越国际化,越和法国相似,我们就越能发挥作用。以后,我们中的许多人可能是为法国企业在中国的业务服务,进政府和国企的可能性比较小。国内的国企有成本控制,在国内招普通员工成本会低一些,除非是跨国企业的中高层人才才会招"海归"。我们这批人现在的经验还不够。对我们来说,法企和国企同样有机会的话,当然要选择待遇好一些、发展机会好一些的法国企业。现在法国跨国企业的机会不错,如果有更好的机会我们也会考虑。

(于鹏,巴黎高等商业学校)

(三)中长期打算——到其他国家或地区就业

不少受访人表示,他们的工作地不应局限于在法国,而是希望有在世界各地工作的经历。如杨晨在谈到自己的就业计划时说:

我想先在法国公司工作三年左右,不会太长,然后换一个地方,比如美洲,南北美都可以。亚洲我了解了,欧洲了解了,美洲也应该去看一下。这个想法比较容易实现。总部设在法国的公司有美洲业务的话,会需要我们这样的人。我们也可以看看他们是如何掌管国外业务的,中国企业怎么到非洲、南美去,也算是对以后的准备。

(杨晨,路桥学校)

我们也注意到,希望留在国外工作的大学校中国留学生大部分意向是在跨国公司就职。作为全球化的先驱力量,跨国公司在国际舞台上发挥着非常重要的作用。拥有雄厚经济实力的跨国公司业务不断发展和扩张,在全球范围内组织和配置资源,这也必然导致人才的跨国循环与流动。某些地区的经济一体化保证外国劳动者也能够享受本国公民的待遇,更加促进了这种流动。国内的教育环境还较为单一,只有在实际的实习和工作中才能获得跨国公司所要求的国际化视野与知识结构,以及娴熟的跨文化交流的能力。与国内高校毕业生相比,大学校中国学生的国际化教育背景和在不同文化国家之间的流动经历,让他们的优势十分明显。大学校毕业生在就读过程中已经意识到这种经历的重要性,所以在职业规划中也会强调这一点,而不会满足于在一个国家或地区定居和就业。

二、回国服务与为国服务

以往对留学人员回归的研究侧重于已留学人员回国还是不回国,而我们在分析大学校中国学生的流动计划时发现,其实两者之间并没有清晰的界限。此外,除了少数受访者表示学业结束后要马上回国,更多学生在谋划自己的人生过程时还处于一种观望的状态。而且,研究留学生未来的流动计划还要引入时间的维度，短期的回国或者滞留计划并不能代表长期的安排和考虑。我们将受访人的流动意向、中短期计划和可能的影响因素综合展示在以下表格中。可以看出，受访人本人的身份与生性对他们的流动计划有一定的影响，此外短期和中长期的流动目的地也不太一样。

**受访人流动意向及影响因素**

| 意向 | 时间 | 因素 | 理想职业 | 生性与身份 |
| --- | --- | --- | --- | --- |
| 马上回国 | 短期 | 公派留学协议限制、单位要求、事业发展需要、家庭关照 | 已有稳定工作 | 中国政府公派奖学金生、在职、已婚、年龄较大 |
| 继续读书 | 短期 | 教师、科研职业需要博士学位 | 教师、研究人员 | 外方奖学金生、自费生、应届毕业生 |
| 在法国工作 | 短期、中期 | 取得工作经验、移民政策 | 工程师、企业、银行 | 外方奖学金生、自费生、应届毕业生 |
| 到第三国工作 | 中期 | | 跨国公司 | |
| 回国定居、工作 | 中期、长期 | 希望为国服务、文化传统、家庭因素照顾父母 | 工程师、企业、公务员、教师、科研人员 | 外方奖学金生、自费生、应届毕业生 |
| 在国外定居、工作 | 中期、长期 | 自由 | | |

（一）短期计划——马上回国

明确表示留学结束马上回国的受访者多为国家公派奖学金生。自1995年开始，国家对留学选拔管理体制进行改革，开始实行"公开选拔，平等竞争，专家评审，择优录取，签约派出，违约赔偿"的办法，近年来国家公派奖学金生都有较高的回国率。由于出国之前要与国家签协议，公派留学的奖学金生一般都会按期回国，否则就要支付违约金。

工程师文凭要发挥价值，最好能在法国先工作两三年，所以实习结束之前，我希望能找到工作。也许到时需要和CSC（国家留学基金管理委员会）谈一谈，能延长半年时间最好。不过听说基金委回国限制很严。我也想履行契约，不想违约。这两年一直在用家里的钱，基金会的奖学金这笔钱一直没用，大约1.5万欧元左右。用国家给的奖学金当然要回报国家。但我现在还在想，怎么样能让大家都满意，既发挥diplome（文凭）的价值，又不违约。

（肖君，国立林业、水和环境工程学校）

希望留学结束后马上回国的，还有受单位派遣在大学校学习进修的在职人员，他们在国内一般都有发展前景较好、很稳定的工作。如我们的受访人中有在外交部、总参任职的公务员，派遣单位对他们有严格的要求，必须在期限内回原单位，同时对他们也有较高的期望，回国后会委以重任。

从另一个角度看，这部分中国政府公派奖学金生或在职人员往往有好几年的工作经历，年龄较大，一般已经成家立业、结婚生子，出于不影响家庭生活或照顾父母的考虑，也会心甘情愿地按时回国。因此，在这部分受访人的计划中，一般都是及时回国，按部就班地重操旧业。留学的经历在他们的职业计划虽然重要，但不会改变他们整个的生活轨迹和发展趋势。

（二）中长期的打算——在外工作一段时间再回国

不少受访人在访谈中表示，希望能够留在法国就业，但同时也提到长期的打算还是要回国。这其中有家庭因素的影响。这批留学生大多出生于20世纪70年代末80年代初，且多为独生子女，受中国传统家庭观念的影响较深，回国孝敬父母成为他们到了一定时期的重要考虑因素。如田瑜谈到，"自己的远期计划还是想回国，因为父母就我一个孩子，离他们太远了不大好"。

与家庭因素相比，文化传统和价值观念是更为重要的影响因素。大学校的中国留学生都是在国内接受的基础教育和大学本科教育，受中国文化传统影响时间长，人生观、价值观都是在国内的环境中形成的，有的人对西方的

## 第八章 生性变化与未来规划

文化环境不完全适应,常有孤独寂寞之感。有的人虽然能较好地适应法国的文化社会环境,但仍然有强烈的民族身份意识,对法国人的思维方式、价值观念等隐形文化因素并不认同。

> 我是很"中国"的一个人,受传统文化影响深,比如我喜欢中国的书、民乐什么的。我有的中国同学不是这样,他们从小接受西式教育,也许是家长从小有意的熏陶培养。我还是受传统观念影响比较大,比如我的哲学观念都是中国的,做人也比较谦和低调。在西方不是这样的,这样的方式不太适合西方的环境。
>
> (田瑜,路桥学校)

从调查中我们发现,与学业融入相比,大学校中国留学生在法国的社会融入并不令人满意。他们虽然成绩优秀,其精英的身份也能得到法国社会的认同,但大学校毕竟是一个比较封闭的场域,其内部成员对外来者的接纳程度本来就有限。再加上中国人在价值体系、知识经验、思维方式、语言文化等方面的差异,让他们在融入这个传统的精英小圈子的过程中,遇到了更多的困难和障碍。有些人主观上希望自己能够更好地融入,但感到周围的环境和人太冷漠,自己的努力没有得到回报,有强烈的失败感。已经在法国企业就业的大学校毕业生全远征感到:"我们和法国人的交流限于技术层面,在价值观念上我们不认同他们,他们也不认同我们。我们就是按照企业的规章可以做好,但是潜规则不了解,有很多东西做不到,也不一定愿意去做。"在这种情形下,在职场遭遇"玻璃天花板"的前景也就能够预料到了。

人才流动中的价值驱动规律认为,追求自我价值的实现是人才流动的内在动力,要求流动的人才从不同角度以不同方式寻找实现自身价值的合适位置和理想环境。这一规律包括三个层次:第一层次即经济价值或称生存价值,其实现取决于经济发展与工作物质生活条件;第二层次即竞争价值或称发展价值,人才会选择有利于自身发展的理想环境,从而提高自身的竞争力;第三层次即社会价值或称精神价值,指创造出物质财富和精神财富,从而满足社会、国家、集体、个人的发展需求。[1]

从中国留学生的计划来看,中短期目标是要实现第一层次价值和第二层次价值,获得较好的生活条件,打好人生发展的物质基础,发挥潜能提高自己的竞争力。作为名校毕业的精英人才应该对个人的发展有较高的期待。所以经过中短期的积累后,还要考虑第三层次即社会价值的实现。从目前的情况来看,在法国社会融入的障碍可能会影响他们社会价值的实现。受访人模糊地意识到这一点,尽管很多人仍旧在读,少数人就业但时间也很短,所以都在未来的计划中提出了回国的意向。

陈昌贵认为,"社会价值驱动,虽然也含有经济因素与发展因素,但更多的是精神的作用,是一种难以用金钱和物质衡量的崇高的使命感和对祖国对民族的义务感"[2]。在这种精神价值驱动下,人才可以做出惊人的举动,努力去满足社会和国家的发展需求,同时克制甚至牺牲自己的利益。为实现精神价值,可以超越生存和发展价值。回顾我国留学教育的历史,在不同的历史时期都涌现过持有这种价值观的人才,重视的是为祖国为社会做出贡献,而较少计较物质利益和生活条件。如抗日战争爆发前后,强烈的忧患意识和共赴国难的使命感,激发了一大批优秀的海外留学生的归国热潮;新中国建立前后,以钱学森为代表的留学生又一次掀起了为建设新中国效力的归国热潮,尽管美国等西方国家以利诱和威胁加以阻挠,仍有相当多的留学生冲破重重险阻,回到新中国的土地,充分反映了广大海外学子的强国之愿和爱国之情。

随着社会的进步、经济的发展,中国也已经能够为人才实现其社会价值提供越来越成熟的环境和条件。同时,让人感到欣喜的是,80后和90后的中国留学生并非人们通常认为的是完全自我的一代,很多大学校的中国留学生表现出为国服务的崇高志向和伟大抱负。季康的这段话充分体现了他希望为

---

1 陈昌贵,刘昌明. 人才回归与使用 [M]. 广州:广东人民出版社,2003:229-238.
2 陈昌贵,刘昌明. 人才回归与使用 [M]. 广州:广东人民出版社,2003:235.

# 第八章　生性变化与未来规划

**国服务的抱负和热忱：**

> 虽然现在在这边找到了工作，有朝一日如果有机会还是想回去。我的家庭条件还不错，从小过着城市生活，不愁吃不愁喝的。我在物质上没有很高的要求，生活满足点比较低，只要有间房子住、有辆车开就行了。我不想自己的孩子以后来留学还是谈论我们现在谈论的话题，不希望二三十年后我们还是外国人的承包商，还在给他们打工。但现在要看他们是怎么做的，怎么进行海外招标，学他们的技术，学他们的管理方式、谈判技巧，知己知彼。其实国内建筑业的技术和管理确实比不过人家，我们的工程还是以低价低成本取胜，是倚仗着工程师和工人便宜。我们这批人在这边学到一点是一点，不能白给他们打一场工，只要祖国召唤，我一定会回去的。钱只不过是符号，薪水无所谓，在国内也不愁吃不愁穿。像我们的法国老师都很骄傲，他们年轻的时候为法国做出了很大的贡献。我希望我们到那个年龄时，也能对我们的学弟学妹、对我们的孩子们说，我们也为社会做出了贡献。
>
> （季康，巴黎中央学校）

在我们的受访人中，有季康这样想法的不只一个。有一句话说得好，"科学是没有国界的，而科学家是有国界的"。同样，工程、管理是没有国界的，而工程师、管理者都是有国界的。大学校的中国留学生在展现世界公民视野的同时，也体现出了强烈的家国意识。他们平凡的话语中表达出令人感动的爱国热情，有天下兴亡匹夫有责的意识，以及将个人价值更好地与为国家服务结合起来的真诚期望。

（三）如何为国服务

大学校的培养模式和创造成功的氛围潜移默化地影响了中国留学生，精英理念的灌输培养强化了他们的自信心，虽然融入法国社会仍存在障碍，但社会对他们精英身份的认同并未因其是外国人而受到影响，同时也让他们产生了精英的身份意识。可以说，大学校的教育经历对学生的社会提升打下了良好的基础，使他们一毕业就能有一个较高的起点。

　　与国内同龄的大学毕业生相比，经过大学校洗礼的中国留学生确实具有很多优势，自我期待也比较高。然而一旦回国，这些优势是否还能发挥出来呢？尽管怀着为国服务的远大志向，但受访人对回国还是有很多顾虑，毕竟两国的教育体制不同，国内对法国大学校精英培养的价值认可度有限，国内的用人制度、就业环境也与法国大不相同。有的受访人担心自己的专业太超前，国内还没有成熟的制度环境可以消化；有的受访人认为国内就业工资待遇太低，物资条件得不到保障；更多的人担心，作为刚毕业的留学生在国内得不到很好的发展条件和发展环境，一切都要从零开始：

　　（与国外相比）国内最大的区别就是人家不信任你，不培养你，可能是国内大学生太多了，也没有人鼓励和引导你，全都要靠你自己去安排。……比如我那时找工作面试的时候，人家就问，你能为我们公司做什么？其实我一个大学生刚刚毕业，从来没有工作过，完全是一张白纸，我并不知道企业是什么样的，如果你把我安排到一个地方，培训一下，我会把我的潜力发挥出来。我说我能做老板的位置，你能给我吗？国内的用人单位对大学生不信任，期待值又很高，可有的又把大学生当民工一样对待……。就算我们有一腔报国热情，可能照样没有机会没有合适的岗位去做。

（杨晨，路桥学校）

　　由此可见，对这些中国留学生来说，法国大学校培养的精英意识和他们的自我期待，与国内工作生活的现实之间存在着较大冲突，在他们的未来计划中影响着他们对未来走向和目的场域的选择。在这种矛盾和困扰中，如何为国服务，更好地实现自我的个人价值与社会价值，留学生也在认真地思考这一问题。在访谈中，很多人谈到未来的工作理想是为中国企业的海外战略

## 第八章 生性变化与未来规划

服务。季康认为,"中国企业在海外投资亏多赢少,真正的问题就是没有合适的人才,缺乏知己知彼、熟悉国外市场和管理的人才。中国企业的薪水没有吸引力,招不到优秀的当地管理人才,做不好当地的市场"。冯琳也认为,"现在走向国际的好多企业都失败了,像 TCL 也在亏损,主要原因是没有做好换位思考,各方面的准备都不够。这些中国企业雇用留美的人多,但做欧洲市场还得要有熟悉欧洲的人"。虽然大学校中国毕业生目前的就业主流是受雇于外国企业或为跨国公司进入中国服务,但受访人普遍认为,中国企业走出国门,必将产生对高层次管理人才的客观需求,为大学校中国留学生提供施展才智的空间。

不管是知识技术的储备还是跨文化交际的能力,海外留学生群体都占有优势。杨晨认为,"把国外新的思想模式搬到国内,靠这个成为国内的精英,这种概率越来越小了,反而是中国企业走向国际更需要我们这样的人。在欧洲企业,我们只能做一个代办,真正需要我们的还是国内"。虽然现在大学校毕业的中国学生很多都是在做中法合作的事情,主要帮助外国企业打入中国市场,但"当中国要把企业发展到世界各地,像日本企业一样渗透到这些地方的时候,就更需要我们这样的人。我们不太可能去做顶级的研发工作,但是组织核电站、水厂这样的工程,我们这批人应该有用武之地"。

不少受访人都看到了这一点。但他们也很清楚,这样的理想需要实现的过程。他们观察到,现在国内企业在国外主要是代表处性质的,作为真正意义上的跨国公司开展国际业务的还很少,雇员主要是国内的员工外派,"要是雇用我们这样的留学生,对老员工来讲也不公平。这和中国的国力有关,现在企业的老总还不会有这样的眼光。不过现在的可能性虽然小,总有一天会是这样的"(全远征)。同时,他们也很清楚,自己虽然毕业于大学校,各方面基础比较好,但能力、资历等等还需要相当长时间的积累。"现在我们也还太年轻,他们如果放心让我们做,我们自己也提心吊胆。中国的企业需要一步一步走,我们自己也需要一步一步走"。(曾英林)

# 结　语

　　大学校传统以精英教育为己任，以为社会各领域培养领军人才为目标。中国人留学法国已有百年历史，而法国大学校成规模地接纳中国留学生还是新世纪初才开始的现象。本书致力于探究中国留学生这个特殊的群体在大学校这种独一无二的精英教育模式中接受培养的全过程。通过对宏观制度、政策背景的梳理分析，特别是对大学校中国留学生学习、生活经验的近距离观察与研究，得出以下结论：

**一、从留法的历史潮流和宏观政策角度看中国精英留学法国大学校现象出现的必然因素**

　　就历史的纵向发展来看，从最初洋务运动时中国人漂洋过海留法学习海军开始，中国人之留学法国已有130多年的历史，其中有高潮也有低谷，每一个时期的留法学人都带有鲜明的时代特色。

　　在历史的长河中，吸引我们注意的规模比较大的留法高潮主要有三次。第一次是20世纪二三十年代轰轰烈烈的留法勤工俭学运动，赴法勤工俭学运动希望通过工学相结合的道路使出国接受教育成为可能，在中国留学史上开创了一种新的留学模式。更为重要的是，留法勤工俭学生中出现了周恩来、邓小平、陈毅等中国革命的杰出领袖，出现了严济慈、钱三强等功勋卓越的科学家，还涌现了巴金、徐悲鸿、钱钟书等文学艺术大师，留法勤工俭学运动使法国在中国留学史上占有了重要的地位。

# 结　语

　　第二次是1978年后到80年代初中国政府向法国派遣本科生和研究生，每年一二百名的规模虽然不算大，但在当时中国百废待兴，人才匮乏的背景下，在长期的"闭关锁国"后向包括法国在内的西方发达国家拉开了我国对外开放事业的序幕，派出的人才学成回国后为国家经济发展和社会进步提供了巨大的智力支持。

　　第三次高潮是随着中国社会经济的发展而出现。国内居民收入的增长和对接受高等教育的迫切需求，法国吸引外国留学生优惠政策的影响，加之中法教育交流和经贸关系不断紧密所形成的宽松环境，在迈入新世纪门槛后又掀起了新一轮的留法高潮，如果说前两次高潮有组织，第三次则在一定程度上是在全球化进程中，中国学生在世界高等教育市场中自发的流动。可以认为，我们目前所处的也仅是这一次高潮的进行时。这个时期留法生学习的不仅是先进的技术和知识，更为重要的是在当代和未来世界变化激流中适应和应变的能力。

　　中国人留法虽然有着悠久的传统，但在过去几次中国留法高潮中，中国留学生基本与大学校无缘：20世纪二三十年代的勤工俭学运动中，包括邓小平、陈毅等老一辈中国革命家主要是在初中等职业技术学校就读，仅有个别佼佼者进入高等学府；70年代中国改革开放政策实施后，政府派遣的公费留学生大多进入大学和科研机构，少数考入工程师学校，基本不成规模。直到90年代末在法国大学校才开始见到越来越多中国学子的身影。

　　如果说前几次留法高潮的产生是由中法两国高等教育发展水平之间的绝对差距造成的。那么在大学校就读的优秀的中国留学生数量大幅增长则要归结于两国在精英教育发展水平上的相对差距。随着国家提出建设创新型国家的目标，中国对高层次创新型人才的需求与日俱增。而法国大学校经过上百年的摸索实践，具有较成熟的精英教育模式和传统，并且希望通过国际化和接收新兴国家的外国留学生带来更多的活力。这种需求和供给之间的契合又为两国合作培养精英人才提供了必要的条件。

　　在对留学生的个案研究中，我们看到留学生个体对于流动的目的国、目的学校的选择有很多偶然因素，如家庭、师长朋友，甚至特殊政治事件（如9·11事件）的影响，但如果把近年来大量中国学生选择在法国大学校深造放在宏观政策背景中，便会发现这并不是一个孤立和偶然的现象。中法两国关系不断升温，特别是教育文化领域的交流与合作日益密切，中法两国政府对高端人才培养的政策需求达到交汇点，创造了良好的政策背景。留学虽是个体的事情，留学潮却反映宏观政策。因此不管是从历史的维度，还是从宏观政策的角度分析，我们都从中国精英留学法国大学校的现象中看到偶然中的必然因素。

## 二、从微观角度看中国留法精英教育模式的范式意义

我们从对国家公派留学政策的梳理中认识到，公派留学政策始终围绕着"质量"和"效益"，特别是近年来更是明确强调要加强高层次创新人才的培养，要在扩大规模的同时，注重"提高质量，保证重点，增强效益"。随着中国社会经济的发展，自费留学生数量迅速增长，自费留学个人投入大，同样注重"效益"。对于国家来说，留学"效益"不仅仅体现在高回归率。对于个人来说，"效益"也不仅仅体现在留学结束后找到一个能够安身立命的好工作。要实现留学的最大效益就要把握好留学全过程中的各个环节，通过对法国大学校中国留学生案例的研究，我们发现中国学生到大学校留学是一种既立足于现有的教育制度之内，又有超出和打破常规的特点，提供了一个借助国外资源，高效益的留学精英教育的理想模式。这种示范性意义具体表现在留学计划的组织设计、留学生的选拔、派出、管理、使用等多个层面：

第一，从留学计划的顶层设计来看，法国大学校集团因与工业企业界联系紧密，对劳动力市场的人才需求有着敏锐的感觉，首先提出吸纳中国留学生计划，从20世纪90年代末开始积极探求与中国高校建立合作关系，在校际合作的框架下有计划地招收中国留学生。出于对拔尖创新人才的需求，中国政府从一开始就对中国学生留学大学校大力支持，打造了"4+4"、"9+9"等中国重点高校与大学校集团的"强强合作"项目，提供政府奖学金，与国家工业发展战略相结合，鼓励重点行业领域专业的中国留学生到大学校学习

## 结　语

等，对项目框架下的学生流动予以经费保障。法国政府也在执行"埃菲尔"等外国精英培养奖学金计划时，向在大学校就学的中国留学生倾斜，同时积极在华举办推介活动，提高大学校在中国高校的知名度。原本与大学校就联系密切的法国企业也不失时机地向在大学校就读的中国留学生提供丰厚的奖学金。

在政府的鼓励支持下，一开始略显被动的中国高校及时对法国大学校培养特色进行了充分的了解，采取越来越积极的态度鼓励学生赴法国大学校就读，同时接受大学校来华留学生，避免了单方向流动的不足，使学生交流更为平衡。随着合作项目的深入进行，中国高校进一步超越学生层面的交流，更加大胆地引进大学校的优质教育资源，进行合作办学，使法国模式的精英培养能够在中国本土以更大规模可持续地发展下去。

由此可见，与政府完全主导的公派留学和以个体完全主导的自费留学模式不同，留学法国大学校是由学校和政府共同主导的一种留学组织模式，中法高校的意志得到充分体现，行业企业的积极性得到充分发挥，政府适时加入，因势利导，避免了留学生派遣过于功利化而引起校方不必要的警惕与防范，同时作为强大的后盾，提供稳定的政策、资金的保障和支持。中法两国政府、高校、企业在不同层面参与留学组织的作用是相互补充，相互支撑的，实现了较高的合作效益。使留学项目高效运转了十几年后具有越来越大的吸引力。

第二，从留学的过程来看，整个设计也是巧妙和科学的。大学校对中国留学生遴选严格，保证较高的综合素质，扎实的学术功底，为学业成功奠定了基础。这种遴选是在校际交流的框架下遴选，等于先选学校再选个人，节约了成本，提高了效益。留学生的派出多是在校际交流框架下进行，有的还采取合作培养取得双文凭的方式，学生在两国的师生关系都能够得以维系。由于是在学校集团之间开展交流项目的运作，学生在就读专业方面享有更大的选择空间，既取决于自己的兴趣，也反映了学校的优势和行业特色。在留学阶段方面，中国留学生大多在中国高校完成了本科学业才赴法，在大学校停留阶段多为 2 至 3 年级，既能充分汲取法国大学校全面而实用且与职业界联系密切的培养特色，又能发挥出中国学生学术理论基础扎实系统的优势，扬长避短，互为补充。此外，20 岁出头这个年龄段的学生经过一个完整阶段的高等教育，已经有了稳固的自我身份意识，有着比较成熟的心理基础，适应大学校高强度的学习方式，不至于在陌生的环境中迷失；同时大多数学生年龄很轻，还没有开始职业生活，有着较强的接受能力，思想观念尚未定型，能够比较容易地接受新鲜事物，比较自如地适应新的生活和学习方式，在智力上和心理上都达到了较好的平衡。

第三，在人才流动的影响方面，中国学生到大学校留学的模式是一种能够让多方受益的流动模式。直接受益人当然是留学生个人，留学大学校的经历改变了他们原本按部就班的学习和生活轨道，他们在两种教育场域中取长补短，在一种独特的教学模式中打下了扎实的专业基础，积累了雄厚的学术资本，在得益于与生俱来的中国背景的同时，较好地利用了法国大学校的教学和社会关系资源，不仅取得了良好的就业机会，还借助大学校这种打破常规的教育制度登上通往社会精英层的高速列车。国际化的课程设置和在第三国实习经历还扩展了他们在职业生涯发展中的国际视野，雄心勃勃的个人发展计划预示着他们在中国、法国之外的国际性企业或组织中也会大有可为。

现期受益者是法国大学校、法国企业和法国政府。中国留学生和其他外国留学生给传统的法国大学校输送了新鲜血液和新的活力，给曾经封闭的校园带来多元文化和多元的价值观念，有利于扩大法式精英教育的国际影响。从经济利益的角度来看，中国留学生毕业后进入就业市场，成为法国企业急需的双语言、双文化的人才，为法国企业打入中国市场提供了便利。从中法关系的角度来看，培养留学生也是培养亲法派，在外国精英人才身上下功夫是法国政府对未来最好的投资，当然，从这个角度看法国也是长期受益者。

中国高校和中国政府也是长期收益者。中国高校通过留学生与法国精英学校建立起学术网络和社会关系网络，很快会超越简单的学生交流，进行更深层次的合作科研和合作办学，引进大学校的优质教育资源。而对中国政府来说，留法学生仍有相当部分延续留法学人的传统，选择学成后回归祖国。新一代中国留学生并非人们通常所认为的是完全自我的一代，很多大学校的中国留学生表现出为国服务的崇高志向和伟大抱负，即使在国外就业，中国的价值观，家国的情感也深深地烙印在他们心中。他们无论走到哪里，都是国家的宝贵财富，会在国家建设、对外交往中发挥出重要的作用。

**三、全球化时代留学政策的取向：在国际化的环境中培养高层次人才**

大学校中国留学生的收获还不仅仅限于专业的进步与能力的锻炼，与前几代留学生相比，21世纪留学法国大学校的这批留学生更多享受当代中国社会的开放性和自由，相信通过自身努力能够掌握自己的命运。跨文化学习和生活的经历让他们的思想更加开放，价值观更加多元，可以用更加全球化的眼光看待全球化世界未来的发展。

同时值得注意的是，他们背后可以依靠的是一个相对强大的中国，他们在文化上表现得更加自信，在具有"世界公民"的意识同时，他们对自己中国人的身份感到自豪。大学校的中国留学生在展现世界公民的视野同时，体现出强烈的家国意识，表现出令人感动的爱国热情和责任意识，以及一种将个人价值更好地与为国家服务结合起来的真诚期望。

彼得·伯杰认为："正在出现的全球文化是通过社会精英和大众两方面的媒介而扩散的。其中社会精英方面最重要的媒介，可以说就是商界和政界领导人的一种国际文化。"[1] 他描述道："在每一个国家和地区都已出现一批雄心勃勃的年轻人，他们经商和从事各种职业，这些人都会说流利的英语，着装相同，行动相近，工作和休闲方式相似，想法也相似。他们都希望有朝一日会登上精英高峰。但是还得留心，不要以为这些人表现出来的同一性包括他们的全部身心。诚然，他们当中的某些人确实是志同道合——不论是好是歹，他们反正是世界主义者。然而另一些人却掌握了创造性的两面分合艺术，既参

---

[1] 塞缪尔·亨廷顿，彼得·伯杰主编. 全球化的文化动力——当今世界的文化多样性 [M]. 北京：新华出版社，2004：3-4.

与全球商业文化,又让个人生活服从于很不相同的文化主题,保持传统的价值观。"从我们研究的情况来看,大部分大学校的中国留学生显然属于后者。

20世纪下半期以后,全球史(global histroy,又称"新世界史",new world history)概念逐渐兴起,其核心观念强调互动(interaction),主张以此代替原有的"主导-传播模式"(pattern of dominance and diffusion)[1]。而在延续了200年的艰难现代化历程的中国也终于崛起,在全球化时代中,中国作为崛起的大国正越来越成为世界舞台重要的一极。

全球化时代是一个知识经济和信息技术时代,在以高科技为主导的经济发展中,人才是决定性因素。全球化时代也是各种文化传统和价值观念相互碰撞和交融的时代,人与人之间的沟通要比物质的流通更为重要。中国要更好地融入这个时代,在经济、贸易、军事科技等硬实力的发展中提高竞争力离不开高层次创新人才。同时,中国要更好地影响这个世界,让别人理解、体验,进而接受、分享中国的文化与价值观,在进行软实力的打造中,同样需要有娴熟的跨文化交际能力的国际化人才。在全球化背景下中国长远的经济、政治、文化的全面崛起,需要多方位的人才支撑。但总体来说,目前的中国发展状况和其优质人才资源储备是脱节的。经济政治的需求迫不及待,人才和能力的问题却跟不上。国家软硬实力的打造和更深层次的对外开放,都急需大批具有国际视野、通晓国际规则、能够参与国际事务与国际竞争的国际化人才。

国际化的人才要在国际的环境中培养出来,所以留学生这个特殊的群体,在特定时代又将承担特殊的历史任务。从本研究中我们可以看出,以留学法国大学校的中国青年才俊为例的中国留学生相比前几代留学生,不管是综合素质还是未来发展潜力都只高不低。他们完全有条件承担起具有中国情怀、关怀人类前途的"时代使命"。

全球化是人才国际化的根本推动力。在全球范围来看,高技能人才的国

---

[1] 刘新成. 中文版序言. 载杰里·本特利等(Bentley, Jerry H.). 简明新全球史[M]. 魏凤莲译. 北京:北京大学出版社, 2009:III-VI.

际流动处于上升趋势中,他们具有更大的选择自由和流动自由。具体到中国的背景中,必须超越简单的回国、不回国的问题,因为有些领域的人才彻底回国好,某些领域的人才如果回来,一时缺乏发挥作用的平台,留在海外掌握最新技术与经验,将其传递回国内作用更大,自己也更有发挥空间。同时,国家也确实需要一批跨国流动的人才,推动文化传播,参与国际组织,带领中国企业走出去,引导外资走进来。

这就对政府留学政策制定者提出更高要求,国家需要做的,不仅仅是简单的选拔和派出,回收和使用,而要以更长远的眼光给他们以更大的发展空间,给他们以充分的关注和关怀,了解他们的特质与优势,尊重他们的个性化选择和志向,允许、鼓励他们在更广阔的舞台上,在更高的层次,充分发挥自己的潜力,要充分考虑全球化与跨国公司以及各种国际组织的背景,适时发挥留学生的作用。总之,要立足长远制定人才培养规划,使人才在更广的范围得到配置,在更高层面的全球游戏中进行布局和定位。

20世纪以来,中国留学生远赴重洋,目的是"以西方之学术,灌输于中国,使中国日趋于文明富强之境"[1]。在全球化大的时代背景下,留学生的角色和功用也发生了重要的改变,从"师夷长技以制夷"、"救国与启蒙",到以经济和技术支持国家的崛起,再到提升国家的软硬实力,熟悉并进一步影响制定国际规则,参与全球化的进程。帮助世界走进中国,也要帮助中国走向世界,这是时代赋予新一代中国留学生的历史使命。改革开放初期,中国政府以宏大的气魄派出大批留学生,给中国现代化建设源源不断地带来思想、信息、资金、技术资源,提供了人才、智力上的重要支撑。时间也将证明,21世纪以留学法国大学校这些青年才俊为代表的优秀留学生将会很快成长为具有中国情怀的世界公民,会为全球化时代中国的和平崛起,为中国完美地融入世界做出重要贡献。

---

1 容闳.西学东渐记[M].徐凤石等译.长沙:湖南人民出版社,1981:23.

# 参 考 文 献

**中文文献：**

安延."扶贫工程"开启法国精英大学机会之门 [N]. 中国教育报，2008-1-28（4）.
安延. 大众与精英之间的选择——法国最新留学政策解读 [R]. 驻法使馆教育处调研，2007.
安延. 新世纪留学市场中的法国 [J]. 比较教育研究，2003，（5）.
安延，叶隽. 中国人留学法国史研究概述 [J]. 法国研究，2003，（1）.
北京航空航天大学，法国中央理工大学调研报告. 透视与借鉴——国外著名高等学校调研报告 [M]. 北京：高等教育出版社，2008.
布迪厄. 国家精英——名牌大学与群体精神 [M]. 杨亚平译. 北京：商务印书馆，2004.
陈昌贵，刘昌明. 人才回归与使用 [M]. 广州：广东人民出版社，2003.
陈向明. 旅居者和"外国人"——留美中国学生跨文化人际交往研究 [M]. 长沙：湖南教育出版社，1998.
陈向明. 质的研究方法与社会科学研究 [M]. 北京：教育科学出版社，2006.
陈学飞. 改革开放以来大陆公派留学教育政策的演变及成效 [J]. 复旦教育论坛，2004，（3）.
陈学飞等. 留学教育的成本与收益——我国改革开放以来公派留学效益研究 [M]. 北京：教育科学出版社，2003年.
丁刚. 声音与经验：教育叙事探究 [M]. 北京：教育科学出版社，2008.
贺麦晓. 布狄厄的文学社会学思想 [J]. 读书，1996，（11）.
高宣扬. 布迪厄的社会理论 [M]. 上海：同济大学出版社，2004.
国家教育委员会外事司. 教育外事工作历史沿革与现行政策 [Z]. 1996.
华东师范大学，巴黎高等师范学校调研报告. 透视与借鉴——国外著名高等学校调研

## 参考文献

报告 [M]. 北京：高等教育出版社，2008.

黄福涛. 法国近代高等教育模式的演变与特征 [J]. 厦门大学学报（哲学社会科学版）.1994，（4）.

中国高等教育研究 50 年 [C]. 北京：教育科学出版社，1999.

霍益萍. 20 年代勤工俭学学生在法受教育实况 [J]. 近代史研究，1996，（22）.

教育部. 2008 年全国教育事业发展统计公报 [EB/OL].

教育部. 从法国的实际情况出发，努力做好来法科技进修人员专业对口的调整工作 [R]. 档案 1980/187 外事局派管处赴法国留学人员卷.

教育部. 档案外事局赴法国留学人员卷（二）.1979.

教育部. 关于在法自费留学生情况的报告 [R]. 档案 1981 年教育部外事局档案赴法留学人员管理卷（一）. 1981/33. 132.

教育部. 我一百名留学生来法学习安排及费用照会 [Z]. 档案外事局赴法国留学人员卷（二）.1979/158.

李喜所. 近代留学生与中外文化 [M]. 天津：天津人民出版社，1992.

刘新成. 中文版序言. 载杰里·本特利等（Bentley, Jerry H.）. 简明新全球史 [M]. 魏凤莲译. 北京：北京大学出版社，2009.

罗克·华康德. 解读皮埃尔·布迪厄的"资本"——《国家精英》英译本引言 [EB/OL]. 郭持华，赵志义译. http://www.lunwentianxia.com/product.free.4482368.1/.

罗芃，冯棠，孟华. 法国文化史 [M]. 北京：北京大学出版社，1997.

帕累托. 普通社会学纲要 [M]. 田时纲译. 北京：生活·读书·新知三联书店，2001.

帕累托. 精英的兴衰 [M]. 刘北成译. 上海：上海人民出版社，2003.

清华大学中共党史教研组. 赴法勤工俭学运动资料 1–3 集 [M]. 北京：北京出版社.

容闳. 西学东渐记 [M]. 徐凤石等译. 长沙：湖南人民出版社，1981.

塞缪尔·亨廷顿，彼得·伯杰主编. 全球化的文化动力——当今世界的文化多样性 [M]. 北京：新华出版社，2004.

舒扬. 凯旋门畔的凯旋曲——留法学人二十年综述 [J]. 留学生，2002，（5）.

田正平. 留学生与中国教育近代化 [M]. 广州：广东教育出版社，1996.

王奇生. 留学与救国 [M]. 桂林：广西师范大学出版社，1995.

王奇生. 中国留学生的历史轨迹 1872–1949 [M]. 武汉：湖北教育出版社，1992.

王文华. 美政策变化对在美留学生产生影响 [J]. 神州学人，2003，（7）.

王晓辉. 大众化背景下的精英教育 [J]. 清华大学教育研究，2006，（8）.

王养冲. 西方近代社会学思想的演进 [M]. 上海：华东师范大学出版社，1996.

王岳川. 布迪厄的文化理论透视 [J]. 教学与研究，1998，（2）.

王耀辉主编. 中国留学人才发展报告（2009）[M]. 北京：机械工业出版社，2009.

徐肇俊，李正元．对精英教育应赋予新的内涵 [M]．大学教育科学，2006，（2）．
邬大光．高等教育大众化理论的内涵与价值 [J]．高等教育研究，2003，（6）．
谢作栩，马丁·特罗．高等教育大众化理论述评 [J]．现代大学教育，2001，（3）．
颜永平．一片蓝天任翱翔——留法学者回国和为国服务实录 [J]．神州学人，2002，（3）．
颜永平主编．求索新路，赤子情怀——中国留法学人20年回顾 [M]．北京：开明出版社，2004．
杨玲．法国组建科研高教极点应对国际竞争 [R]．驻法国使馆教育处调研，2007．
杨玲．法国大学校预科班学生如何考入精英学校 [R]．中国驻法使馆教育处调研，2008．
叶隽．另一种西学——中国现代留德学人及其对德国文化的接受 [M]．北京：北京大学出版社，2005．
叶隽，安延．中国留法教育之概述与基本分析（1979-1999）[J]．全球教育展望，2003，（12）．
赵宝熙．知识分子与社会发展 [M]．北京：华夏出版社，2003．
郑金洲．教育文化学 [M]．北京：人民教育出版社，2000．
布尔迪厄．国家精英 [M]．杨亚平译．北京：商务印书馆，2004．
朱国华．权力的文化逻辑 [M]．上海：上海三联书店，2004．
驻法使馆教育处．法国高等工程教育 [R]．1999．
驻法使馆教育处．关于来法自费留学及中介机构情况的调查报告 [R]．2001．
邹琳，郭若萍，张仪良．高校频扩招老师不够用广东师生比远高于全国 [N]．南方都市报，2004-12-28．

## 西文文献：

AGENET Caroline（2007）．*La féminisation des mouvements migratoires en France, Enquête sur l'intégration des femmes africaines en mobilité pour études dans les universités parisiennes*[D]（法国移民运动中的女性——对在巴黎地区大学中就读的非洲女性融入的调查）．mémoire M2R，Paris V，Sciences de l'éducation : recherche en éducation et formation，2006/2007．

AGULHON Catherine，XAVIER DE BRITO Angela（2009）．dir. *Les étudiants étrangers à Paris, entre affiliation et repli* [M]（巴黎的外国学生，融入还是退缩）．Paris: L'Harmattan.

ALBOUY Valérie，WANECQ Thomas（2003）．*Les inégalités sociales d'accès aux grandes écoles*[J]（大学校入学中的社会不公现象）．in Économie et Statistique（n° 361），juin.

## 参考文献

ALLEGRE Claude (1993), *L'age des savoirs. Pour une renaissance de l'universite* [M]（知识时代与大学复兴）. Paris: Gallimard.

AN Yan (2001). *Les étudiants chinois en France: historique, situation actuelle et perspectives*[D]（法国的中国留学生，历史、现状与展望）. Mémoire DESS, Université Paris V.

Assemblée Nationale (1999), *L'accueil des étudiants étrangers en France : enjeu commercial ou priorité éducative ?* [R]（法国的外国留学生接待：商业挑战还是教育优先？）. rapport No. 1806 de la Commission des financess, de l'économie générale et du plan, 22 septembre.

BARMAN Geneviève, DULIOOUST Nicole (1981). *Etudiants ouvriers chinois en France, 1920-1940* [M]（中国勤工俭学生在法国 1920-1940）. Paris: Editions des Hautes Etudes en Sciences Sociales.

BARMAN Geneviève, DULIOOUST Nicole (1988). *Les années françaises de Deng Xiaoping*[J]（邓小平的法国岁月）. Vingtième Siècle – revue d'histoire oct.–déc.

BASTID-BRUGUIERE Marianne (2000). *l'Ecole normale supérieure et la Chine* [C]（巴黎高等师范学校与中国）. Société des Amis de l'Ecole Normale Supérieure, Bulletin N. 216, avril-mai.

BAUDELOT Christian, DETHARE Brigitte, LEMAIRE Sylvie et ROSENWALD Fabienne (2003). *Les CPGE au fil du temps*[C]（不同时代的预科班）. actes du colloque «Démocratie, classes préparatoires, grandes écoles ».

BELHOSTE Bruno (2003). *une histoire des CPGE* [C]（预科班的历史）. actes du colloque «Démocratie, classes préparatoires, grandes écoles ».

BELHOSTE Bruno, DAHAN-DALMEDICA Amy, PICON Antoine (1994), *la formation polytechnicienne*（综合理工学校的培养方式）, *1794-1994*[M]. Paris: Dunod.

BIRNBAUM Pierre, BARUCQ Charles, BELLAICHE Michel, MARIE Alain (1978). *La classe dirigeante française, dissociation, interpénétration, intégration*[M]（法国的统治阶层，分解、渗透与融合）. publié par le Centre de Sociologie politique de l'Université de Paris I et par le Comité d'organisation des recherches appliquées sur le développement économique et social. Paris: PUF.

BOLZINGER A. (1974). *Note sur la psychopathologie des étudiants étrangers* [J]（对外国留学生的精神病理调查）. *Bulletin de psychologie*, N° 16-17.

BOURDIEU Pierre (1989). *La noblesse d'état – grandes écoles et esprit de corps* [M]（国家精英——大学校与精英团）. Paris : Les editions de Minuit.

CNISF (Conseil national des ingenieurs et des scientifiques de France) (2005). *L'ingenieur dans la société et sa rémunération*[R] (工程师及其薪酬).16éme enquête socio-professionnelle du CNISF.

Cohen E. (2001). *Un plan d'action pour améliorer l'accueil des étudiants étrangers en France, Diagnostic et perspectives*[R] (提高法国外国留学生接待水平的行动计划，诊断与前景). Rapport au Ministre de l'éducation nationale et au Ministre des affaires étrangères.

Conférence des Grandes Ecoles (2002). *Enquête sur l'origine sociale des élèves des Grandes Ecoles* [R] (大学校学生的社会出身调查). Document de la Conférence des Grandes Ecoles.http://www.cge.asso.fr/cadre_publications.html.

Conférence des Grandes Ecoles (2005). *Les grandes écoles et l'international* [R] (大学校与国际化). Document de la Conférence des Grandes Ecoles.

Conférence des Grandes Ecoles (2005). *Origine sociale des élèves : ce qu'il en est exactement* [R] (学生的社会出身状况：依然如故). 15 juin 2005.

Conférence des Grandes Ecoles, *ouverture sociale de la CGE* (大学校的社会开放) dossier de presse du 12 juin2007[DB/OL].http://www.cge.asso.fr/presse/DP%20Ouverture%20Sociale%20de%20la%20CGE%20-%2012-06-07.pdf.

Conférence des Grandes Ecoles. Les étudiants étrangers dans les grandes écoles, resultats de l'enquête CGE portant sur l'année 2005-2006 [EB/OL] (大学校中的外国学生，大学校委员会 2005-2006 学年调查结果). http://www.cge.org.fr.

COULON Alain, PALVANDI Saeed (2003). *Etude préalable à l'enquête nationale de l'OVE sur les conditions de vie et d'études des étudiants étrangers*[R] (大学生生活观察站对外国留学生学习生活条件的预调查). février.

COULON Alain, PALVANDI Saeed (2003). *Les Etudiants étrangers en France, l'Etat des savoirs*[R] (法国外国大学生学识水平情况). Rapport pour l'observatoire national de la vie étudiante (OVE), mars.

CYTERMANN Jean-Richard (2007). *Université et grandes écoles*[J] (大学与大学校). Problèmes politiques et sociaux.la documentation française, No. 936, mai 2007.

DARCHY-KOECHLIN Brigitte, VAN ZANTEN Agnes. *La formation des élites* [J] (精英的培养). Revue internationale d'éducation de Sèvres, No. 39, septembre 2005.

DEPP, Ministere de l'Education nationale, de l'Enseignement superieur et de la Recherche (2007).*Origine socio-professionnelle des étudiants français dans les principales filières de l'enseignement supérieur en 2006-2007* [Z] (2006-2007 学年主要类型高等教育机构中法国大学生的社会职业出身). Repères et références statistiques – édition 2007.

DEPP, Ministere de l'Education nationale, de l'Enseignement superieur et de la Recherche (2007).*La pupulation universitaire par établissement et académie* [Z]（大学生人口的学校和学区分布）. Repères et références statistiques – édition 2007.

DESCOINGS Richard（2007）. *Sciences Po De la Courneuve à Shanghai*[M]（巴黎政治学院：从巴黎郊区到上海）. Paris: Presses de la fondation nationale des sciences politiques.

DGES（2007）, *La cooperation universites-grandes ecoles est en marche*[J]（大学校——大学合作正在进行时）. Universite et grandes ecoles, problemes politiques et sociaux, No.936. la documentation francaise.

DOUSSIROU Jean（1996）. *Faut-il supprimer l'ENA, pour une école au service de l'état et des citoyens*[M]（应该取消国家行政学院吗？构建一所为国家和公民服务的学校）. Paris: les Editions d'Organisation.

DRULHE Christile（2003）, *Le voyage en Hexagone des étudiants chinois : contexte et processus d'élaboration d'un projet d'études à l'étranger*[D]（中国学生的法国之旅：留学计划的背景和形成过程）. Mémoire présenté pour le DEA de sociologie, Sciences po.

DUFOURG Bernard（1999）, *la compétitivité éducative internationale de la France*[R]（法国的教育国际竞争力）. Rapport présenté au nom de la commission de l'enseignement et de la formation, chambre de commerce et d'industrie de Paris.

*Ecoles de commerce, Le succes des francaises* [N]（商校，女生的成功）. Le Monde, jeudi 6 decembre 2007.

EURIAT Michel, THELOT Claude, *Le recrutement social de l'elite scolaire en France: Evolution des inegalites de 1950 á 1990*（法国学业精英的社会选择：1950年到1990年不平等现象的发展）. *Revue Française de Sociologie*, Vol. 36, No. 3（Jul. – Sep., 1995）.

EYMERI Jean-Michel（2005）. *La machine élitaire, Un regard européen sur le « modèle » français de fabrication des hauts fonctionnaires*（精英机器，欧洲人眼中的高官培养法国模式）, Sous la direction de Hervé Joly, *Formation des élites en France et en Allemagne*[M]. CIRAC Université de Cergy-Pontoise.

GOES Jan, MANGIANTE Jean-Marc（2007）. *L'accueil des étudiants étrangers dans les universités francophones : sélection, formation et évaluation* [C]（法语国家大学对外国留学生的接待：选拔，培养与评估）. actes de la journée d'études du 1[er] juin 2006, Artois Presses Université.

GOLDRING Maurice. *Voie royale voie républicaine*, Formation des élites en France et en Grande-Bretagne[M]（皇家道路与共和国道路，法国与英国的精英培养）. Paris: Editions Syllepse, 2000.

GOUX Dominique, MAURIN Eric（1997）. *Démocratisation de l'école et persistance des inégalités* [J]（学校的民主化与不平等的持续）. Insee, Economie et Statistique. No. 306.

GRELON André（2005）. *Le développement des écoles d'ingénieurs en France face au modèle allemand à la fin du XIXe siècle*（19世纪末法国工程师学校的发展与德国模式）, Sous la direction de Hervé Joly, *Formation des élites en France et en Allemagne*[M]. CIRAC Université de Cergy-Pontoise.

GUELAUD Claire（2005）. *l'ENA a soixante ans et cherche un nouvel élan*[N]（国立行政学院60周年与新的发展动力）. le monde, 16, octobre 2005.

HARFI Mohamed（2005）. *Etudiants et chercheurs à l'horizon 2020 mobilité internationale* [R]（面向2020年大学生与研究人员的国际流动）. Rapport au Commissariat général du plan. http://lesrapports.ladocumentationfrancaise.fr/.../0000.pdf.

HU Yu（2004）, *Le métier d'étudiant étranger : le cas des étudiants chinois non spécialistes de français en France*[D]（学做留学生：法国的非法语专业中国留学生）thèse soutenue à Université Paris VIII.

Inspection générale de l'àdministration de l'Éducation nationale et de la Recherche（2007）. *La mise en place des pôles de recherche et d'enseignement supérieur（PRES）*（高等教育与研究极点计划的实施）, Rapport à madame la ministre de l'Enseignement supérieur et de la Recherche. http://lesrapports.ladocumentationfrancaise.fr/BRP/074000680/0000.pdf

John A. Armstrong（1973）. *The European administrative elite*[M]（欧洲行政管理精英）. Princeton: Princeton University Press.

JOLY Hervé（2005）. *Formation des élites en France et en Allemagne*[M]（法国与德国的精英培养）. CIRAC Université de Cergy-Pontoise.

KESSLER Marie-Christine（1986）. *Les Grands Corps de l'État* [M]（国家精英团）. Paris: Presses de Sciences po.

KRIEGAL Annie（1974）. *Communismes an miroir français*[M]（法国镜像中的共产主义）. Paris: Gallimard.

LAROSE Simon, et Roland ROY（1993）. *Modélisation de l'intégration aux études collégiales des facteurs de réussite scolaire chez les nouveaux arrivants à risque*[R]（外来者学业成功因素及校园融入模式）. Sainte-Foy，Cégep de Sainte-Foy.

LAZUECH Gilles（1999）. *L'Exception Française, le modèle des grandes écoles à l'épreuve de la mondialisation*[M]（法兰西例外，经历全球化考验的大学校模式）. Collection « Le Sens Social », Rennes: Presses Universitaires de Rennes.

LEE E.（1966）. *A theory of migration*[J]（移民理论）. *Demography*.vol.3，（1）.

MAGLIOLO Bruno（1982）. *les grandes écoles, que* sais-je? [M]（大学校，我知道什么？）. Paris: PUF.

MERLE Pierre（2002）. *la democratisation de l'enseignement en France* [M]（法国教育的民主化）. Paris: La Decouverte, coll. Reperes.

Ministére français de l'éducation nationale（2007）. *Repères et références statistiques sur les enseignements, la formation et la recherche*[M]（教学培训与科研的定位与统计参考）. édition 2007.

MONS, Nathalie（2005）. Doit-on sélectionner ou former les élites scolaires ? Une comparaison internationale des politiques éducatives [J]（应该选拔或培养学业精英吗？教育政策的国际化比较）. La formation des élites, *Revue internationale d'éducation de Sèvres*, No. 39, septembre.

MUSSELIN Christine（2001）. *La longue marche des universités françaises* [M]（法国大学的长征之路）. Paris : PUF.

N. SULEIMAN Ezra（1979）. *Les élites en France Grands corps et grandes écoles*[M]（法国的精英大学校与精英团）. Editions du Seuil, pour la traduction française.

NOUSCHI Marc（1988）. *Histoire et pouvoir d'une Grande Ecole HEC*[M]（巴黎高商，一所商校的历史与影响）. Paris: Editions Robert Laffont.

PEYREFFITTE Alain（1998）. *Rue d'Ulm : chroniques de la vie normalienne*[M]（乌尔姆路：高师生活的编年史）. Paris: Fayard.

PINON NAVARRO G.（1988）. *L'adaptation des étudiants étrangers en France : le cas des étudiants latino-américains de l'Université Paris 8* [D]（外国学生在法国的适应：巴黎八大拉丁美洲学生的情况调查）Mémoire de DEA, Université Paris 8.

SCHUMPETER Joseph（1984）. *Impérialisme et* classes sociales [M]（帝国主义与社会阶层）. Paris: Flammarion.

SciencesPo, Huit ans d'une action pionnière, les principes des Conventions d'EducationPrioritaire[EB/OL]（先驱行动实施八年，优先教育协议的原则）. novembre, 2008.http://www.sciencespo.fr/upload/Espace_presse/Dossiers_thematiques/CEP_8_annees_d_une_action_pionniere_08.pdf

SIRINELLI Jean-François（1994）. *Ecole normale supérieure, le livre du bicentenaire* [M]（高等师范学校两百周年纪念）. Paris: PUF.

THELOT Claude，VALLET Louis-André（2000）. *La réduction des inégalités sociales devant l'école depuis le début du siècle* [J]（从世纪之初开始的消除学校社会不平等）. Economie et Statistiques，No.334.

TURNER R.H.（1960）. Sponsored and Contest Mobility and the School System[J]（组织和竞争流动与学校制度）. American Sociological Review，vol 25, n° 6, pp. 855-867 in Forquin（eds）Les sociologie de l'éducation américaines et britanniques（英美教育社会学）. Présentation et choix de textes. Bruxelles，Paris : De Boeck Université，INRP.

VASCONCELLOS Maria（2006）. *L'enseignement supérieur en France*[M]（法国的高等教育）. Paris: La Découverte.

VELTZ Pierre（2007）. *Faut-il sauver les grandes écoles, de la culture de la sélection à la culture de l'innovation*[M]（应该拯救大学校吗，从遴选文化到创新文化）. Paris: Presses de sciences po.

VILLENEUVE Claude（1994）. *ENA : le syndrome de la pantoufle*[N]（国家行政学院：违约综合征）. 17，février 1994，l'Expansion.

WANG Nora（1986）. *Paris/Shanghai, débats d'idées et pratique sociale, les intellectuels progressistes chinois 1920-1925* [D]（1920—1925 巴黎／上海中国激进知识分子的思想论争与社会实践）. 3 vols. Thèse d'état. Paris: Université de Paris.

ZUBER S.（2004）. *Evolution de la concentration de la dépense publique en éducation en France : 1900-2000* [J]（1900—2000 法国教育公共开支的集中化发展趋势）. Education et formation，N° 70，décembre 2004.

# 后 记

　　法国高等教育具有双轨制的特点，既有综合性大学，又有大学校。一个现代化强国在智力上的需求是多层次、多方面的。在高等教育大众化的浪潮中，法国不同类型的的高等教育机构有着明确的分工，其中大学承担了高等教育大众化的使命，大学校则保持了精英教育的传统。以培养精英为己任的大学校在世界各国的高等教育制度中独一无二，可谓又一个"法兰西文化例外"。

　　进入21世纪，受到高等教育民主化与国际化的影响，法国大学校的发展有了两个明显的"开放"趋势，一个趋势是"向中下层社会开放"，表现为采取"肯定性歧视"（discrimination positive）措施录取更多弱势群体和社会中下阶层的子女。另一个趋势就是"国际开放"，吸引更多的外国优秀留学生进入大学校，试图通过此途径扩大法国在国际舞台的政治、经济、文化影响，同时吸引精英人才为本国服务。法国大学校接受的外国留学生过去都是以欧洲、北非的学生为主，而在此轮国际化战略中，却吸收了更多包括中国在内的新兴国家的留学生。特别是近十年间，随着中国社会经济发展水平不断提高，中法教育文化关系不断升温，法国大学校出现了越来越多中国学子的身影，在法国人推崇备至的大学校中，中国学子的学业表现令人刮目相看，经历也是丰富多彩，逐渐在这个熔炉中锻造成才。他们在大学校中耳濡目染，为我们近距离地了解具有法国特色的精英教育制度提供了可能。

本书的意义在于，首先，希望通过此研究促进国内对法国大学校教育和法国精英培养体制的认识。由于历史渊源，社会经济发展的不同情况，各个国家有不一样的模式。不能将成因复杂的教育模式离开其特殊的文化生长土壤，脱离社会经济发展和国家背景来理解。在各类世界大学排行榜上，鲜有法国大学校的名字，但在大学校中培养出来的人才却构成了法国上层社会的中坚力量，其地位和作用不容轻视。我国发展正处于加速转型期，转变经济发展方式，推动产业结构优化升级，建设创新型国家，必须全面提升各类人才的总量和质量，特别是创新型的领军人才，在精英人才培养模式上迫切需要借鉴各个国家的经验。对一种教育制度的全面理解和深入认识，需要从各个层面入手，希望能够通过宏观的探求和微观的研究，通过案例研究，从中国留学生这个独特的视野完善、加深对法国大学校制度的了解与认识，从而挖掘其对中国这样一个具有自身民族文化和教育传统的国家的借鉴意义。

　　其次，希望能够对留学人员的管理者与留学、回国政策的制定者提供参考。对留学法国大学校这一小部分人的研究，比较容易地估测出这种特定留学模式的效果，对有效培养和使用精英人才的政策与方式进行思考。也只有在更好地了解这个特殊机制的前提下，才能取其精华，去其糟粕，制定最佳的合作模式，更好地为我所用。

　　最后，在研究方法上，试图通过探求和摸索，更好地将宏观政策分析与实地微观研究相结合。在过去的对中国留学生研究中，多是从留学史的角度，宏观政策的角度，不够重视对学生个体的微观角度，对在中国留学生这一特殊的群体与某个国家特殊教育机制（法国大学校体制）之间的互动过程关注不够。而完全微观的研究又容易脱离制度和时代的背景，而流于对现象和主观体验的具体描述。本书的创新之处在于采取了一种交叉研究的方式，既不单研究政策，也不单研究某种教育制度，而是把研究的对象聚焦在法国大学校就读的中国留学生身上，试图将宏观政策分析与留学生个体的主观经验结合起来，对其特殊的培养经历进行研究。通过案例研究，从中国留学生这个独特的视野完善、加深对法国大学校制度的了解与认识，从中挖掘其对中国

## 后 记

这样一个具有自身民族文化和教育传统的国家的借鉴意义。

由于笔者本人曾经扮演过留法学生、留学生管理者、中法教育交流合作项目管理者等不同身份的角色,对接近研究对象有着"近水楼台先得月"的便利条件,因而本研究把质的研究方法引入到对留学生学习、生活经验的研究中,通过倾听鲜活的现场声音来还原他们的整个流动和留学经历,通过实地调查将留学生的主观体会与客观现实交互验证。同时将他们的学习实践与主观生活体验放在宏观政策社会背景和制度背景中加以理解、诠释与分析。在十分具体、真实的情景中,揭示出中国留法精英教育对留学模式的示范意义,并在其中体会到对留学政策的启示。

由于时间、空间以及物质条件的限制,本书对访谈留学生取样还比较小,对大学校中国留学生情况的量化研究不够,缺少全面、准确统计数据的支撑。对研究对象毕业或就业后的跟踪不够,特别是他们的社会经历部分仅限于其就读期间或少数人刚刚走上工作岗位一段时间的社会融入体验,在他们的未来走向上也仅仅对他们的流动意向进行了调查,而对其实际流动情况并未掌握。

从大学校毕业仅仅是他们精彩人生的开始,未来可以考虑进一步对大学校留学生毕业后的走向进行研究,包括回国和留在海外的留学生,继续跟踪他们的职业发展和人生发展轨迹,探讨他们在中国走向世界的过程中,在不同场域中的不同成长经历、贡献和作用。

在本书成书之时,万分感谢我的导师王英杰教授,他在我怀疑自己的研究能力时给予鼓励和信任,在我遭遇挫折和失败时给予宽容和鼓励,在我撰写论文迷失方向时给予指引和明示。感谢他的谆谆教诲和耐心启发,他精深的学术造诣,严谨的治学态度将会影响我今后的工作和学习。

感谢巴黎第五大学的法国导师卡特琳娜·阿古龙(Catherine Agulhon)教授,她独到的学术视野拓展了我的思维,激发了我的灵感,感谢她让我参加巴黎五大和巴黎市政府的科研项目,让我在研究方法上得到锻炼。

感谢商务印书馆苑容宏先生和北师大王晓辉教授,在百忙之中抽出时间审看文稿并提出了许多宝贵的意见与建议。

感谢帮助过我的北师大的老师、同学们,感谢理解支持我的领导和同事们。

感谢我的父亲安利和母亲蔡汾岚,感谢他们对我无私的爱和默默的支持。

感谢我的丈夫叶隽博士,没有他一贯的鼓励、启发、爱与宽容,不可能有本书的出版。

最后,我想感谢研究过程中接受访谈的所有中国留学生们,感谢他们将宝贵的人生经历与我一起分享,他们开放、自信、积极的人生态度,以及对生活的勇气和热情将会继续鼓舞我前行。